suhrkamp taschenbuch
wissenschaft 2428

50 Jahre suhrkamp taschenbuch wissenschaft
Jubiläumsprogramm

Die Nobelpreisträgerin Esther Duflo gehört zu den Stars der in natio-nalen Wissenschaft. Ihr Forschungsgebiet ist die Entwicklungsök omie, also die Frage, wie Armut überwunden und wirtschaftliche Entw klung angestoßen werden kann. In *Kampf gegen die Armut* stellt Duflo i n in-novativen entwicklungsökonomischen Ansatz anhand von vier z ralen Problembereichen vor: Bildung, Gesundheit, Mikrokredite und titu-tionen/Korruption. Über randomisierte Tests, die von der Praxis kli cher Studien in der Medizin inspiriert sind, werden konkrete entwic gs-politische Maßnahmen auf ihre Wirksamkeit überprüft, mit nicht ten überraschenden Ergebnissen. Ein Buch, das die Entwicklungsöko nie auf eine neue Grundlage stellt.

Esther Duflo ist Abdul Latif Jameel Professor of Poverty Alleviatio d Development Economics am Massachusetts Institute of Technology d Direktorin des Abdul Latif Jameel Poverty Action Lab. Für ihre schungsarbeit zur Überwindung der weltweiten Armut wurde sie vie ausgezeichnet, u. a. mit dem Albert-O.-Hirschman-Preis, dem Dan-D Preis, dem Prinzessin-von Asturien-Preis und dem Wirtschaftsnobelpr

Esther Duflo
Kampf gegen die Armut

Aus dem Französischen
von Andrea Hemminger

Suhrkamp

Titel der Originalausgabe: Esther Duflo, *Le développement humain. Lutter contre la pauvreté* (I) und
dies., *La politique de l'autonomie. Lutter contre la pauvreté* (II)

Die Veröffentlichung erfolgt mit freundlicher Unterstützung
des französischen Ministeriums für Kultur – Centre National du Livre
und der Maison des sciences de l'homme.
Ouvrage publié avec le concours
du Ministère français chargé de la culture – Centre National du Livre
et la Maison des sciences de l'homme.

Erste Auflage 2023
suhrkamp taschenbuch wissenschaft 2428

Umschlaggestaltung: Hanzer Liccini, Berlin
Druck und Bindung: C. H. Beck, Nördlingen
Printed in Germany
ISBN 978-3-518-30028-2

www.suhrkamp.de

Inhalt

2. Teil
Politik der Autonomie

Die Französische Agentur für Entwicklung (Agence française de développement, AFD) hat sich mit dem Collège de France zusammengetan und den internationalen Lehrstuhl »Wissenschaft der Armutsbekämpfung« (Savoirs contre pauvreté) eingerichtet. Auf diesen werden hochkarätige Experten rund um die unterschiedlichen Dimensionen der Entwicklung (Ökonomie, aber auch Zugang zu Wasser und Energie, Gesundheit, Urbanisierung etc.) berufen. Die Vorlesungen, die dort gehalten werden, tragen dazu bei, die Tätigkeit der AFD besser zu verstehen und an die Erfordernisse vor Ort anzupassen. Ferner wirkt dieser Lehrstuhl daran mit, diese Fragen auf einem hohen Reflexionsniveau einem breiten Publikum nahezubringen.

Die AFD, eine staatliche Einrichtung, verfolgt seit mehr als sechzig Jahren das Ziel, die Armut zu bekämpfen und die Entwicklung in den südlichen Ländern zu fördern. Sie setzt die von der französischen Regierung definierte Entwicklungspolitik um. Über die Projekte hinaus, die sie finanziert, entfaltet die AFD eine bedeutende Aktivität im Bereich der Wissensproduktion. Sie beteiligt sich an den großen internationalen Debatten, erstellt thematische, sektorale und geographische Analysen und hilft so, Handlungsstrategien staatlicher Entwicklungshilfe zu erarbeiten.

Dank

Dieses Buch ist aus vier Vorlesungen hervorgegangen, die im Januar 2009 im Rahmen des jährlich ausgeschriebenen und mit Unterstützung der Französischen Agentur für Entwicklung finanzierten Lehrstuhls »Wissenschaft der Armutsbekämpfung« am Collège de France gehalten wurden. Ich danke meinen Kollegen, vor allem Pierre Corvol, Philippe Kourilsky und Pierre Rosanvallon, dass sie mir die Ehre erwiesen haben, mir diesen Lehrstuhl als Erstbesetzung anzuvertrauen. Hélène Giacobino hat bei der Redaktion des Manuskripts eine entscheidende Rolle gespielt. Vincent Pons hat die Fußnoten und Abbildungen hinzugefügt. Colas Duflo und Ivan Jablonka haben das gesamte Manuskript nochmals gelesen, wodurch es deutliche Verbesserungen erfahren hat. Das Buch ist der sichtbare Teil eines Eisbergs kollektiver Arbeit, eines Netzwerks von Kollegen, Assistenten und Partnerorganisationen. Großer Dank gilt all denjenigen, mit denen ich am engsten zusammenarbeite: Annie Duflo, Pascaline Dupas, Rachel Glennerster, Michael Kremer, Rohini Pande, Kudzai Takavarasha und – ganz besonders – Abhijit Banerjee, dessen Denken mich unaufhörlich inspiriert. Violaine Duflo hat mir die Leidenschaft für das Helfen vermittelt und Michel Duflo die für das Wissen. Dieses Buch ist ihnen gewidmet.

1. Teil
Menschliche Entwicklung

Einleitung

Über wenige Themen herrscht ein solcher Konsens wie über Gesundheit und Bildung, und zwar sowohl als Werte wie auch als Wachstumsfaktoren. Unter den Ökonomen ist Amartya Sen derjenige, der ihre grundlegende Bedeutung am deutlichsten hervorgehoben hat. Für ihn sind Gesundheit und Bildung die für die Entwicklung des menschlichen Lebens entscheidenden Fähigkeiten oder, wie er sich ausdrückt, »Befähigungen« (*capabilités*), ohne welche die Begriffe der Freiheit und des Wohlstands keinen Sinn machen.[1] Unter seinem Einfluss hat das Entwicklungshilfeprogramm der Vereinten Nationen (UNDP) 1990 einen »Index für menschliche Entwicklung (Human Development Index)« erstellt, der früher oder später das Bruttoinlandsprodukt als Maßstab für die Entwicklung einer Nation ersetzen soll.[2] Dieser Index erstreckt sich auf den Durchschnitt von vier Indikatoren: die Lebenserwartung, die Alphabetisierungsquote, den Bildungsgrad und das Pro-Kopf-Einkommen. Gesundheit und Bildung machen hier somit drei Viertel aus.

Selbst die konservativsten Ökonomen erkennen ihre Bedeutung an, so drei Nobelpreisträger für Ökonomie der Chicagoer Schule: Theodore Schultz, der (in Analogie zum physischen Kapital) den Begriff des »Humankapitals« erfunden hat, um die Gesamtheit der Talente und Fähigkeiten eines Individuums zu bezeichnen, wobei Bildung und Gesundheit die entscheidenden Faktoren sind; Gary Becker, der den Begriff populär gemacht hat, oder auch Robert Lucas, der das Humankapital zum Motor eines ununterbrochenen Wachstums erklärt hat.

Diese Überzeugung ist nicht auf die akademische Welt be-

1 Amartya Sen definiert die Befähigung als »die verschiedenen Kombinationen von Funktionen (Status und Handlungen), die eine Person ausfüllen kann. Die Befähigung ist von daher eine Gesamtheit von Funktionsvektoren, die anzeigt, dass ein Individuum die Freiheit hat, diese oder jene Art Leben zu führen.« Siehe Amartya Sen, *Commodities and Capabilities*, Oxford und New York: Oxford University Press, 1999.

2 Die *UN-Berichte über die menschliche Entwicklung* sind auf der Website des Entwicklungshilfeprogramms der Vereinten Nationen (UNDP) abzurufen: ⟨http://hdr.undp.org/en⟩.

schränkt. Für James Wolfensohn, der von 1995-2005 Präsident der Weltbank war, kommt die Bildung für Mädchen einer Patentlösung gleich, insofern sie die Entwicklung in jeglicher Hinsicht fördert: »Sie erlaubt, die Mütter- und Kindersterblichkeitsrate zu senken; die Erziehung ihrer späteren Kinder zu verbessern, Mädchen wie Jungen; eine höhere Produktivität und einen besseren Umgang mit der Umwelt zu erzielen. All das bedeutet zusammengenommen ein schnelleres Wirtschaftswachstum und vor allem eine bessere Verteilung der Früchte des Wachstums.«[3]

Über prinzipielle Erklärungen hinaus scheint sowohl bei den Entwicklungsländern als auch bei den Geldgebern tatsächlich der Wille zu bestehen, jedem Zugang zu Bildung und medizinischer Grundversorgung zu gewährleisten. Unter den acht »Millenniums-Entwicklungszielen«, die 189 Staaten bis 2015 erreichen wollen, betreffen drei die Gesundheit (die Kindersterblichkeit verringern, die Gesundheit der Mütter verbessern, Aids, Malaria und andere Krankheiten bekämpfen) und zwei die Bildung (allen Kindern eine Grundschulausbildung ermöglichen, die Gleichstellung der Geschlechter fördern, besonders im Bereich der Bildung).[4] Der Millenniums-Entwicklungsbericht 2009 weist reale Fortschritte aus:[5] Die Einschulungen in die Grundschule sind gestiegen, wenn auch das Ziel einer universalen Grundschulausbildung bis 2015 nicht erreicht werden wird. 2007 waren in den Entwicklungsländern insgesamt 88 Prozent der Kinder im Grundschulalter in eine Schule eingeschrieben (2000 waren es hingegen 83 Prozent). Der Bericht hebt auch die in Afrika erzielten Fortschritte bei der Gesundheitsvorsorge hervor, insbesondere was die Verteilung von Moskitonetzen und die Impfung gegen Masern betrifft.

Trotz dieser Fortschritte gibt der weltweite Zustand der Bildung und Gesundheit keinen Anlass zu Optimismus. Die Zahl der Kinder, die vor dem fünften Lebensjahr an Krankheiten sterben, die man zumeist hätte verhindern oder behandeln können, ist zwar unter die symbolische Marke von zehn Millionen gesunken (neun

3 Vierte Weltfrauenkonferenz, Peking 1995.

4 Die Liste der Millenniums-Entwicklungsziele ist einzusehen unter der Website der Vereinten Nationen: ⟨http://www.unric.org/de/wirtschaftliche-und-soziale-entwicklung/26307⟩.

5 Man findet den Millenniums-Entwicklungsbericht 2009 unter: ⟨http://www.un.org/depts/german/millennium/mdg_report_2009_deutsch.pdf⟩.

Millionen 2007), doch ist bei der Kindersterblichkeitsrate in Afrika keinerlei Verbesserung festzustellen. Die Müttersterblichkeit hat sich seit 2000 keinen Millimeter bewegt (jedes Jahr sterben weltweit 500 000 Frauen im Wochenbett). Und auch wenn die Kinder zur Schule gehen, ist es keineswegs sicher, dass sie dort etwas lernen: In Indien kann nur die Hälfte der Kinder, die eine Schule besuchen, einen einfachen Abschnitt lesen.[6] Und Indien ist leider keine Ausnahme. Überall, wo der Kenntnisstand systematisch erfasst wird, treffen wir auf dasselbe Phänomen: Die Schüler haben erschreckende Wissenslücken, besonders die ärmsten in den ländlichen Gebieten. Die universale Einschulung liefert somit teilweise ein trügerisches Bild. Die Fehlzeiten des Personals in den Gesundheitszentren oder Schulen sind so hoch, dass der Jahresbericht der Weltbank – die wichtigste offizielle Publikation dieser Institution – 2004 zu dem Schluss kommt: »Die sozialen Dienste haben die Armen verraten.«[7]

Diese Fehlschläge und, allgemeiner, die Langsamkeit, mit der im Bereich der Bildung und Gesundheit Fortschritte erzielt werden, haben die »Entwicklungshilfeskeptiker« auf die Idee gebracht, dass es unnütz, ja sogar schädlich ist, wenn man versucht, das Entscheidungsverhalten der Menschen zu verändern. Wenn diese sich dafür entscheiden, ihre Kinder nicht zur Schule zu schicken oder nicht unter einem Moskitonetz zu schlafen, dann deshalb, weil sie einen guten Grund haben, so zu handeln. Zu versuchen, sie dazu zu bringen, das eine oder andere zu tun, ist ebenso sinnlos wie das Ausmisten der Augiasställe: ein nutzloses Unterfangen, das unablässig immer wieder von neuem begonnen werden muss. Wenn die Kindersterblichkeit in Afrika nicht abgenommen hat, dann, so William Easterly, weil die gratis verteilten Moskitonetze als Fischernetze oder Vorhänge verwendet wurden. Selbst das Primat der Bildung als Wachstumsmotor wird in Frage gestellt: Die Länder, in denen das Bildungsniveau seit den sechziger Jahren am meisten angestiegen ist, haben nicht schneller prosperiert als die anderen. Wenn die Einwohner der reichsten Länder zugleich auch die gebil-

6 ASER-Bericht (*Annual Status of Education Report*) Indien, 2008. Der Bericht ist einzusehen unter: ⟨http://www.asercentre.org/asersurvey.php⟩.

7 *World Development Report 2004*, »Making Services Work for Poor People«. Der Bericht ist verfügbar unter: ⟨http://www.worldbank.org⟩.

detsten sind, sei das nur so, weil es interessanter und nützlicher sei, dies zu sein, wenn die Wirtschaft floriert.[8]

In dieser Art Überlegung liegt vordergründig eine bestechende Logik: Sie gibt den Bewohnern der Entwicklungsländer die Autonomie zurück, die ihnen die internationale Hilfe genommen hat. So müssen wir im Namen des Respekts vor der Person und den grundlegenden Freiheiten alle Versuche aufgeben, die Individuen dazu zu bringen, ihre eigenen Ressourcen zu entwickeln, wenn sie dies nicht aus eigenem Antrieb wollen. Dieser Aufweis hat den Vorteil, dass er den Reichsten erlaubt, ruhig zu schlafen, ohne ihre Geldbörsen öffnen zu müssen …

Er vernachlässigt jedoch die entscheidenden Lehren Amartya Sens sowie auch die von Robert Lucas. Wie Amartya Sen zeigt, ist die Freiheit (als Abwesenheit von Hemmnissen) nichts anderes als Befähigung.[9] Die Bauern, die die große Hungersnot von Bengalen nicht überlebt haben, hatten die Freiheit, sich etwas zu essen zu kaufen. Da aber ihre Kaufkraft durch die Inflation aufgefressen wurde, waren sie nicht dazu fähig, dies zu tun. Eine Mutter, die keinerlei Bildung genossen hat und deren Nachbarn allesamt ebenfalls ungebildet sind, ist notgedrungen nicht in der Lage, sich für ihr Kind eine andere Zukunft vorzustellen. Auch wenn die Impfung eines der wirkungsvollsten Mittel zur Rettung von Leben darstellt, wird sie aus eigenem Antrieb heraus kaum in Anspruch genommen. Die Entwicklung der Befähigungen kann man nicht vollständig der Initiative derer überlassen, deren Freiheit durch Hindernisse aller Art eingeschränkt ist (handle es sich nun um die Unfähigkeit, sich eine andere Zukunft vorzustellen, oder um die Unmöglichkeit zu sparen, um die Bildung seines Kindes zu finanzieren). Deshalb folgert Amartya Sen, dass aus Gründen der Gerechtigkeit die Gesellschaft die Verantwortung für Bildung und Gesundheit übernehmen muss.

Am anderen Ende des politischen Spektrums betont Robert Lucas den Ansteckungseffekt (oder die externen Faktoren, wie die

8 Vgl. William Easterly, *The White Man's Burden: Why the West's Efforts to Aid the Rest Have Done So Much Ill and So Little Good*, Oxford und New York: Oxford University Press, 2006; und Dambisa Moyo, *Dead Aid: Why Aid Is Not Working and How There Is Another Way For Africa*, New York: Farrar, Straus and Giroux, 2009.

9 Amartya Sen, *Poverty and Famines: An Essay on Entitlement and Deprivation*, Oxford und New York: Oxford University Press, 1983.

Ökonomen sagen) des Humankapitals:[10] Eine gebildete Person wird nicht nur selbst produktiver sein, sondern auch die anderen effizienter machen, indem sie die Aufnahme neuer Ideen fördert, für eine bessere Nutzung der bestehenden Ressourcen eintritt etc. Die externen Faktoren sind in Bezug auf die Gesundheit noch augenfälliger: Bei einer kranken Person bestehen große Chancen, dass sie andere ansteckt. Wenn die Individuen diese externen Faktoren vernachlässigen, neigen sie dazu, nicht ausreichend in ihr eigenes Humankapital zu investieren oder in das ihrer Kinder. Die Gesellschaft hat daher das Recht, sie dazu aufzurufen (ja sogar zu zwingen), mehr zu investieren, als sie es von sich aus tun würden: Damit kann man die Unentgeltlichkeit der Schule oder der Grundversorgung begründen, die Schulpflicht oder jegliche andere gezielte Politik im Bereich der Gesundheit oder Bildung.

Aber wie kann man dem Recht, zur Gewährleistung von Bildung und gesundheitlicher Mindestversorgung zu intervenieren, das die Gesellschaft (vor allem in den armen Ländern) für sich in Anspruch nimmt, konkret zum Erfolg verhelfen? Ihre Absichten sind lobenswert, erwidern die Skeptiker, doch schwimmen Sie nicht gegen den Strom, wenn Sie versuchen, die Logik der Nachfrage umzukehren? Belegt der Misserfolg der Bemühungen im Bereich der Bildung und Gesundheit nicht schon seit Jahrzehnten, dass dieses Unternehmen vergeblich ist? Lässt man ihren Zynismus einmal beiseite, beleuchten diese Kritiker ein Grundproblem: In dem Maße, wie die Gesellschaft Bildung und Gesundheit unabhängig von der spontanen Nachfrage fördert, ist sie allein dafür verantwortlich, deren Qualität zu sichern. Im Gegensatz zum privaten Sektor kann sie nicht auf das freie Spiel der Kräfte des Marktes setzen, um den besten Weg zu finden, die Schule oder die Gesundheitsvorsorge zu organisieren, da exakt dieses freie Spiel ihren Untergang bedeuten würde. Man kann somit nicht für das Recht auf Gesundheit oder Bildung eintreten, ohne die Frage nach der praktischen Organisation dieser Dienste zu stellen.

Die Aufgabe, den Bürgern Gesundheit und Bildung zu gewährleisten, ist zu wichtig, um sie dem Zufall der Umstände oder der Improvisation zu überlassen, selbst wenn sie fruchtbar ist. Der Misserfolg birgt, wenn er eintritt, die Gefahr, sämtliche Anstren-

10 Siehe Robert Lucas, *Lectures on Economic Growth*, Cambridge, MA: Harvard University Press, 2002.

gungen, die unternommen wurden (vor allem im Zuge der internationalen Hilfe), zu diskreditieren. Deshalb muss man die Entwicklung der Gesundheit und Bildung weltweit an eine Technik der Evaluierung anlehnen und die Frage stellen: Wie findet man die beste Politik, also diejenige, die am effektivsten zu dem Ziel führt, das man sich gesetzt hat? Mit dieser Frage sind sehr konkrete Konsequenzen verbunden. Soll die Schule etwas kosten oder kostenlos sein? Was ist die optimale Klassengröße? Muss man in der Nähe der Dörfer Gesundheitszentren bauen oder die Kranken aus den ländlichen Gebieten in die städtischen Krankenhäuser bringen? Um zwischen diesen Möglichkeiten eine Wahl zu treffen, sind die Intuition und die Überlegung *in abstracto* ziemlich unzuverlässige Ratgeber. Die einzige Lösung besteht darin, jede dieser Politiken gründlich zu testen und dabei sowohl den Preis als auch die Wirkungen zu vergleichen.

Um die Wirkung neuer Medikamente zu testen, hat die pharmazeutische Forschung »klinische Studien« entwickelt: Ein neues Medikament wird an einer Stichprobe von nach dem Zufallsprinzip ausgewählten Personen getestet, eine Kontrollgruppe erhält ein Placebo. Die aleatorische Wahl der Kontrollgruppe und der Gruppe, die die Behandlung erhält, garantiert, dass der Vergleich zwischen beiden es erlaubt, ausschließlich die Wirkung des neuen Produkts zu isolieren. Ein neues Medikament wird nur nach einem nach dem Zufallsprinzip arbeitenden Versuch zugelassen und auf den Markt gebracht. Im 20. Jahrhundert haben die klinischen Studien die Praxis der Medizin revolutioniert.

Bedauerlicherweise ist das bei den Bildungs- und Gesundheitspolitiken nicht so. Sie werden oft nicht gründlich evaluiert, bevor sie verallgemeinert werden. Sind sie dies erst einmal, dann ist das, was politisch auf dem Spiel steht, zu wichtig, um noch eine objektive Bilanz zulassen zu können. Aus diesem Grunde kann der UNO-Generalsekretär, Ban Ki-moon, erklären, dass man bei den »Millenniumszielen« Fortschritte gemacht hat, vor allem dank der von der UNO unterstützten Politik, während Easterly zu dem Schluss kommt, dass jede Hilfe von außen Verschwendung ist. Die Wahrheit ist, dass weder der eine noch der andere überzeugende Argumente hat, um seine Position zu untermauern. Die Tatsache, dass aus den Experimenten der Vergangenheit keine Lehren gezogen werden und dass eine Regierung, die ein neues Programm auflegen möchte, nicht in der Lage ist, die Erfolge und Fehlschläge anderer Länder zu berücksichtigen, kann aber nur dazu führen, die Ausgabeneffizienz zu beeinträchtigen.

Doch es gibt die Möglichkeit, sich von den klinischen Studien inspirieren zu lassen, um eine Evaluierung von Pilotprogrammen im Bereich der Bildung und Gesundheit durchzuführen. So kann man nicht nur herausfinden, ob die Programme effizient sind oder nicht, sondern man kann sie auch untereinander vergleichen und besser verstehen, worin in diesen Bereichen die Determinanten der Nachfrage bestehen. Diese aleatorischen Experimente (oder randomisierten Evaluationen) führen ein Zufallselement in die Umsetzung eines Programms ein. In einigen Fällen wird ein Programm auf eine zufällig ausgewählte Unter-Stichprobe (von Dörfern, Schulen oder Begünstigten) angewendet, dann werden die in den »behandelten« Dörfern gewonnenen Ergebnisse mit denen der Kontrolldörfer verglichen. In anderen Fällen werden zwei Maßnahmen miteinander verglichen: So werden zum Beispiel in der einen Hälfte der Schulen die Schüler nach dem Zufallsprinzip auf zwei Klassen verteilt, und in der anderen Hälfte schafft man Gruppen, die sich am Niveau orientieren. Wenn die Stichproben groß genug sind,[11] erlaubt die aleatorische Auswahl sicherzustellen, dass die Kontrollgruppe und die behandelte Gruppe (oder die Gruppen, die unterschiedlichen Maßnahmen ausgesetzt sind) sich im Durchschnitt in jeder Hinsicht sehr ähnlich sind, mit Ausnahme der Anwendung des Programms, dessen Wirkung man ermitteln möchte.

Aufgrund ihrer konzeptuellen Transparenz, ihrer Flexibilität und ihrer Positionierung an der Schnittstelle zwischen der Welt der Politik und der Forschung erweist sich die Evaluierung nach dem Zufallsprinzip als ein außerordentlich reichhaltiges und vielseitiges Instrument.[12] Im Anschluss an die Pionierarbeiten von Michael

11 Man versichert sich dessen, indem man die Varianz der Ergebnisse berechnet und damit die Wahrscheinlichkeit, dass ein spezifisches Ergebnis allein dem Zufall geschuldet ist.

12 Siehe Esther Duflo, *Expérience, science et lutte contre la pauvreté*, Paris: Fayard, Leçons inaugurales du Collège de France, 2009, sowie zwei Aufsätze, die diese Methode mehr im Detail beschreiben, sowie ihre praktischen Anwendungen und die Debatten, die sie ausgelöst hat: Esther Duflo und Abhijit Banerjee, »L'approche expérimentale en économie de developpement«, in: *Revue d'économie politique*, 119 (5), 2009, S. 691-726; und »Using Randomization in Development Economics Research: A Toolkit Approach«, in: Esther Duflo u. a.

Kremer und Abhijit Banerjee hat im Laufe der letzten zehn Jahre in den Entwicklungsländern der Rückgriff auf diese Methode zur Evaluierung früherer Lösungen und neuer Ideen stark zugenommen. Auch wenn die Forschung in einem rasanten Tempo immer weitergeht, verfügen wir bereits heute über genügend Beispiele und Resultate, um für den Bereich der Gesundheit und Bildung ein aussagekräftiges Bild zu zeichnen.

Vorliegendes Buch berichtet über diese Experimente, um so ein neues Licht auf die Herausforderungen einer menschlichen Entwicklung zu werfen. Wir werden versuchen zu verstehen, inwieweit die traditionellen Politiken ihr Ziel erreicht haben und weshalb die Fortschritte so langsam vonstattengehen. Im Laufe dieser Erkundung werden wir schnell darauf verzichten, einfach nur den Erfolg oder Misserfolg festzustellen, und stattdessen versuchen, die Fülle an Verhaltensweisen und Motivationen der Akteure herauszustellen, handle es sich nun um die Eltern, die Kinder, die Lehrkräfte oder das medizinische Personal. Diese Erkenntnis wird uns erlauben, Wege zu einer effizienteren Politik aufzuzeigen.

(Hg.), *Handbook of Development Economics*, New York u.a.: Elsevier Science, 2007, Bd. 4, S. 3895.

1. Kapitel
Bildung: Einschulen oder unterrichten?

Obwohl die Grundschulausbildung noch nicht allen Kindern zuteilwird, hat sie im Laufe der letzten zwanzig Jahre unbestreitbar zugenommen, unter anderem dank der erheblichen Anstrengungen der Entwicklungsländer. So ist von 1999 bis 2006 in den afrikanischen Ländern südlich der Sahara die Grundschulbildungsrate von 56 Prozent auf 70 Prozent angestiegen und in Südostasien von 75 Prozent auf 86 Prozent.[1] Welche Faktoren und Politiken haben zu dieser Zunahme beigetragen? Und – diese Frage ist vielleicht noch wichtiger – stellt sie einen Fortschritt dar? Sind die an einer Schule angemeldeten Kinder regelmäßig anwesend, und lernen sie dort wirklich etwas? Wie muss die Schule umgebaut werden, um den Kindern, die sich nunmehr in großer Zahl dort anmelden, eine wirkliche Bildung zu bieten und um die Eltern einzubinden?

Verallgemeinerung der Bildung: der traditionelle Ansatz

Die traditionelle Bildungspolitik beruht auf zwei Prinzipen: Das erste lautet, dass die Eltern das Haupthindernis für den universellen Unterricht sind: Deshalb muss eine der Prioritäten lauten, sie davon zu überzeugen, ihre Kinder an einer Schule anzumelden. Das zweite Prinzip besagt, dass die Schulkosten eine zu hohe Belastung für sie darstellen und dass sie sich aus diesem Grunde so zögerlich zeigen. Der Schulbesuch eines Kindes verursacht tatsächlich zwei Arten von Kosten: die direkten Kosten (Schulgeld, Transport, Anschaffung der Uniformen und Lehrbücher etc.) und die indirekten Kosten (oder »Opportunitätskosten«). In der Tat kann ein Kind, solange es in der Schule ist, nicht auf der elterlichen Farm arbeiten oder sich um seine kleineren Schwestern und Brüder kümmern.

1 *Education for All Global Monitoring Report*, Annex (Statistical Tables), United Nations Educational, Scientific and Cultural Organization, 2009.

Subventionierung der Schule

Im Laufe der letzten dreißig Jahre haben die Wirtschaftspolitiken der Entwicklungsländer daher vornehmlich an zwei mit der Schule verbundenen Problemen angesetzt: der Einschulung und den Kosten. Die »Millennium-Entwicklungsziele« umfassen zwei die Bildung betreffende Ziele: den Zugang zur Grund- und Hauptschulbildung (neun Schuljahre) für alle bis 2015 und die Beseitigung der Ungleichbehandlung der Geschlechter. Aber man muss auf die Erklärung des Weltbildungsforums (das 2000 in Dakar stattfand) zurückgreifen, um auf den Begriff des Lernens zu stoßen, und dies auch erst an sechster Stelle des Abschlussdokuments. Die Einschulung scheint mithin ein Zweck an sich zu sein.

Um die Einschulung zu fördern, wird der Senkung der direkten und indirekten Kosten Priorität eingeräumt. Seit 2000 haben mehrere afrikanische Länder (zum Beispiel Kenia, Ghana und Uganda) die Kostenfreiheit der Grundschule eingeführt. Das Schulgeld ist abgeschafft, und die Schulen haben nicht länger das Recht, eine finanzielle Beteiligung der Eltern zu verlangen. In den letzten beiden Jahren haben manche Länder sogar die kostenlose weiterführende Schule eingeführt. Um auch die Opportunitätskosten zu senken, wurden Konditionalprogramme des Sozialtransfers aufgelegt. Diese knüpfen die Zahlung von Familienzuschüssen (oder sozialen Mindeststandards) an ein bestimmtes Verhalten: Gesundheitsvorsorge und Nahrungsergänzungsmittel für kleine Kinder, Anmeldung an eine Schule für größere Kinder etc. Ebenso lassen die kostenlosen Schulkantinen die Opportunitätskosten sinken: Ein in der Schule verköstigtes Kind bedeutet einen Esser weniger zu Hause. So wird an allen Schulen Indiens den Kindern eine warme Mahlzeit serviert. Diese Politik wurde als Ernährungsprogramm verstanden, aber sie fungiert auch als Anreiz für die Eltern, ihre Kinder zur Schule zu schicken. Diese Kantinen haben die früher praktizierte Verteilung von Lebensmittelrationen (Getreide oder Reis) abgelöst. Denn es war wirklich sehr schwierig, Letztere zu einer tatsächlichen Bedingung für die regelmäßige Anwesenheit der Kinder zu machen: Sie kamen nur an dem Tag, an dem Lebensmittel verteilt wurden. Und notfalls fälschten die Lehrer die Anwesenheitslisten, um die Familien nicht ihrer Rationen zu berauben.[2] Worin bestehen die Erfolge dieses Programms, und wo liegen seine Grenzen?

Wir haben gesehen, dass die Schulbildungsquoten während der letzten zwanzig Jahre stark angestiegen sind. Inwieweit hängt dieser Anstieg mehr mit der Senkung der Schulkosten denn mit anderen Begleitumständen zusammen, wie der besseren Mobilisierung der Eltern? Eine mögliche Antwort auf diese Frage besteht darin, zu untersuchen, welchen Einfluss die Reduzierung der Bildungskosten hat. In den Ländern, in denen die Bildung kostenlos ist, aber Uniformpflicht herrscht, kann man ermitteln, wie sich die Senkung der Schulkosten durch eine Subventionierung der Uniformen auswirkt. In Kenia zum Beispiel, wo es ein Gesetz gibt, dass die Kinder, die keine Uniform tragen, nicht nach Hause geschickt werden dürfen, besitzen trotzdem alle Kinder eine, und ein Schüler ohne Uniform würde sich sehr unwohl fühlen. Die Uniform, die somit quasi universal ist, bleibt die einzige Aufwendung, die zu Lasten der Eltern geht (tatsächlich trägt die Regierung neben dem Schulgeld auch die Kosten für die Schulbücher und die Schulspeisung). In Kenia kostet eine Uniform ungefähr sechs Dollar. In einem Land, in dem das Bruttoinlandsprodukt (BIP) pro Jahr und Einwohner 644 Dollar beträgt, ist eine Ausgabe in dieser Höhe keineswegs unbedeutend.

Um zu evaluieren, wie sich eine kostenlose Verteilung von Uniformen auf den Schulbesuch auswirkt, wurde ein Experiment gemacht.[3] Nach dem Zufallsprinzip wurden unter 327 Schulen, die an einer Studie zur Aids-Prävention teilnahmen, 163 ausgewählt. In jeder sechsten wurden an die Kinder Uniformen verteilt und dann erneut 18 Monate später, sofern sie noch an der Schule waren. Zwei Jahre nach der ersten Verteilung sank die Abbruchrate der Mädchen von 18 Prozent (in den Kontrollschulen) auf 15 Prozent (in den Testschulen) und die der Jungen von 13 Prozent auf 10 Prozent. In beiden Fällen bedeutet dies eine erhebliche Verringerung der Schulabbruchrate. Somit ist klar, dass die direkten Kosten ein Bildungshindernis darstellen und dass die massive Re-

2 Gauri Kartini Shastry und Leigh Linden, »Identifying Agent Discretion: Exaggerating Student Attendance in Response to a Conditional School Nutrition Program«, Arbeitspapier, April 2008.

3 Esther Duflo, Pascaline Dupas, Michael Kremer, »Education and Fertility: Experimental Evidence from Kenya«, Arbeitspapier, Juni 2009.

duzierung der Kosten wohl weitgehend zur allgemeinen Einschulung beigetragen hat. In Bezug auf die Uniformen selbst führte die Studie zu zwei Vorschlägen: Entweder muss man sie abschaffen, was in Kenia kulturell schwierig wäre, oder für die ärmsten Kinder bezuschussen.

Bezahlung der Eltern

Das Programm PROGRESA, das in Mexiko aufgelegt wurde, erlaubt uns zu ermitteln, wie sich die Opportunitätskosten auswirken. Dieses Experiment ist auch interessant, weil es den Einfluss beleuchtet, den eine gründliche Evaluierung auf die Wirtschaftspolitik haben kann. Das Programm wurde von einer von Santiago Levy geleiteten Gruppe entwickelt, der ein enger Mitarbeiter von Präsident Zedillo war, dem Vorsitzenden der Revolutionären institutionellen Partei (Partido Revolucionario Institucional, PRI). Dabei wurden mehrere Programme des Sozialtransfers zusammengelegt, um nur noch eine einzige Zahlung zu leisten, die an die Ressourcen, aber auch an bestimmten Verhaltensweisen gebunden war: Für Familien mit Kindern war die Zuwendung an die Anmeldung an eine Schule und an deren regelmäßigen Besuch geknüpft.

PROGRESA konnte aus verschiedenen Gründen zu einer Zunahme der Einschulungen führen. Durch einen einfachen Einkommenseffekt erleichterte die Zuwendung den Kauf von Schreibwaren und Schulkleidung. Diese Gelder wurden an die Frauen ausbezahlt, da man dachte, dass ihnen die Bildung der Kinder mehr am Herzen liegt. Indem man sie letztlich an den Schulbesuch band, reduzierte man die Opportunitätskosten: Ein Kind bringt aufgrund der einfachen Tatsache, dass es zur Schule geht, seiner Familie ein Einkommen ein, dessen Höhe so berechnet worden ist, dass es in etwa dem Verdienst eines Jugendlichen entspricht. Das Team von Santiago Levy, das befürchtete, die PRI werde die Wahlen verlieren, wollte alle ihm zur Verfügung stehenden Möglichkeiten nutzen, damit das Programm selbst im Falle eines Regierungswechsels fortgeführt wird. Es hat sich daher entschieden, ein Pilotprojekt zu starten, das so überzeugend wie nur möglich sein sollte, und hat hierzu einen kontrollierten Versuch angestellt: Dabei wurden 495 Dörfer ausgewählt, die an dem Programm teilnehmen sollten;

in der Hälfte dieser Dörfer, die nach dem Zufallsprinzip bestimmt wurde, kam PROGRESA zur Anwendung.

Die Ergebnisse der Studie haben gezeigt, dass sich das Programm auf die Grundschulbildung kaum ausgewirkt hat, was nicht weiter erstaunlich ist, da diese in Mexiko bereits weit verbreitet ist. Hingegen kletterte die Einschulungsrate in eine weiterführende Schule in den Pilotdörfern bei den Mädchen auf 76 Prozent (gegenüber 67 Prozent in den Kontrolldörfern) und bei den Jungen auf 79 Prozent (gegenüber 73 Prozent in den Kontrolldörfern).[4] Nachdem eine fundierte Studie die positive Wirkung des Programms in Bezug auf die Schulbildung sowie darüber hinaus in Bezug auf die Gesundheit nachgewiesen hatte, wurde PROGRESA als ein Erfolg betrachtet und nach der bereits erwarteten Niederlage der PRI von der nachfolgenden Regierung tatsächlich beibehalten und ausgeweitet (die einzige Änderung erfolgte hinsichtlich des Namens, der in *Opportunidades* abgeändert wurde). Und besser noch, es wurde in mehr als dreißig Ländern nachgeahmt, angefangen bei lateinamerikanischen Ländern über die Türkei und die Stadt New York bis hin zu Afghanistan.

Die leistungsabhängigen Stipendien, in Frankreich einer der Eckpfeiler der Bildungspolitik der Dritten Republik, stellen eine andere Form des an Bedingungen – hier an Ergebnisse – geknüpften Transfers dar. Sie verringern die Kosten für die Schulbildung und belohnen gleichzeitig die Mitarbeit und den Einsatz in der Schule. Eine erste Evaluierung fand in Kenia statt: Hier wurden Stipendien an Mädchen vergeben, die bei den Prüfungen am Jahresende zur Klassenspitze gehörten (zum ersten Drittel der Schüler eines Schulbezirks).[5] Der Stipendienbetrag deckte das Schulgeld (das damals noch existierte) sowie den Kauf einer Uniform ab und erlaubte den Eltern zudem, etwas Geld übrig zu behalten, das für den Unterhalt des Kindes gedacht war. Diese Schulstipendien wirkten sich auf die Schulbildung der Mädchen positiv aus, die Anwesenheit stieg, und die Ergebnisse verbesserten sich – und dies, was noch erstaunlicher ist, auch bei den Jungen, obwohl sie

4 T. Paul Schultz, »School Subsidies for the Poor: Evaluating the Mexican PROGRESA Poverty Program«, in: *Journal of Development Economics*, 74 (1), Juni 2004, S. 199-250.

5 Michael Kremer, Edward Miguel, Rebecca Thornton, »Incentives to Learn«, Arbeitspapier, Januar 2008.

keine Stipendien erhielten. Die Autoren der Studie erklärten dieses Ergebnis mit der Haltung der Lehrer: Diese wollten den Mädchen ihrer Klasse helfen, ein Stipendium zu bekommen (vielleicht unter dem Druck der Eltern), und haben sich von daher mehr eingesetzt, wovon sowohl die Mädchen als auch die Jungen profitierten.

Wir haben gesehen, dass in den Entwicklungsländern die Eltern als Haupthindernis für den Schulbesuch ihrer Kinder betrachtet werden. Die Rolle der Kinder wird dabei heruntergespielt. Das kommt deutlich in der Tatsache zum Ausdruck, dass die an bestimmte Bedingungen geknüpften Sozialtransfers und die leistungsabhängigen Stipendien stets an die Eltern und nie an die Kinder ausbezahlt werden. In den reichen Ländern erhalten hingegen die Kinder die Zuwendungen, handle es sich nun wie in New York um Telefonfreiminuten, welche die Collegeschüler (die gleich alt sind wie die Gewinner der Stipendien in Kenia) für gute Noten erhalten, oder wie in Israel um finanzielle Anreize für ein erfolgreiches Abitur.[6] Dabei ist es gar nicht evident, dass der Umstand, lieber den Eltern als den Kindern finanzielle Anreize zu gewähren, effizienter ist. Erhalten die Eltern die Anreize, dann werden sie eine größere Wirkung erzielen, wenn jene in der Lage sind, ihre Kinder zu motivieren und ihnen zu helfen; erhalten sie die Kinder, werden sie wirkungsvoller sein, wenn deren Motivation den Vorrang genießt.

Um diese Hypothese zu überprüfen, wurde in Schulen eines armen Vororts von Neu-Delhi in Indien ein Versuch durchgeführt:[7] Das Programm versprach für die Kinder, denen es gelingt, ihr Leseniveau innerhalb einiger Wochen zu verbessern, eine kleine Belohnung (in der Größenordnung des Preises am Jahresende). Diese Belohnung gab man entweder den Kindern (in Form eines Spielzeugs) oder den Eltern (in Form eines entsprechenden Geldbetrags). Die Ergebnisse zeigen, welche Bedeutung dem Milieu zukommt, aus dem ein Kind stammt: In einem etwas günstigeren Umfeld, in dem die Eltern den Kindern helfen konnten, hatte die den Eltern in Aussicht gestellte Belohnung einen stärkeren Einfluss auf die vom Kind unternommenen Anstrengungen (vor allem die

6 Joshua Angrist und Victor Lavy, »The Effect of High Stakes High School Achievement Awards: Evidence from a Group-Randomized Trial«, in: *American Economic Review*, 99 (4), September 2009, S. 1384-1414.

7 Jim Berry, »Child Control in Education Decisions: An Evaluation of Targeted Incentives to Learn in India«, Arbeitspapier, Januar 2009.

freiwillige Teilnahme an Förderkursen) und die erzielten Ergebnisse; in einem sehr stark benachteiligten Umfeld (in dem die Eltern entweder Analphabeten oder zu beschäftigt waren, um die Studien ihrer Kinder zu begleiten) waren die Belohnungen effizienter, wenn die Kinder sie direkt erhielten.

Grenzen des traditionellen Ansatzes

Der klassische Ansatz zur Förderung des Schulbesuchs der breiten Massen geht davon aus, dass die Einschulung das vorrangige Ziel ist, dass die Eltern die Hauptansprechpartner sind, die es zu überzeugen gilt, und dass die finanziellen Aufwendungen für Bildung ein echtes Hindernis darstellen. Die zuvor genannten Studien belegen, dass diese Position nicht unbegründet ist: Die Anmeldung an eine Schule und sogar die in der Klasse unternommenen Anstrengungen sind nicht unabhängig von den finanziellen Bedingungen. Gleichwohl werden in diesen Beispielen auch andere Problematiken sichtbar: das Problem der Motivation der Kinder, das in einer Umgebung, in der sie oft die Ersten sind, die in den Genuss eines Unterrichts kommen, vielleicht sogar noch entscheidender ist, und das Problem der Motivation der Lehrkräfte.

Ein erstes Versäumnis des traditionellen Ansatzes besteht darin, die Fehlzeiten der Kinder außer Acht zu lassen; sie werden in Abbildung 1 aufgezeigt. Da die Anwesenheitslisten oft gefälscht werden, wurden die Fehlzeiten bei unangemeldeten Kontrollen in verschiedenen Klassen und Kontexten (ländlichen oder städtischen) aufgedeckt. Die Abwesenheitsquoten variieren je nach Land zwischen 14 und 54 Prozent. Die Einschulung ist daher keine Garantie für die Anwesenheit in der Schule. Eine zweite Grenze dieses Ansatzes liegt in der Tatsache, dass er sich vollkommen auf die Frage der (direkten oder indirekten) Bildungskosten konzentriert, was zu Lasten anderer Ansatzpunkte der Intervention geht. Wir nennen hier zwei: Man kann die Eltern und Kinder mit Informationen über die Bildungsvorteile versorgen; man kann den Gesundheitszustand der Kinder verbessern, der, wie man sehen wird, für einen Teil der Fehlzeiten verantwortlich ist. Eine dritte Grenze betrifft die Kenntnisse. Reicht es, die Kinder einem Lehrer gegenüberzusetzen, damit sie etwas lernen? Die Resultate der Entwicklungsländer sind in Bezug auf das Lernen leider weniger glänzend als in Bezug auf die Einschulung. In Indien zum Beispiel hat eine jährlich durchgeführte nationale Erhebung gezeigt, dass 2008 96 Prozent der Kinder zwischen sechs und vierzehn Jahren eingeschult waren. Aber nur 56 Prozent der Schüler der Stufe CM2 waren in der Lage, einen Absatz der Stufe CE1 zu lesen,[8] und 19 Prozent waren unfähig, mehr als ein Wort zu entziffern. In Mathematik waren die Ergebnisse noch schwächer.[9]

Förderung der Mitarbeit in der Schule

Weshalb gehen die Kinder zur Schule? Der Unterricht bringt für die Kinder und Eltern sein tägliches Quantum an Freud und Leid mit sich, in erster Linie ist er jedoch eine Investition: Ein gebildeteres Kind wird mehr verdienen und (im Prinzip) ein erfüllteres Leben führen. Die tatsächlichen oder aus der Sicht der Leute bestehenden Vorteile der Schulbildung zu vergrößern, kann daher auch ein Mittel zur Erhöhung der Schulquote sein.

Mehrere Faktoren werden als Bildungsvorteile betrachtet. Zunächst verschafft Wissen einen Vorsprung auf dem Arbeitsmarkt. Vielleicht muss man deshalb von dieser Seite aus nach Reformen suchen, die sich positiv auf die Bildung auswirken. Wenn man mit dem Abschluss einer weiterführenden Schule keine Arbeit findet, die es einem erlaubt, von seinen Kenntnissen zu profitieren, weshalb sollte man sich dann die Mühe machen, ein Gymnasium zu besuchen? In den Regionen Indiens, in denen sich die Grundschulbildung im Rahmen der Grünen Revolution als nützlich erwiesen hat (weil sie erlaubt, besser zu begreifen, welches Düngemittel für welches Saatgut zu verwenden ist), nahm die Einschulung der Kinder schneller zu als anderswo.[10]

8 Die Terminologie bezieht sich auf das französische Schulsystem. Die Grundschulzeit umfasst in Frankreich fünf Jahre; die Schuljahre heißen CP (*cours préparatoire*), CE1 (*cours élémentaire* 1), CE2 (*cours élémentaire* 2), CM1 (*cours moyen* 1) und CM2 (*cours moyen* 2) (Anmerkung der Übersetzerin).

9 Pratham, *Annual Survey of Education Report* 2008, Januar 2009. Der Bericht ist unter folgender Adresse verfügbar: ⟨http://www.asercentre.org/asersurvey.php⟩.

10 Andrew Foster und Mark Rosenzweig, »Technical Change and Human Capital Returns and Investments: Evidence from the Green Revolution«, in: *American Economic Review*, 86 (4), September 1996, S. 931-953.

Abbildung 1
Abwesenheitsquoten der Kinder in der Grundschule, nach Ländern

Land	Region	Jahr	Jahrgangsstufe	Fehlzeit
Kenia, Ostprovinz[1]	ländlich	1998	Vorschule, Stufe 1 und 2	30 %
Kenia, Ostprovinz[1]	ländlich	1998	Stufe 3, 4 und 5	19 %
Kenia, Ostprovinz[1]	ländlich	1998	Stufe 6, 7 und 8	12 %
Indien, Vadodara[2]	städtisch	2003	Stufe 3 und 4	25 %
Indien, Mumbai[2]	städtisch	2003	Stufe 3 und 4	13 %
Indien, Udaipur, Rajasthan[3]	ländlich	2003	alle Stufen	54 %
Indien, Jaunpur, Uttar Pradesh[4]	ländlich	2005	alle Stufen	49 %
Kenia, Ostprovinz[5]	ländlich	2006	Stufe 1	13 %
Madagaskar[6]	ländlich	2007	Stufe 4	14 %

1 Michael Kremer und Edward Miguel, »Worms: Identifying Impacts on Education and Health in the Presence of Treatment Externalities«, in *Econometrica*, 72 (1), Januar 2004, S. 159-217.
2 Abhijit Banerjee, Shawn Cole, Esther Duflo und Leigh Linden, »Remedying Education: Evidence from Two Randomized Experiments in India«, in: *Quarterly Journal of Economics*, 122 (3), August 2007, S. 1235-1264.
3 Esther Duflo, Rema Hanna und Stephen Ray, »Monitoring Works: Getting Teachers to Come to School«, Arbeitspapier, November 2007.
4 Abhijit Banerjee, Rukmini Banerji, Esther Duflo, Rachel Glennerster und Stuti Khemani, »Pitfalls of Participatory Programs: Evidence from a Randomized Evaluation in Education in India«, Arbeitspapier, September 2008.
5 Esther Duflo, Pascaline Dupas und Michael Kremer, »Peer Effects and the Impact of Tracking: Evidence from a Randomized Evaluation in Kenya«, Arbeitspapier, November 2008.
6 Tran Nguyen, »Information, Role Models and Perceived Returns to Education: Experimental Evidence from Madagaskar«, Arbeitspapier, Januar 2008.

Ein zweiter Parameter betrifft die Information über diese Vorteile: In den abgelegenen Dörfern, in denen wenige Menschen über Bildung verfügen oder die wenigen Personen, die eine solche genossen haben, abgewandert sind, kann es vorkommen, dass weder die Eltern noch die Kinder die tatsächlichen Vorteile der Bildung kennen. Ein letzter Punkt erstreckt sich schließlich auf die Unterrichtsqualität, von der die tatsächlichen Vorteile abhängen. Das bringt uns wieder zur Frage der Kenntnisse zurück.

Den Wert der Bildung vermitteln

Um herauszufinden, ob die Eltern (und Kinder) die Bildungsvorteile berücksichtigen, wenn sie ihre erzieherischen Entscheidungen treffen, kann man versuchen, beim zweiten Hebel anzusetzen: der Information. Wenn Informationen über die mit der Bildung verbundenen Vorteile sich auf die Mitarbeit und den Einsatz in der Schule auswirken, beweist das deren Bedeutung. Davon zeugt ein Versuch, der in der Dominikanischen Republik durchgeführt wurde:[11] In den Gymnasien, in denen die Abbruchrate anstieg (45 Prozent der angemeldeten Schüler blieben im darauffolgenden Jahr weg), ist dieser Umstand insbesondere auf die Tatsache zurückzuführen, dass die Schüler systematisch die Vorteile der Bildung unterschätzen. Wenn die Interviewer sie fragen, zu welchen Berufen sie eine weiterführende Schulbildung führen kann und welche Löhne sie beanspruchen können, wenn sie die Schule abbrechen oder zu Ende bringen, antworteten die meisten, der Unterschied sei gering (geringer, als er tatsächlich ist). Die Intervention bestand von daher schlicht und einfach darin, die Kinder mit Daten zu den Durchschnittsgehältern zu versorgen, die je nach Höhe des Abschlusses erzielt werden. Diese Maßnahme erfolgte an 75 Schulen, die unter 150 nach dem Zufallsprinzip ausgewählt wurden. Das hat gereicht, um eine Reihe dieser Jugendlichen davon zu überzeugen, wieder zurückzukommen: Die Abbruchrate sank in den Schulen, in denen die Intervention stattfand; nur 41 Prozent der Schüler blieben im nächsten Jahr weg. Aber die Intervention verfing nur in den weniger armen Familien. Das scheint darauf hinzudeuten, dass in den armen Familien tatsächlich finanzielle Hürden bestehen, dass aber in den etwas weniger armen Familien die Verkennung der Vorteile wohl das ist, was zum Schulabbruch führt.

Das Bildungsministerium von Madagaskar hat in einem völlig anderen Kontext einen ähnlichen Versuch angestellt: in den CE2-Klassen der Grundschulen auf dem Lande.[12] Zunächst wurden

11 Robert Jensen, »The Perceived Returns to Education and the Demand for Schooling«, Arbeitspapier, 2007.

die Eltern zu ihrer Wahrnehmung der Bildungsvorteile befragt. Erstaunlicherweise unterschätzten sie sie nicht systematisch, doch ihre Antworten variierten stark; einige überschätzten die Vorteile der Grundschulbildung bei weitem, andere unterschätzten sie. Die darauffolgende Intervention wurde den Lehrern übertragen, die an 640 Schulen Eltern-Schüler-Lehrer-Versammlungen organisierten. In einem Viertel davon informierte der Lehrer die Eltern darüber, woraus sich die Vorteile der Schulbildung genau zusammensetzen, und stützte sich dabei auf ein Blatt mit ganz einfachen Zeichnungen. In einem anderen Viertel wurde ein »Vorbild«, jemand, der dank seiner Studien Erfolg hatte, an die Schule eingeladen, um von seinem Leben zu erzählen. Dieses Vorgehen wurde von UNICEF vorgeschlagen, das davon ausging, dass die Erzählung einer realen Person mehr bewirkt als das Aufzeigen und Erklären von Zahlen. In einem dritten Viertel wurden die Eltern gleichzeitig mit einem »Vorbild« und mit Statistiken konfrontiert. Im letzten Viertel schließlich blieb die Diskussion sehr allgemein und den Eltern wurden keine genauen Informationen geboten.

Einige Monate später wurde unter den Eltern eine neue Umfrage zu ihrer Sichtweise der mit der Schulbildung verbundenen Effekte gestartet. Die Antworten variierten an den Schulen, an denen über dieses Thema informiert wurde, nicht mehr so stark, was zeigt, dass die Botschaft ankam. Diejenigen, die zu Beginn die Vorteile der Schulbildung über- oder unterbewerteten, hatten nun realistischere Vorstellungen. Der Besuch einer eingeladenen Person hatte eher den gegenteiligen Effekt. Er ließ die Varianz der Wahrnehmung von Bildungsvorteilen steigen, vielleicht weil die Gegenwart eines »Vorbildes« das Gefühl hervorgerufen hat, Bildung sei ein Lotterielos: Entweder erlaubt sie dir, sehr erfolgreich zu sein, oder sie nützt dir nicht groß. Außerdem war die Veränderung bei der Wahrnehmung der Vorteile von einer Veränderung im Verhalten begleitet: In den Schulen, an denen informiert wurde, erwiesen sich die Kinder, deren Eltern die Vorteile der Grundschulbildung unterschätzten, als gewissenhaftere Schüler, während diejenigen, deren Eltern sie überschätzten, etwas nachließen. Im Durchschnitt nahm an den Schulen, an denen Informationsveranstaltungen stattgefunden hatten, die Gewissenhaftigkeit jedoch zu.

12 Tran Nguyen, »Information, Role Models and Perceived Returns to Education: Experimental Evidence from Madagascar«, Arbeitspapier, Januar 2008.

Eltern und Kindern Informationen zu geben, über die sie nicht verfügen, kann eine große Wirkung haben. Selbst bei den madagassischen Kampagnen waren sie absolut in der Lage, sie aufzunehmen. Hingegen hatte der Besuch von »Vorbildern« nicht den erhofften Effekt. Genaue Informationen sind somit hilfreicher als die lebendige Verkörperung eines Prinzips, das man bereits kennt, nämlich dass Bildung manchen nützt und anderen (zweifellos) weniger. Diese Ergebnisse zeigen auch, dass die Wahrnehmung der mit der Bildung verbundenen Vorteile zu den Entscheidungskriterien der Eltern gehört: Die Fortschritte bei der Einschulung werden nicht von Dauer sein können, wenn ihr Vertrauen in die Bildung schwindet.

Die Gesundheit der Schüler

Wir haben bereits eine weitere Bremse für den Schulbesuch der Kinder angesprochen: ihren Gesundheitszustand. Tatsächlich ist ihre wiederholte Abwesenheit häufig die Folge von Krankheiten. Darmwürmer, die zum Beispiel Bilharziose auslösen, befallen weltweit ein Viertel der Kinder, vor allem in Afrika südlich der Sahara. Die Darmwürmer stellen – gewiss weil sie nicht tödlich sind – ein Gesundheitsproblem dar, das vernachlässigt wird; aber die Kinder sind darum nicht weniger müde und anämisch. Dabei ist es sehr leicht, sie zu behandeln: Eine Tablette alle sechs Monate genügt, um die gängigsten Infektionen zu verhindern. Die Weltgesundheitsorganisation empfiehlt daher eine vorbeugende Behandlung aller Schulkinder in den betroffenen Zonen. Trotz ihrer geringen Kosten sind diese Programme allerdings noch rar: Außer der Tatsache, dass sie keine Priorität genießen, ist es oft schwierig, das Gesundheitsministerium und das Bildungsministerium, die beide betroffen sind, zur Zusammenarbeit zu bewegen.

Arbeiten, die im schulischen Umfeld durchgeführt wurden, kamen außerdem zu dem Schluss, dass diese vorbeugenden Behandlungen zu enttäuschenden Resultaten führten. Die Forscher haben nach dem Zufallsprinzip innerhalb einer Schule Kinder ausgesucht, die die Behandlung erhielten, und andere, die sie nicht erhielten. Da nun die Würmer sehr ansteckend sind, infizierten die befallenen Kinder die behandelten Kinder erneut. Jedoch unterschätzten all diese Studien die Auswirkungen der Behandlung (was uns nebenbei zeigt, dass die Randomisierung per se kein Patentrezept ist).[13] Um die Wirkung der Behandlung einer ansteckenden Krankheit zu testen, muss man die ganze Gruppe, innerhalb derer eine Ansteckung möglich ist, behandeln.

So wurde von zwei Wissenschaftlern eine neue Studie durchgeführt, die nicht nur einzelne Kinder, sondern ganze Schulen nach dem Zufallsprinzip ausgewählt haben.[14] Sie haben sich mit einer NGO zusammengetan, die vorhatte, 75 Schulen über drei Jahre zu behandeln, und haben die Schulen nach dem Zufallsprinzip in drei Gruppen unterteilt. Die 25 Schulen der ersten Gruppe wurden im ersten Jahr behandelt, die 50 Schulen der ersten und zweiten Gruppe wurden im zweiten Jahr behandelt, und im dritten Jahr wurden die Schulen aller drei Gruppen behandelt. In den betreffenden Schulen erfolgte die Behandlung zweimal pro Jahr. Im ersten Jahr erhielten alle Kinder aus Gruppe eins, die an diesem Tag anwesend waren, das Medikament, außer den Teenagern – da sich die Behandlung mit einer eventuellen Schwangerschaft nicht vertrug – und den Schülern, deren Eltern ausdrücklich dagegen waren. Im Gegensatz zu den Ergebnissen früherer Studien wurde eine allgemeine Verbesserung der Gesundheit aller Kinder der beteiligten Schulen festgestellt, egal ob sie nun behandelt wurden oder nicht: Die Infektionsrate sank, die Hämoglobinwerte verbesserten sich, ebenso nahmen Gewicht und Größe der Kinder zu. Interessant ist ferner, dass das Programm auch ein pädagogischer Erfolg war: Durchschnittlich sanken die Fehlzeiten um 14 Prozent, was einen zusätzlichen Unterricht von 0,14 Jahren pro Kind bedeutete. Überdies ist der indirekte Effekt des Programms (hinsichtlich der nicht behandelten Kinder) ebenso groß wie der direkte, was zeigt, welche Bedeutung der Ansteckung zukommt und damit sogar die enttäuschenden Resultate der vorherigen Versuche erklärt. Dieser

13 Auf diese Literatur gehen Rumona Dickson, Shally Awasthi, Paula Williamson, Colin Demmellweek und Paul Garner ein in »Effect of Treatment for Intestinal Helminth Infection on Growth and Cognitive Performance in Children: Systematic Review of Randomized Trials«, in: *British Medical Journal*, 320, Juni 2000, S. 1697-1701. Die Autoren kommen zu dem Schluss, dass die durchgeführten Studien nicht auf überzeugende Weise nachweisen, dass die Kampagnen zur Ausmerzung der Würmer einen Einfluss auf die Bildung haben.

14 Michael Kremer und Edward Miguel, »Worms: Identifying Impacts on Education and Health in the Presence of Treatment Externalities«, in: *Econometrica*, 72 (1), Januar 2004, S. 159-217.

Ansteckungseffekt ist ein starkes Argument für die Subventionierung dieser Behandlung, da sie einen gesellschaftlichen Vorteil mit sich bringt, den jemand, der sich für oder gegen eine Behandlung entscheidet, nicht bedenkt. Wir werden im nächsten Kapitel darauf zurückkommen.

Diese Ergebnisse sind kein Einzelfall. In Indien verringert die Behandlung der Anämie den Absentismus der Kinder.[15] Das Beispiel der Ausrottung der Würmer im Süden der Vereinigten Staaten oder der Malaria in Sri Lanka, Paraguay, Lateinamerika und im Süden der USA[16] zeigt ebenfalls, dass Interventionen, die auf eine Verbesserung der Gesundheit abzielen, gleichzeitig eine Anhebung des Bildungsniveaus erlauben.

Kosten und Nutzen

Bevor wir auf die Frage der Kenntnisse zu sprechen kommen, ist es hilfreich, bei den verschiedenen soeben genannten Resultaten kurz zu verweilen und sie miteinander zu vergleichen. Die Interventionen haben alle dasselbe Ziel: die Zeit zu verlängern, die die Kinder in der Schule verbringen. Wie wir gesehen haben, ist es möglich, dieses Ziel zu erreichen, indem man die Kosten (die direkten oder die Opportunitätskosten) verringert, indem man finanzielle Anreize für eine regelmäßige Anwesenheit schafft, indem man die mit der Bildung verbundenen Vorteile deutlicher hervorhebt und indem man die Gesundheit der Schüler verbessert. All diese Interventionen »funktionieren«, insofern sie sich auf den Schulbesuch positiv auswirken. Aber um sich zwischen diesen Politiken zu entscheiden und ein begrenztes Budget bestmöglich einzusetzen, muss man nicht nur die Wirk-

15 Gustavo Bobonis, Edward Miguel und Charu Puri Sharma, »Iron Deficiency Anemia and School Participation«, in: *Journal of Human Resources*, 41 (4), Herbst 2006, S. 692-721.

16 Siehe hierzu Hoyt Bleakley, »Disease and Development: Evidence from Hookworm Eradication in the American South«, in: *Quarterly Journal of Economics*, 122 (1), Februar 2007, S. 73-117; Adrienne Lucas, »Malaria Eradication and Educational Attainment: Evidence from Paraguay and Sri Lanka«, in: *American Economic Journal: Applied Economics*, 2 (2), April 2010, S. 46-71; Hoyt Bleakley, »Malaria Eradication in the Americas: A Retrospective Analysis of Childhood Exposure«, Arbeitspapier, August 2007.

Abbildung 2
Kosten für ein zusätzliches Unterrichtsjahr
für die eingesetzten Programme (in Dollar)

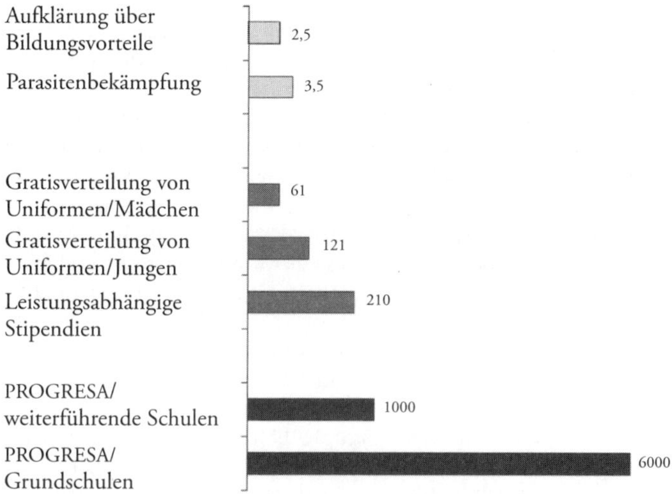

Quellen: 1) T. Paul Schultz, »School Subsidies for the Poor: Evaluating the Mexican PROGRESA Poverty Program«, in: *Journal of Development Economics*, 74 (1), Juni 2004, S. 199-250. 2) Michael Kremer, Edward Miguel und Rebecca Thornton, »Incentives to Learn«, Arbeitspapier, April 2008. 3) Esther Duflo, Pascaline Dupas, Michael Kremer, »Education and Fertility: Experimental Evidence from Kenya«, Arbeitspapier, Juni 2009. 4) Michael Kremer und Edward Miguel, »Worms: Identifying Impacts on Education and Health in the Presence of Treatment Externalities«, in: *Econometrica*, 72 (1), Januar 2004, S. 159-217. 5) Robert Jensen, »The Perceived Returns to Education and the Demand for Schooling«, Arbeitspapier, 2007. NB: Die Reihenfolge wurde nicht eingehalten.

samkeit, sondern auch die Kosten jeder einzelnen dieser Maßnahmen ermitteln, um beides miteinander in Beziehung zu setzen.

Da wir in all diesen Bereichen über gründliche Evaluierungen verfügen, kann man ihre geschätzte Wirkung und die Informationen zu ihren Kosten zusammenstellen und den Preis für ein zusätzliches dank einer bestimmten Intervention erzieltes Schuljahr errechnen. Es geht nicht mehr darum, die Kosten der Programme zu vergleichen (was man oft macht, um die NGOs zu evaluieren), sondern darum, ihre Kosten auf ihre Wirkung zu beziehen. Dieses Verhältnis wird berechnet, indem man die Kosten des Programms für die Zahl der davon betroffenen Kinder durch die Zahl der zusätzlichen Schuljahre, die man dem Programm verdankt (und die man anhand der Ergebnisse der Evaluierung der Wirkung errechnet), teilt.

Abbildung 2, welche die Ergebnisse dieser Rechenübungen veranschaulicht, zeigt für jede dieser Interventionen, wie viel ein zusätzliches Unterrichtsjahr kostet. Das Programm PROGRESA kostet 1000 Dollar für ein zusätzliches Jahr an einer weiterführenden Schule (und weit mehr für ein zusätzliches Jahr an einer Grundschule). Der Grund dafür ist, dass die Stipendien recht beträchtlich sind und somit für die Regierung teuer, und dass sie an viele Familien ausbezahlt werden, deren Kinder ohnehin eine Schule besuchen würden. Die kostenlose Verteilung von Uniformen in Kenia kommt für die Mädchen auf 61 Dollar und für die Jungen auf 121 Dollar pro zusätzliches Jahr. In demselben Land kosten die leistungsgebundenen Stipendien 210 Dollar pro zusätzliches Jahr. Die Parasitenbekämpfung in Afrika kostet nur 3,50 Dollar pro zusätzliches Jahr, und die Interventionskosten für die Information der Eltern über die mit der Bildung verbundenen Vorteile belaufen sich auf 2,50 Dollar.

Die heute gängigsten Praktiken, die sich auf die Schulkosten konzentrieren, haben damit ein weit weniger günstiges Kosten-Nutzen-Verhältnis als Programme, die andere Probleme berücksichtigen und die viel vertrauenswürdiger sind. Man sieht so, dass es wichtig ist, die Programme zu evaluieren – nicht nur um sich eine Bestätigung für sein Gefühl in Bezug auf das, was wirkungsvoll sein kann oder nicht, zu verschaffen, sondern auch um dieses Gefühl durch präzise Erkenntnisse zu ersetzen. Und selbst wenn wir mit unseren Intuitionen richtigliegen, sind sie unzureichend, da sie uns völlig falsche Größenordnungen vermitteln. Diese Ergebnisse bedeuten gleichwohl nicht, dass man auf an bestimmte Bedingungen gebundene Sozialtransfers, auf die Verteilung von Uniformen oder auf leistungsabhängige Stipendien verzichten soll. Diese Programme haben nicht nur einen Bildungseffekt, sondern bezeugen auch die Fähigkeit zur Umverteilung zugunsten der Allerärmsten.

Über die Bildung hinaus dienen sie somit einem Grundanliegen. Wichtig ist jedoch, zu unterstreichen, dass sie *als Bildungsprogramme selbst* nicht die besten sind.

Wissensvermittlung

Wenn die Kinder in einer Schule angemeldet, von Parasiten befreit, regelmäßig anwesend und sich der Vorteile, die ihnen die Bildung verschafft, bewusst sind, lernen sie darum schon etwas? Das ist leider nicht sicher. Jahr für Jahr zeigt die Erhebung ASER in Indien, dass die Hälfte der eingeschulten Kinder nicht in der Lage ist, einen einfachen Text zu lesen. Die Interventionen, von denen wir soeben gesprochen haben, haben keinerlei Auswirkung auf die Kenntnisse der Schüler, was ein Beweis für die Ineffizienz der Schule ist. Sie tragen alle dazu bei, die Anwesenheit der Kinder zu fördern, aber sie übersetzen sich nicht in eine Verbesserung des Kenntnisstands am Schuljahresende: Die Kinder haben aus den zusätzlichen Tagen, die sie in der Schule verbracht haben, keinerlei Gewinn gezogen: Erweisen wir den Familien, die man dazu überredet, ihre Kinder in die Schule zu schicken, letzten Endes wirklich einen Dienst, wenn jene dort nichts lernen?

Ebenso ist es interessant festzustellen, dass die Eltern das, was ihre Kinder in der Schule lernen, heute überschätzen. In Uttar Pradesh, dem bevölkerungsreichsten Staat Indiens (es wäre das sechstgrößte Land der Erde, wenn es unabhängig wäre) und auch einem der ärmsten, haben wir einerseits mit den Schülern Lesetests gemacht und andererseits die Eltern zum Kenntnisstand ihrer Kinder befragt.[17] Unter den Eltern, deren Kinder die Buchstaben nicht entziffern konnten, dachte ein Elternpaar von sechs, dass sie flüssig lesen! Nur einem Drittel der Eltern war bewusst, dass ihre Kinder nicht lesen konnten. Die Mathematikkenntnisse wurden noch mehr überschätzt: Unter den Eltern der Kinder, die nicht einmal die Zahlen lesen konnten, glaubte ein Paar von fünf, dass sie in der Lage wären, zu dividieren.

Das ist nicht weiter erstaunlich: Die Eltern, die selbst weder des

17 Abhijit Banerjee, Rukmini Banerji, Esther Duflo, Rachel Glennerster und Stuti Khemani, »Pitfalls of Participatory Programs: Evidence from a Randomized Evaluation in India«, Arbeitspapier, September 2008.

Lesens noch des Dividierens mächtig sind, können diese Kenntnisse nicht direkt überprüfen. Da das Phänomen einer massenweisen Einschulung relativ neu ist, haben die Eltern in das Bildungssystem noch Vertrauen. Weil man ihnen sagt, dass ihre Kinder Wissen erwerben werden, glauben sie das. Aber sie richten, wie wir gesehen haben, ihr Augenmerk auch auf die mit der Bildung verbundenen Vorteile. Wenn sie eines Tages bemerken, dass ihre Kinder viel weniger Dinge lernen, als man ihnen versprochen hat, ist es sehr wahrscheinlich, dass sie ihr Vertrauen verlieren und dass die bei der Einschulung erzielten Fortschritte zunichtegemacht werden.

Es wird nicht viel nützen, die Bildungskosten zu reduzieren, wenn die Eltern nicht länger der Meinung sind, die Schule vermittle ihren Kindern ein Wissen, in dessen Macht es liegt, ihr künftiges Leben zu verändern. Es wäre zynisch und zugleich gefährlich, sich bei der Weiterverfolgung einer Politik der massenhaften Einschulung auf die Ignoranz (oder Vertrauensseligkeit) der Eltern zu verlassen. Die Qualität der Schulen zu verbessern, ist daher eine Grundvoraussetzung dafür, das Vertrauen der Eltern und ihre Motivation (sowie die der Kinder, die künftig selbst Eltern sein werden) zu erhalten. Die in anderen Bereichen (vor allem in dem der Gesundheit) gemachte Erfahrung zeigt, dass es sehr schwierig ist, das Vertrauen in die Richtigkeit der staatlichen Politiken zurückzugewinnen, wenn es erst einmal verlorengegangen ist. Die Verbesserung der Qualität ist daher nicht nur wichtig, sondern auch dringlich.

Wie soll man dabei vorgehen? Eine erste Antwort lautet natürlich, mehr Mittel für die Bildung bereitzustellen. Seit der Unterricht kostenlos ist, umfasst die erste Klasse in Kenia oft mehr als achtzig Kinder. In Indien findet der Unterricht oft draußen, in der Sonne statt. Die Schulen haben selten genug Pulte für alle Schüler und noch weniger Lehrbücher. Eine zweite Möglichkeit besteht darin, die pädagogische Praxis zu ändern, um sie besser an die Bedürfnisse der neuen Schülerpopulationen anzupassen. Eine dritte Antwort liegt in der Motivation der Lehrer. Wie kann man das Schulsystem so organisieren, dass eher die Bedürfnisse der Kinder als die der Lehrer im Mittelpunkt stehen?

»Mehr vom Gleichen«: eine Sackgasse

Kann man die Qualität der Bildung verbessern, indem man die Mittel aufstockt (neue Lehrer einstellt, Schulbücher verteilt etc.), aber weder die Pädagogik noch die Anreize zum Lernen verändert? Die ersten in Entwicklungsländern durchgeführten aleatorischen Studien – vor allem von Michael Kremer, Professor in Harvard und einer der Pioniere dieser Methoden – versuchten zumeist die Wirkung von Interventionen dieser Art genau zu messen: Sie hatten den Vorzug, vom Konzept her einfach zu sein (es ging darum, einen Ursache-Wirkungs-Zusammenhang zwischen der Verteilung der Lehrbücher und den schulischen Resultaten herzustellen), sich relativ leicht umsetzen zu lassen (es ist leichter, Daten über Kinder zu sammeln, die alle dieselbe Schule besuchen, als einzelne Haushalte zu befragen) und in Bezug auf ihre vermutete Wirkung Einmütigkeit zu erzeugen. So gibt es eine Reihe von Evaluierungen, die darauf abzielen, den Schulen in unterschiedlichen Zusammenhängen mehr Mittel zu geben. Doch all diese Erfahrungen waren enttäuschend.

1995 waren in Kenia Schulbücher Mangelware: Eine der allerersten randomisierten Studien bestand darin, zu evaluieren, wie sich die Verteilung von Schulbüchern auswirkt. Die ersten Ergebnisse haben gezeigt, dass eine solche Maßnahme die Leistungen der Schüler nicht verbessert. Michael Kremer, der diese Arbeit durchgeführt hat, traute den erzielten Resultaten zunächst nicht. Er hat den Versuch daher mit einer größeren Stichprobe wiederholt, außerdem hat er, anstatt den amtlichen Wissenstest zu verwenden, einen neuen ausgearbeitet. Aber trotz all dieser Bemühungen war die Wirkung beharrlich gleich null: Im Durchschnitt zogen die Kinder keinen Vorteil aus dem Zugang zu Schulbüchern.[18] Auch pädagogische Plakate hatten keine größere Wirkung.[19] Ebenso wenig scheint eine Verkleinerung der Klassen die schulischen Resultate zu verbes-

18 Paul Glewwe, Michael Kremer und Sylvie Moulin, »Many Children Left Behind? Textbooks and Test Scores in Kenya«, in: *American Economic Journal: Applied Economics*, 1 (1), Januar 2009, S. 112-135.

19 Paul Glewwe, Michael Kremer, Sylvie Moulin und Eric Zitzewitz, »Retrospective vs. Prospective Analyses of School Inputs: The Case of Flip Charts in Kenya«, in: *Journal of Development Economics*, 74 (1), Juni 2004, S. 251-268.

sern, wenn sie nicht von weiteren Veränderungen begleitet wird.[20] All dies wurde bei Versuchen nachgewiesen, die im ländlichen Indien, im städtischen Indien und in Kenia durchgeführt wurden.

Wie lassen sich diese negativen Ergebnisse erklären, wo es doch evident scheint, dass eine Klasse mit vierzig Schülern ein besserer Ort zum Lernen ist als eine Klasse mit achtzig? Das Experiment mit der Verteilung von Lehrbüchern liefert uns hier einen wertvollen Hinweis. Wir haben gesehen, dass sich die Ergebnisse der Wissenstests im Durchschnitt durch die Verteilung zusätzlicher Schulbücher nicht verbessert haben. Aber wenn man sich die Daten genauer ansieht, bemerkt man, dass die Bücher gewissen Schülern dennoch helfen: denjenigen, die schon vor der Verteilung der Schulbücher den anderen voraus waren. Wenn man die 10 Prozent der Schüler betrachtet, die schon die Besten waren, bevor die Lehrbücher verteilt wurden, stellt man fest, dass diejenigen, die Schulbücher erhielten, größere Fortschritte machten als diejenigen, die keine bekamen. In Kenia befinden sich in jeder Klasse nicht nur sehr viele, sondern vom Niveau her auch sehr unterschiedliche Kinder. Das ist der Preis für den Erfolg: Die Bildungspolitik bringt ein sehr heterogenes Niveau der Schüler mit sich, was auch für die Beherrschung der Unterrichtssprache, Englisch, gilt, die bei den Kindern, die im ländlichen Raum leben, nur die dritte Sprache ist. Sie lernen zunächst die lokale Sprache, dann Swahili und schließlich Englisch, das ihre Eltern selten sprechen. Nun sind die Schulbücher aber in Englisch, obgleich die meisten Schüler es nur sehr schlecht verstehen. Das erklärt zweifellos, weshalb lediglich die besten Schüler aus den zur Verfügung gestellten Schulbüchern einen Nutzen ziehen konnten.

Wenn diese Erklärung stimmt, haben diese Ergebnisse etwas Beunruhigendes: Die Zweckmäßigkeit der Lehrpläne wird in Frage gestellt. In zahlreichen Entwicklungsländern sind diese oft ein Erbe

20 Abhijit Banerjee, Michael Kremer, Jean Lanjouw und Peter Lanjouw, »Teacher-Student Ratios and School Performance in Udaipur, India: A Prospective Evaluation«, Arbeitspapier 2002; Abhijit Banerjee, Shawn Cole, Esther Duflo und Leigh Linden, »Remedying Education: Evidence from two Randomized Experiments in India«, in: *Quarterly Journal of Economics*, 122 (3), August 2007, S. 1235-1264; Esther Duflo, Pascaline Dupas und Michael Kremer, »Peer Effects and the Impact of Tracking: Evidence from a Randomized Evaluation in Kenya«, Arbeitspapier, November 2008.

der Kolonialzeit; damals ging es darum, eine lokale Elite heranzubilden, die für die Arbeit in der Verwaltung bestimmt war. Lange nach der Unabhängigkeit war Bildung noch immer lediglich für die Familien der Notabeln zugänglich. Als sich die Bildung verallgemeinerte, blieben die Lehrpläne, wie sie waren, ebenso der Unterricht, die Auswahl der Schüler und die Erwartungen der Lehrer. Aufschlussreich in dieser Hinsicht ist, wie sich Lehrer im Beisein eines Besuchers verhalten: Die Tafel ist bedeckt von schwierigen Gleichungen, da der Lehrer hofft, so sein großes Können unter Beweis zu stellen. Er hält seine Stunde mit einem Auftritt, der ihm zur Ehre gereicht, aber die Schüler sehen währenddessen – zu Recht – aus dem Fenster und warten darauf, dass er zum Ende kommt. Das ist kein Ausdruck der Unbeholfenheit des Lehrers: Er ist davon überzeugt, dass man genau das von ihm erwartet.

Es gibt einen zweiten Grund für die mangelnde Wirksamkeit der Interventionen, die in einer Aufstockung der Mittel bestehen: die fehlende Motivation der Lehrer. Diese kommt in ihren Fehlzeiten zutage. Anlässlich einer Studie der Weltbank, die 2002-2003 durchgeführt wurde, wurden in den Schulen mehrerer Länder während der Unterrichtszeit unangekündigte Erhebungen vorgenommen. In Bangladesch waren 16 Prozent der Lehrer abwesend, in Indien 25 Prozent und in Uganda 27 Prozent! Die geringste Abwesenheitsquote wurde in Peru festgestellt (11 Prozent).[21] Hinzu kommt, dass die Lehrkräfte, selbst wenn sie physisch in der Schule anwesend sind, nicht immer unterrichten. In Indien ist bei unangekündigten Besuchen weniger als die Hälfte der Lehrer in der Klasse anwesend. Eine frühere Erhebung hat es gestattet, eine Liste der Aktivitäten aufzustellen, denen sie nachgehen: Tee trinken, mit anderen Lehrern diskutieren, politische Plakate herstellen, Karten spielen etc.[22] Wenn man die Tatsache hinzunimmt, dass die Kinder ihrerseits ungefähr ein Viertel der Schultage fehlen, kann man daraus den Schluss ziehen, dass ein Schüler letztlich nur drei Achtel (also na-

21 Nazmul Chaudhury, Jeffrey Hammer, Michael Kremer, Karthik Muralidharan und F. Halsey Rogers, »Missing in Action: Teacher and Health Worker Absence in Developing Countries«, in: *Journal of Economic Perspectives*, 20 (1), Winter 2006, S. 91-116.

22 Anuradha De, Jean Dreze, Claire Noronha, Claire Pushpendra und Anita Rampal, *Public Report on Basic Education in India*, Oxford und New York: Oxford University Press, 1999, S. 168.

hezu ein Drittel) der vorgesehenen Zeit vor einem Lehrer zubringt. So ist es nicht verwunderlich, wenn Letzterer nicht die Zeit hat, die ehrgeizigen Programme durchzuziehen, die ihm auferlegt werden.

Zusätzliche Mittel für die Beschreitung neuer Wege bei der Pädagogik und Motivation verwenden

All das erklärt, weshalb die Interventionen, die sich damit begnügen, mehr Mittel zur Verfügung zu stellen, fehlschlagen: Die wenig motivierten Lehrer nutzen diese Mittel mitunter, um weniger zu arbeiten. In Kenia wurde zur Evaluierung der Auswirkung einer Verkleinerung der Klassen einer Gruppe von Schulen Geld angeboten, um für die erste Klasse eine zusätzliche Lehrkraft einzustellen. Letztere stammte aus der Umgebung und wurde mit einem Einjahresvertrag eingestellt, der verlängert werden konnte. Das Ziel war, zwei Klassen mit ungefähr vierzig Schülern zu schaffen, anstatt einer einzigen mit achtzig. Doch die Sache hatte einen unerwünschten Effekt: Die herkömmlichen Lehrer begannen weniger zu arbeiten. Bei unangekündigten Besuchen in den Schulen, die nicht von dieser Subvention profitierten, waren 59 Prozent der Lehrer der ersten Klasse am Unterrichten. Aber in den Schulen, die einen zusätzlichen Lehrer engagiert hatten, waren es nicht mehr als 34 Prozent! In zahlreichen Fällen haben die Lehrer beschlossen, die beiden Klassen wieder zusammenzulegen, wobei die neue Lehrkraft sämtliche Schüler übernehmen sollte.[23]

Hier handelt es sich um ein Extrembeispiel, das allerdings symptomatisch ist für ein allgemeiner verbreitetes Phänomen: Wenn man die zusätzlichen Mittel nicht dazu verwendet, die pädagogische Praxis zu ändern und die Motivation zu steigern, werden sie nicht zum Wohl der Kinder eingesetzt. Hingegen haben Maßnahmen, die die finanzielle Unterstützung dazu benutzen, die pädagogischen Praktiken zu ändern und die Motivation der Lehrer zu steigern, positive Effekte. Die Arbeit von Pratham, eine sehr große indische NGO, die auf Bildung spezialisiert ist, ist hierfür ein gutes Beispiel. Die Aktionen von Pratham erreichen mehrere Millionen Kinder im ganzen Land und werden innerhalb der öffentlichen Schulen

23 Esther Duflo, Pascaline Dupas und Michael Kremer, »Additional Resources versus Organizational Changes in Education: Experimental Evidence from Kenya«, Arbeitspapier, Mai 2009.

umgesetzt. Eines seiner Programme, das *Balsakhi* (der Freund der Kinder) getauft wurde, organisiert einen Förderunterricht. Der *balsakhi* (zumeist eine junge Frau vom Ort, die eine weiterführende Schule abgeschlossen hat, aber über kein Lehrerdiplom verfügt) arbeitet zwei Stunden pro Tag mit den Kindern, die, obgleich sie in der CE2 oder CM1 sind, die Grundkenntnisse (Schreiben, Lesen oder Rechnen) nicht beherrschen. Die Nachzügler nehmen so an Förderkursen teil, anstatt dem normalen Unterricht beizuwohnen.

Wir haben dieses Programm in zwei Städten evaluiert: in Vadodara in Gujarat sowie in Mumbai.[24] In beiden Fällen hatte Pratham genügend Geld, um einen *balsakhi* pro Schule einzustellen, und zwar in allen Schulen von Vadodara und in allen Schulen eines Armenviertels von Mumbai. Von daher erschien es absurd, nach dem Zufallsprinzip Schulen auszuwählen, die in den Genuss des Programms kommen sollten, und es anderen vorzuenthalten. Wir haben daher vorgeschlagen, die Schulen per Zufall in zwei Gruppen aufzuteilen: eine Gruppe, in der das Programm für die Schüler von CE2 bestimmt war, und eine andere, in der die Schüler von CM1 davon profitieren sollten. So wurde jeder Schule geholfen, aber die nicht unterstützten Klassen von CE2 (in den Schulen, in denen das Programm die CM1 erhielt) konnten als Kontrollgruppe für die unterstützten Klassen von CE2 dienen und umgekehrt.

Die Evaluierung der Wirkung eines Programms im Bereich des Wissens wirft das Problem auf, dieses zu messen. Es ist leicht, unterschiedliche Programme zu vergleichen, deren Ziel die Erhöhung der Einschulungen oder der regelmäßigen Anwesenheit in der Schule ist. Aber wie erhält man vergleichbare Messungen für das Wissen? Jeder Wissenstest enthält andere Fragen, ist schwerer oder leichter, unterschiedlich benotet etc. Man benutzt daher eine standardisierte Messung, die sich auf die Verteilung der Testergebnisse in der betroffenen Population bezieht. Bei dieser standardisierten Bewertung erhält ein Kind 0, dessen Ergebnisse dem Durchschnitt entsprechen, 1 ein Kind, dessen Ergebnisse gegenüber dem Durchschnitt eine Standardabweichung nach oben erkennen lassen, und -1 ein Kind, dessen Leistungen eine Standardabweichung nach

24 Abhijit Banerjee, Shawn Cole, Esther Duflo und Leigh Linden, »Remedying Education: Evidence from two Randomized Experiments in India«, a. a. O., S. 1235-1264.

unten aufweisen.[25] Bei einer normalen Verteilung der Ergebnisse in einer Klasse bedeutet eine Erhöhung um 1, dass ein Schüler, der in einer Klasse von 100 der 84. ist, mit seinen Resultaten zu denjenigen des Schülers in der Klassenmitte aufschließt oder der 99. zum 90. Dank dieser Standardisierung ist es somit möglich, die Wirkung aller Interventionen zu vergleichen, auch wenn sie in unterschiedlichen Kontexten realisiert und aufgrund heterogener Tests evaluiert wurden. Allgemein geht man davon aus, dass die Wirkung positiv, aber relativ schwach ist, wenn eine Intervention zu einer Standardabweichung von 10 Prozent führt; 20 Prozent bedeuten eine erhebliche Wirkung; 30 Prozent und mehr besagen, dass das Programm besonders effektiv ist.

Im Durchschnitt hatte das Programm *Balsakhi* einen Effekt von 30 Prozent Standardabweichung. Wenn man die Kinder betrachtet, die zu Beginn die schwächsten waren (mithin diejenigen, die von dem Förderunterricht am meisten profitieren mussten), so liegt der Effekt bei einer Standardabweichung von 60 Prozent, was eine extrem hohe Wirkung ist. Hingegen zogen die besten Schüler aus dem Programm keinen Nutzen: Gleichwohl haben sie von einer kleineren und homogeneren Klasse profitiert, und das zwei Stunden pro Tag (was in Indien ein halber Schultag ist). Das ist ein weiteres Indiz dafür, dass die Verkleinerung der Klassengröße ohne eine Veränderung der Pädagogik oder der Motivation keinerlei Wirkung hat.

Pratham hat sodann das Programm *Read India* (»Indien liest«) entwickelt, das in den Schulen auf dem Lande ähnliche Ziele verfolgt. Diese auf das Lesenlernen konzentrierte Intervention besteht darin, in den betreffenden Dörfern Freiwillige zu rekrutieren, die nach einer zweiwöchigen Schulung Intensivkurse im Lesen abhalten, die mehrere Monate dauern und für Kinder bestimmt sind, die nicht (oder schlecht) lesen können. Wir haben dieses Programm in Uttar Pradesh evaluiert. In den Kontrolldörfern (die nicht von diesem Programm profitiert haben) erreichten nur 40 Prozent der Kinder, die nicht in der Lage waren, die Buchstaben zu entziffern, das Schuljahresende. Unsere Studie belegt, dass das Programm *Read India* diesen Anteil auf 100 Prozent steigerte. Desgleichen ha-

25 Genauer: Man errechnet für jedes Kind ein Standardmaß, indem man von seiner Note den Durchschnitt der Kontrollgruppe subtrahiert und das Resultat durch die Standardabweichung der Verteilung in der Kontrollgruppe dividiert.

ben die Kinder, die Buchstaben lesen konnten, gelernt, Wörter zu lesen; und die Kinder, die Wörter oder Sätze lesen konnten, haben Lesen gelernt.[26]

Programme wie *Balsakhi* oder *Read India* verändern gleichzeitig zwei Dinge: Einerseits bringen sie einen neuen Akteur ins Spiel, eine junge Frau oder einen jungen Mann, die motiviert sind und wirklich wollen, dass die Kinder Erfolg haben; andererseits modifizieren sie den traditionellen Auftrag einer Lehrkraft. Die Aufgabe eines Lehrers besteht gewöhnlich in der Einhaltung des Lehrplans, selbst wenn die Kinder nicht mitkommen. Die Aufgabe von *Balsakhi* lautet, Kindern, die Analphabeten sind, das Lesen beizubringen. Doch auch wenn diese Evaluierungen uns erlauben, die Nützlichkeit des Programms nachzuweisen, so schaffen sie doch nicht genug Klarheit, um uns in die Lage zu versetzen, eine bestimmte Bildungspolitik zu empfehlen. Wenn die unterschiedlichen Ergebnisse mit der pädagogischen Methode zu erklären sind, würde es genügen, die Lehrer in diesen neuen Techniken zu schulen und sie dazu zu bringen, andere Prioritäten zu setzen. Wenn ein Motivationsproblem die Ursache ist, wäre es sinnvoll, den *balsakhi* (oder den Freiwilligen) weitreichendere Aufgaben als nur die Vermittlung von Grundkenntnissen zu übertragen. Daher ist es wichtig, diese beiden Aspekte getrennt zu evaluieren.

Um dies zu tun und um zu prüfen, ob die in Indien gewonnenen Ergebnisse verallgemeinert und auf andere Kontexte übertragen werden können, haben wir mit Hilfe eines Versuchsaufbaus, der speziell dazu gedacht war, diese beiden Effekte zu unterscheiden, ein vergleichbares Programm in Kenia evaluiert.[27] Wir haben gesehen, dass die Einführung der Unentgeltlichkeit der Grundschule zu überfüllten Klassen geführt hat. Parallel dazu sind aber zahlreiche junge Leute, die zu Lehrern ausgebildet wurden, arbeitslos, da die Regierung aus Geldmangel nicht in der Lage ist, sie einzustellen.

26 Abhijit Banerjee, Rukmini Banerji, Esther Duflo, Rachel Glennerster und Stuti Khemani, »Pitfalls of Participatory Programs: Evidence from a Randomized Evaluation in India«, a. a. O.

27 Esther Duflo, Pascaline Dupas und Michael Kremer, »Peer Effects and the Impact of Tracking: Evidence from a Randomized Evaluation in Kenya«, a. a. O.; sowie Esther Duflo, Pascaline Dupas und Michael Kremer, »Additional Resources versus Organizational Changes in Education: Experimental Evidence from Kenya«, a. a. O.

Früher wurden die Gelder, die die Schulen bei den Eltern sammelten, mitunter dazu benutzt, lokal für eine bestimmte Zeit eine zusätzliche Lehrkraft einzustellen. Nachdem die Schulen nicht mehr das Recht haben, derartige Zusatzeinnahmen zu erbitten, mussten sie somit gleichzeitig einen Anstieg der Schülerzahl und eine Verringerung des Personals verkraften. In Zusammenarbeit mit International Child Support, einer holländischen NGO, haben wir von der Weltbank Finanzmittel erhalten, dank deren in 140 Schulen eine zusätzliche Lehrkraft eingestellt wurde, mit einem Vertrag, der analog zu dem war, an den die Schulen bereits gewöhnt waren (ein Einjahresvertrag, der verlängerbar ist, wenn die Schule zufrieden ist).

Über den Fall Kenias hinaus kam das Interesse der Weltbank an diesem Programm von der Feststellung, dass die Entwicklungsländer aus finanziellen Gründen für die Lehrer zunehmend diese Vertragsart verwenden. Diese Kurzzeitverträge werden auch dazu benutzt, die Weigerung der regulären Lehrer, Stellen abseits der großen Städte anzunehmen, auszugleichen. In bestimmten Gegenden ist die Rekrutierung von regulär angestellten Lehrkräften eingefroren; eine Neueinstellung kann nur erfolgen, wenn der Vertrag befristet ist. Deshalb ist es besonders wichtig, die Reichweite des Rückgriffs auf diese anstelle der regulären Lehrer eingesetzten Lehrkräfte zu bestimmen. Manche glauben, dass diese Neuregelung auf Kosten der Bildungsqualität erfolgt (diese neuen Lehrer sind oft weniger qualifiziert, auch wenn dies im Falle Kenias nicht zutrifft, und sie haben fast immer weniger Erfahrung). Andere glauben hingegen, dass die Kurzzeitverträge die Motivation der Lehrer erhöhen. Eine Evaluierung in Indien zeigt, dass sich die Resultate der Schüler verbessern, wenn eine Schule zusätzlich zu ihrer Quote an verbeamteten Lehrern über einen Lehrer mit einem befristeten Vertrag verfügt.[28] Aber das sagt uns nur, dass es von Nutzen ist, einen Lehrer mehr unter Vertrag zu nehmen; es beantwortet nicht die Frage, ob die Lehrer mit einem solchen Vertrag für die Schüler besser (oder weniger gut) sind als die verbeamteten Lehrer.

In Kenia wurde die Versuchsanordnung folgendermaßen konzipiert: 140 Schulen, die unter 210 nach dem Zufallsprinzip ausgewählt wurden, haben die Mittel erhalten, die notwendig sind, um für die erste Klasse einen ausgebildeten arbeitslosen Lehrer

28 Karthik Muralidharan und Venkatesh Sundararaman, »Contract Teachers: Experimental Evidence from India«, Arbeitspapier, September 2008.

einzustellen. Das erlaubte, die Klasse zu teilen (oder in manchen Fällen aus zwei Klassen drei zu machen). In Zusammenarbeit mit den Schulen haben wir sodann versucht herauszufinden, wie man diese neue Ressource am besten einsetzt. Abbildung 3 zeigt den Versuchsaufbau. Eine Gruppe von 140 Schulen erhielt einen zusätzlichen Lehrer, 70 andere Schulen bildeten die Kontrollgruppe. Die begünstigten Schulen wurden ihrerseits wiederum nach dem Zufallsprinzip in mehrere Gruppen unterteilt. In jeder zweiten Schule wurden am Niveau orientierte Gruppen gebildet: Die Klassen wurden nach den Ergebnissen des ersten Trimesters in zwei Gruppen geteilt (die ersten 40 Kinder kamen in eine Klasse und die 40 folgenden in eine andere). In der anderen Hälfte der Schulen wurden die Kinder nach dem Zufallsprinzip in zwei Klassen geteilt. In diesem zweiten Fall sind die beiden Gruppen somit heterogen, wohingegen im ersten Fall die beiden Gruppen homogen und im durchschnittlichen Niveau sehr unterschiedlich sind. Das erlaubt uns, eine erste Frage zu beantworten: Macht die Unterschiedlichkeit des Kenntnisstands der Schüler die Arbeit der Lehrer zu schwierig, um effizient zu sein?

Abbildung 3
Versuchsaufbau einer randomisierten Evaluierung in Kenia

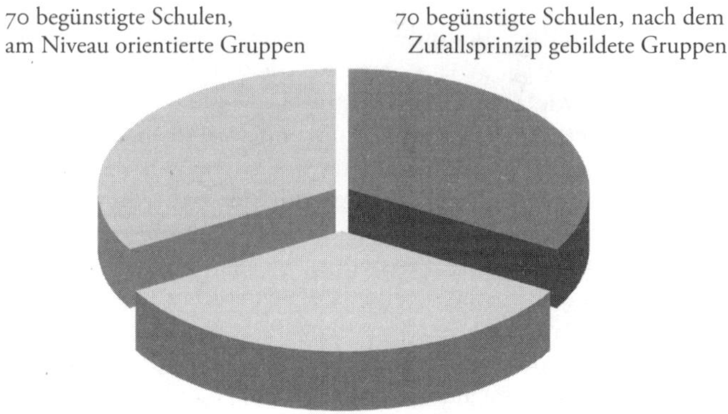

Quelle: Esther Duflo, Pascaline Dupas und Michael Kremer, »Peer Effects and the Impact of Tracking: Evidence from a Randomized Evaluation in Kenya«, Arbeitspapier, November 2008.

Der zweite Punkt, über den diese Studie Auskunft gibt, betrifft den Einfluss der Motivation der Lehrer. Ist ein junger und unerfahrener, aber sehr motivierter Lehrer (da er nur einen Einjahresvertrag hat und sich gewiss bewähren will, um verlängert oder besser noch verbeamtet zu werden) oder ein verbeamteter, erfahrenerer, aber weniger motivierter Lehrer besser? Um diesen Aspekt des Problems zu klären, wurde, nachdem die Gruppen gebildet waren, die Zuteilung der Klassen unter den Lehrern ausgelost, was uns erlaubte, die Leistungen der Schüler beider Lehrertypen miteinander zu vergleichen.

Dank dieses auf unterschiedlichen Ebenen arbeitenden Experiments können wir uns Klarheit über die Auswirkungen der Pädagogik verschaffen, ohne uns auf den Einfluss der Klassengröße beschränken zu müssen. Die Ergebnisse sind interessant. Zunächst sind die entsprechend des Niveaus gebildeten Gruppen für alle Kinder von Vorteil: Im Durchschnitt (der Klassengröße und des jeweiligen Lehrertyps) haben die Kinder in den Schulen, in denen sie entsprechend ihres Niveaus geteilt wurden, um eine Standardabweichung von 14 Prozent bessere Ergebnisse gegenüber denjenigen, die nach dem Zufallsprinzip geteilt wurden. Wichtiger noch ist, dass dieser Effekt sowohl für die schwächsten als auch für die stärksten Kinder gilt; obgleich die entsprechend des Niveaus gebildeten Gruppen in dem Ruf stehen, für die besten Schüler gut, für die schwächsten Kinder jedoch von Nachteil zu sein, insofern diese nicht länger von dem Vorteil profitieren, gemeinsam mit fortgeschritteneren Mitschülern zu lernen. Es ist natürlich sehr wohl möglich, dass diese Ergebnisse nicht verallgemeinert und auf ein Land wie Frankreich übertragen werden können, wo die Strukturen des Bildungswesens ganz anders sind; aber sie legen nahe, dass eine große Heterogenität des Niveaus innerhalb einer Klasse zumindest in diesem Kontext für die Lehrer ein Problem zu sein scheint. Homogenere Klassen zu bilden, würde es folglich gestatten, einen besseren Unterricht zu erzielen. Analysiert man die Daten genauer, stellt man fest, dass die entsprechend des Niveaus gebildeten Gruppen den schwächsten Kindern helfen, die Grundkenntnisse schneller zu erlernen, während die stärksten Kinder bei darüber hinausgehenden Kompetenzen besonders rasche Fortschritte machen. Dieser Versuch bestätigt somit die Bedeutung der Pädagogik und vor allem die Wichtigkeit eines an das Niveau der Kinder angepassten Unterrichts.

Die zweite Schlussfolgerung lautet, dass die Resultate der Schüler der neuen Lehrkräfte um eine Standardabweichung von 18 Prozent besser waren als diejenigen der Schüler der verbeamteten Lehrer: Das zeigt klar, welche Rolle die Motivation spielt. Daraus zu folgern, dass nun alle Lehrerstellen in Kenia in befristete Stellen umgewandelt werden müssen, wäre freilich gefährlich: Die neuen Lehrer sind vielleicht genau deshalb motivierter, weil sie auf eine Verbeamtung hoffen. Doch können wir zumindest festhalten, dass es wichtig ist, Mittel zur Motivation der Lehrer zu finden.

Die Lehrer motivieren: die Rolle finanzieller Anreize

Die jungen Lehrer Kenias sind motivierter als die älteren, und dies sicher, weil sie auf eine Verbeamtung hoffen, aber vielleicht auch weil sie jung sind und erst am Anfang ihrer Karriere stehen: Die Ergebnisse des kenianischen Programms stellen somit nicht die Rolle finanzieller Anreize in den Mittelpunkt. Überall auf der Welt gibt es zahlreiche Programme, welche die Vergütung der Lehrer in Abhängigkeit von den Ergebnissen ihrer Schüler variieren lassen. In den USA unterwirft das Gesetz *No child left behind* (»Kein Kind bleibt zurück«) zum Beispiel die Schulen Sanktionen (deren höchste die Schließung der Lehranstalt ist), wenn nicht all ihre Schüler ein Minimalniveau erreichen, das mit standardisierten Tests gemessen wird. Doch die Evaluierungen des Programms *No child left behind* sind nicht sehr ermutigend: Sie offenbaren, dass die Lehrer die Ergebnisse der standardisierten Tests manipulieren, indem sie die Kinder auswählen, die sie bestehen können (die anderen werden in Klassen für Kinder mit Lernschwierigkeiten geschickt),[29] indem sie ihren Unterricht ganz und gar auf das Einpauken konzentrieren und indem sie sogar zu Gunsten ihrer Schüler Manipulationen vornehmen.[30]

Um zu ermitteln, wie sich Programme zur Schaffung von Anreizen in Entwicklungsländern wie Kenia und Indien auswirken,

29 Brian Jacob, »The Impact of School Choice on Student Outcomes: An Analysis of the Chicago Public Schools«, in: *Journal of Public Economics*, 89 (5-6), Juni 2005, S. 761-796.

30 Brian Jacob und Steven Levitt, »Rotten Apples: An Investigation of the Prevalence and Predictors of Teacher Cheating«, in: *Quarterly Journal of Economics*, 118 (3), August 2003, S. 843-877.

wurden zwei aleatorische Evaluierungen durchgeführt. In beiden Fällen belohnt das Programm die Lehrer des Schulbezirks, in dem die Schüler die größten Fortschritte gemacht haben. In Kenia waren die Kinder an den Schulen, an denen das Programm eingeführt wurde, kurzfristig bei den Prüfungen erfolgreicher; aber diese Fortschritte waren nicht von Dauer. Sobald diese Aktion eingestellt wurde, verschwanden die Verbesserungen (im Gegensatz zu anderen Programmen wie denen der entsprechend des Niveaus gebildeten Gruppen, in denen die Fortschritte anhielten).[31] Es scheint daher, dass dieses Programm nicht dazu beigetragen hat, die Kenntnisse der Kinder dauerhaft zu festigen. Wenn man das Verhalten der Lehrer genauer analysiert, zeigt sich, dass sie die Resultate der Kinder dank einer Reihe kleiner Manipulationen verbessert haben, indem sie ihnen Techniken zum Bestehen des Tests beibrachten (zum Beispiel die Regel, immer auf die in einem Multiple-Choice-Test gestellten Fragen zu antworten, und sei es auf das Geratewohl), indem sie vor der Prüfung eine Coaching-Sitzung abhielten etc. In Indien suggerieren die Anfangsergebnisse auf kurze Sicht ebenfalls eine Verbesserung der Resultate, da jedoch keine Langzeitstudien vorliegen, kann man unmöglich sicher sein, dass es sich um dauerhafte Fortschritte handelt.[32]

Insgesamt ist der Erfolg von Programmen, die versuchen die Lehrer zu motivieren, indem sie sie in Abhängigkeit von den Ergebnissen ihrer Schüler entlohnen, somit sehr zwiespältig: Die Testergebnisse lassen sich mit einem minimalen Aufwand allzu leicht manipulieren. Wir haben gesehen, dass die Lehrer oft abwesend sind: Kann man ihre Leistungen verbessern, wenn man diese Abwesenheiten bestraft? In Zusammenarbeit mit Seva Mandir, einer NGO aus Rajasthan, die hauptsächlich mit der bitterarmen Bevölkerung einer extrem trockenen Region arbeitet, haben wir ein Programm evaluiert, das die Lehrer zu einer regelmäßigen Präsenz anhält.[33] Für die Kinder von Dörfern, in denen die Schule zu weit entfernt oder nicht standortgerecht ist, bietet Seva Mandir kleine

31 Plaul Glewwe, Nauman Ilias und Michael Kremer, »Teachers Incentives«, Arbeitspapier, Juni 2008.

32 Karthik Muralidharan und Venkatesh Sundararaman, »Teacher Performance Pay: Experimental Evidence from India«, Arbeitspapier, Juli 2008.

33 Esther Duflo und Rema Hanna, »Monitoring Works: Getting Teachers to Come to School«, Arbeitspapier, Dezember 2005.

informelle Schulen mit einer einzigen Klasse an, die sich in einer Vorhalle oder unter einem Baum versammelt. Die Lehrkräfte sind Dorfbewohner, welche die Sekundarstufe I oder II abgeschlossen haben. Da es nur eine einzige Lehrkraft gibt und die Dörfer sehr weit voneinander entfernt sind, ist es dem Personal von Seva Mandir nicht möglich, systematisch zu überprüfen, ob der Unterricht stattfindet. Eine Erhebung, die vor Einführung des Versuchs durchgeführt wurde, hat ergeben, dass die Lehrer 44 Prozent der Zeit abwesend waren.

Den Absentismus der Lehrer zu reduzieren, zählte für Seva Mandir daher zu den Prioritäten. Die Organisation wollte ein Programm entwickeln und testen, das deren Fehlzeiten verringert. Man beschloss, jeder Lehrkraft einen Fotoapparat zu geben, der mit einer Zeitanzeige ausgestattet war, und von ihr zu verlangen, zweimal pro Tag ein Foto von ihrer Klasse zu machen. Die Lehrer erhielten ein monatliches Fixgehalt, nach zehn Arbeitstagen bekamen sie dann einen Bonus für jeden weiteren Tag, den sie anwesend waren. Dieses Programm hat sogleich eine bedeutende Reduzierung der Fehlzeiten mit sich gebracht. In den 60 Pilotschulen hat sich die Abwesenheitsrate augenblicklich halbiert (von 44 auf 22 Prozent), und sie ist nicht nur für die Dauer des Projektes auf diesem Niveau geblieben, sondern auch nach Ablauf des Schuljahres, als Seva Mandir diesen Versuch in eine Dauereinrichtung umgewandelt hat. Zur Überraschung von Seva Mandir sind die Lehrer mit diesem Programm zufrieden: Die Einführung einer klaren Regel (ihr Gehalt richtet sich nach ihrer Gewissenhaftigkeit) hat es ihnen erlaubt, Prioritäten zu setzen – regelmäßig in der Schule anwesend zu sein – und so die vielfältigen Aufgaben zurückzuweisen, mit denen die wenigen gebildeten Personen eines Dorfes oft betraut werden. Man sieht hier, der Absentismus der Lehrer ist nicht nur das Produkt mangelnder Motivation: Er resultiert auch aus der Definition ihrer Prioritäten. Wenn sie regelmäßiger in der Schule präsent sind, haben sie darüber hinaus auch das Gefühl, dass ihre Arbeit als Lehrer von den Eltern und Dorfbewohnern mehr geachtet wird.

Hat diese Zunahme der Anwesenheit den Schülern erlaubt, bessere Ergebnisse zu erzielen? *A priori* könnte man dies annehmen, aber man konnte die Gefahr nicht ausschließen, dass die Lehrer, die von nun an, um bezahlt zu werden, zur Anwesenheit gezwungen waren, daraus den Schluss ziehen, dass ihre Arbeit damit getan ist, durch die Schultüre zu treten. *De facto* zeigen unangekündigte Besuche, dass die Arbeit dieser Lehrer nicht schlechter geworden ist, und es deutet nichts darauf hin, dass sie weniger ernsthaft bei der Sache sind als zuvor. Und man sieht tatsächlich, dass die Kinder dieser Schulen schnellere Fortschritte machen: Nach einem Jahr stiegen ihre Ergebnisse um eine Standardabweichung von 17 Prozent gegenüber denjenigen der Kontrollgruppe. Sie haben auch größere Chancen, in eine reguläre Schule aufgenommen zu werden, nachdem sie eine Prüfung bestanden haben, die ihren Kenntnisstand belegt.

Es war nicht vorgesehen, dass die indische Regierung dieses Programm ausweitet. Es war auf die Tätigkeit von Seva Mandir zugeschnitten (die es noch immer benutzt) und könnte an die Aktivitäten anderer NGOs gleichen Typs angepasst werden, doch wäre es schwierig, es zu verallgemeinern. In Kenia endete ein ähnlicher Versuch in staatlichen Schulen zunächst mit einem Misserfolg. Das betreffende Programm wurde an Grundschulen eingerichtet und vom Direktor beaufsichtigt: Er hatte die Abwesenheiten festzustellen, und die regelmäßig anwesenden Lehrer erhielten zur Belohnung ein Fahrrad. Gemäß den Direktoren war das Programm ein voller Erfolg: Alle Lehrer erhielten das Fahrrad. Leider offenbarten unangekündigte Besuche, dass die Lehrer in den Testschulen realiter genauso oft abwesend waren wie in den Kontrollschulen. Im nächsten Kapitel befassen wir uns mit anderen Beispielen, die belegen, dass zwischen den Beamten und ihren Vorgesetzten eine Kollusion durchaus möglich ist. Tatsächlich hat das von Seva Mandir ins Leben gerufene Programm gut funktioniert, weil die Organisation selbst motiviert war.

Man darf aus Versuchen dieser Art nicht den Schluss ziehen, dass man an allen Schulen Fotoapparate verteilen müsste, vielmehr ist es wichtig, Mittel zur Motivation der Lehrer zu finden; es ist der Mühe wert. Die Lehrer können mehr arbeiten, wenn man ihnen einen guten Grund dafür gibt, dies zu tun – und die Kinder profitieren davon unmittelbar.

Das System reformieren

Wenn auch die Motivation der Lehrer ein wesentlicher Baustein für den Erfolg der Schüler ist, so lassen sich doch selbst die einfachsten Programme, wie die systematische Kontrolle ihrer Anwesenheit, nicht zwangsläufig verallgemeinern. Wie kann man also das Bildungssystem der Entwicklungsländer reformieren, um das Motivationsniveau zu steigern?

Alle Macht den Eltern?

Eine quasi zum Gemeinplatz gewordene Lösung lautet, die Kontrolle der Lehrer seitens der Eltern zu vergrößern. Die Eltern sind in der Nähe der Schule und können daher sehen, was sich dort abspielt, und sie sind diejenigen, die es zuvörderst betrifft. Den Eltern mehr Macht zu geben, müsste daher zu einer Verbesserung des Schulbetriebs führen. Obwohl es nur wenige Evaluierungen gibt, genießt dieses Prinzip in Treu und Glauben eine dermaßen große Akzeptanz, dass ein Plan, der die Partizipation der Begünstigten sicherstellt, heute obligatorisch ist, um von der Weltbank Unterstützung zu erhalten.[34] Indien bildet da keine Ausnahme. Das Programm *Sarva Shiksha Abhiyan* (»Bildung für alle«) ist eine ehrgeizige staatliche Maßnahme, die die Qualität der Bildung verbessern soll. Im Rahmen dieses Programms hat die indische Regierung von 2006 bis 2007 an die verschiedenen Bundesstaaten mehr als zehn Milliarden Rupien verteilt (was 0,2 Prozent des BIP entspricht). Das Programm sieht in allen Dörfern auch die Schaffung von Schulräten vor. In diesen Räten sind die Eltern vertreten; sie sollen die Finanzen der Schule sowie das reibungslose Funktionieren der Klassen überwachen; ebenso kommt diesen Räten die Aufgabe zu, lokal Lehrer mit einem zeitlich befristeten Vertrag einzustellen.

Aber von der Theorie zur Praxis ist es ein weiter Weg. Obwohl die Räte seit 2001 auf dem Papier existierten, waren sie noch weit davon entfernt, auch tatsächlich eingerichtet zu werden. Im Distrikt Jaunpur (in Uttar Pradesh) haben wir die Eltern zum Thema Schulräte befragt: 92 Prozent von ihnen wussten nichts von deren Existenz. Nur 3 Prozent der befragten Eltern konnten zumindest

34 Wir kommen auf dieses Thema im 2. Teil dieses Buches zurück.

einen Elternteil eines Schülers als Ratsmitglied benennen. Schlimmer noch ist, dass ein Viertel der Mitglieder des Rates nicht wussten, dass sie ihm angehörten. Und diejenigen, die es wussten, wussten nicht, welche Funktionen sie hatten, vor allem nicht, dass dazu die Einstellung zusätzlicher Lehrer gehörte. Diese Räte sind somit Papiertiger geblieben.[35]

Die bereits genannte indische Organisation Pratham, die ergänzend zu den Bemühungen der Regierung, die Bildung zu verbessern, das Ziel hat, die Bürger zu mobilisieren, hat sich dazu entschlossen zu versuchen, diese Räte wiederzubeleben, indem sie die Eltern dazu anspornt, den Platz einzunehmen, den ihnen das Gesetz im Bildungssystem einräumt. Die Organisation hat eine Mobilisierungskampagne gestartet, indem sie in jedem Dorf mehrere Tage verbrachte, um mit den Eltern zu diskutieren, zunächst in kleinen Gruppen, dann in einer öffentlichen Versammlung, zu der der Bürgermeister, der Schuldirektor und die Lehrer hinzugebeten wurden. Man sprach über den Zustand der Bildung im Dorf und über die Mittel, die dem Schulrat und den Eltern zur Verfügung gestellt wurden, um die Lage zu verbessern. In manchen Dörfern ging den Versammlungen ein Kurs voraus, bei dem Freiwillige lernten, bei Kindern einfache Wissenstests durchzuführen und danach eine Bestandsaufnahme des Kenntnisstands der Schüler des Dorfes zu erstellen. Zuletzt hat Pratham in einer Reihe von Dörfern auch das bereits erwähnte Programm *Read India* eingeführt: Nach der Versammlung des Dorfes bot Pratham an, Freiwillige einzustellen und auszubilden, um Lese-Intensivkurse einzurichten. Wie wir gesehen haben, war *Read India* sehr effizient. Die Kurse fanden in fast allen Dörfern statt und wurden im Durchschnitt von 8 Prozent der Kinder besucht. Somit ist es möglich, Freiwillige zu mobilisieren (und die Schüler), wenn man ihnen eine konkrete Handlungsperspektive außerhalb des traditionellen Schulsystems bietet. In den Dörfern, in denen es diese Option nicht gab und nur die Mobilisierungskampagnen stattfanden, hatten die von Pratham unternommenen Bemühungen keinerlei Wirkung: Weder an der Einbeziehung der Eltern noch am Verhalten der Lehrer, noch an den in der Schule einge-

35 Abhijit Banerjee, Rukmini Banerji, Esther Duflo, Rachel Glennester und Stuti Khemani, »Pitfalls of Participatory Programs: Evidence from a Randomized Evaluation in India«, a. a. O.

setzten Mitteln noch an den Ergebnissen hat sich irgendetwas geändert.

Im Punjab, einem Landstrich Pakistans, hat das Programm LEAPS (*Learning and Educational Achievements in Punjab Schools*) in einigen nach dem Zufallsprinzip ausgewählten Dörfern alle Eltern detailliert über die Ergebnisse eines Wissenstests informiert, den alle Schüler absolviert haben.[36] Man teilte ihnen die Ergebnisse ihrer eigenen Kinder mit, aber auch die von deren Kameraden sowie die der Kinder aus den anderen Schulen der Region. Ein Jahr später hatten sich in den Dörfern, in denen das Programm zur Anwendung kam, die Resultate in den Privatschulen verbessert, vor allem in denjenigen, in denen die Ergebnisse zu Beginn schwach waren, aber an den staatlichen Schulen gab es quasi keine Veränderung. Die Eltern der Privatschulen, die schwächere Ergebnisse hatten als der Durchschnitt, waren zu den Direktoren gegangen, um sich zu beschweren, doch die Eltern der staatlichen Schulen reagierten nicht in dieser Weise. Damit drängt sich auch hier der Schluss auf: Die Eltern zu informieren, führt sie zum Handeln (was beweist, dass die Bildung ein Thema ist, auf das sie Wert legen), aber dies nur, wenn ein relativ direktes Agieren möglich ist; das erklärt, weshalb in Ländern wie Indien oder Pakistan die Verschlechterung der Qualität der staatlichen Schule eine massenhafte Flucht in die Privatschule zur Folge hatte, obwohl diese nicht subventioniert wird.

Doch diese Ergebnisse lassen sich nicht verallgemeinern: Andere Experimente haben zu hoffnungsvolleren Schlussfolgerungen Anlass gegeben. In Kenia wurde im Rahmen eines Programms, das den Schulen Finanzmittel zur Rekrutierung eines Lehrers zur Verfügung stellte, das Geld den Schulräten anvertraut, und diese haben das Notwendige getan, um eine Lehrkraft einzustellen. Darüber hinaus hat in der Hälfte der Schulen, die von dem Programm profitierten, eine NGO den im Schulrat vertretenen Eltern eine eintägige Schulung erteilt, bei der sie lernten, wie mit diesen Geldern umzugehen ist und wie man kontrollieren kann, dass die Schulen sie bestmöglich einsetzen, um den Unterricht in der ersten Klasse zu verbessern. In diesen Schulen waren die Resultate besser als in

36 Tahir Andrabi, Jishnu Das und Asim Ijaz Khwaja, »Report Cards: The Impact of Providing School and Child Test-Scores on Educational Markets«, Arbeitspapier, Februar 2009.

jenen, die das Geld ohne Schulung erhielten.[37] In Madagaskar hat die Regierung für jede Schule übersichtliche »Tabellen« erstellt, die die Geldmittel der Schule, die Schulabbruchrate und die Ergebnisse der Abschlussprüfungen aufzeigten, und mit denjenigen der anderen Schulen verglichen. Diese Dokumente in den Schulen lediglich zu verteilen, hatte keinerlei Effekt. Aber in den Schulen, wo eine NGO die Eltern und Lehrer um diese Tabellen versammelte und sie bat, die Hauptprobleme der Schule zu benennen und dann einen Handlungsplan zu deren Lösung zu erstellen, haben sich die schulischen Ergebnisse verbessert.[38]

Eine Analyse dieser verschiedenen Experimente gestattet somit nicht, den Schluss zu ziehen, dass mehr Mitsprache der Eltern innerhalb der Schule immer nützlich oder immer nutzlos ist. Ein wichtiger Parameter in diesem Zusammenhang ist vielleicht der Grad der Unabhängigkeit der Schulen (die Schulen werden in Kenia sehr dezentralisiert geführt und in Indien und Pakistan sehr zentralisiert), aber wir sind noch weit davon entfernt, alle Aspekte dieser Frage zu umreißen. Der Schluss, den man hingegen ziehen muss, ist, dass die magische Formel der »Mitsprache« allein nicht reicht: Elternvertretungen einzurichten, ist keinesfalls eine Garantie für Effizienz. Die Eltern zu informieren und zu mobilisieren, bringt sie nicht zwingend zum Handeln, wenn sie keinen einigermaßen direkten Weg finden, ihr Tun zu organisieren.

Privatisierung der Schule?

Die staatliche Finanzierung der Bildung bedeutet nicht, dass die Schulen selbst staatlich sind. Bestimmte Staaten (zum Beispiel Chile) verteilen an alle Kinder Gutscheine, wobei diese dann entscheiden, ob sie sie für eine staatliche Schule oder für eine Privatschule benutzen. Das französische System der vertraglich gebundenen Privatschulen, die entsprechend ihres Personals und des Grades an Übereinstimmung mit den amtlichen Lehrplänen staatliche Beihilfen erhalten, unterscheidet sich davon nicht sehr. Für die Entwicklungsländer kommen zahlreiche Beobachter zu dem Schluss, dass

37 Esther Duflo, Pascaline Dupas und Michael Kremer, »Peer Effects and the Impact of Tracking: Evidence from a Randomized Evaluation in Kenya«, a. a. O.

38 Tran Nguyen, »Information, Role Models and Perceived Returns to Education: Experimental Evidence from Madagaskar«, a. a. O.

die Privatisierung eine deutliche Verbesserung der Schulqualität erlauben würde: Es gäbe mehr Kontrolle, und die Eltern würden zu aktiven Verbrauchern werden. Was sagen hier die Evaluierungen?

Macht man sich Gedanken über die Konsequenzen der Privatisierung, lautet die erste Frage: Wie wirkt sich die Privatschule in einer Umgebung, in der die Mehrheit einer Altersklasse die staatliche Schule besucht, auf die Kinder aus? In der Sprache der Ökonomen ist dies die Frage des »partiellen Gleichgewichts«. In Kolumbien wurden die Gutscheine per Lotterie verteilt. Eine Studie der Ergebnisse zeigt, diejenigen, die bei der Lotterie einen Gutschein gewonnen haben, schreiben sich öfter in eine Privatschule ein. Die Ergebnisse der »Sieger« sind besser: Am Ende der Schulzeit haben sie mehr Chancen als die anderen, das Gymnasium zu beenden und die Abschlussprüfung abzulegen, bei der sie auch bessere Noten erhalten.[39]

Im heutigen Kolumbien ist die Privatschule besser als die staatliche. Aber wenn das System der Gutscheine generalisiert werden würde, würde das sowohl das staatliche als auch das private Angebot tief greifend verändern: Die staatlichen Schulen würden unter dem Wettbewerbsdruck vielleicht besser werden; vielleicht würden sie aber auch nur die bitterarmen Schüler behalten oder diejenigen, die sich weniger für die Schule interessieren, wie das bei gewissen *Collèges* der Vorstädte der Fall ist. Sicherlich würden neue Privatschulen aufkommen, um die Nachfrage der am stärksten motivierten Kinder zu bedienen, und diese wären gewiss von einer anderen Qualität. Schließlich würde man vermutlich eine andere Aufteilung der Kinder innerhalb der Schulen erleben, nämlich entsprechend ihres Niveaus und sozialen Milieus.

Wir haben es hier mit einem Fall zu tun, wo ein in einem kleinen Rahmen gemachtes Experiment es uns nicht erlaubt, die Antworten zu bekommen, die wir brauchen, um bei der politischen Entscheidungsfindung eine Hilfestellung zu geben. Um zu wissen, wie sich die Privatisierung insgesamt auswirkt, müsste ein Versuch gemacht werden, der den schulischen Markt in seiner Gesamtheit umfasst; aber ein solcher hat noch nicht stattgefunden. In Indien

39 Joshua Angrist, Eric Bettinger, Erik Bloom, Elizabeth King und Michael Kremer, »Vouchers for Private Schooling in Colombia: Evidence from a Randomized Natural Experiment«, in: *American Economic Review*, 92 (5), Dezember 2002, S. 1535-1558.

wird im Rahmen einer Studie, die gegenwärtig in Andhra Pradesh läuft, eine aleatorisch arbeitende Evaluierung auf der Ebene eines Dorfes oder einer Gruppe von Dörfern durchgeführt. In einigen Ortschaften erhalten alle Kinder Gutscheine, die sie nach freiem Ermessen benutzen können oder nicht, wobei die verschiedenen Dörfer weit genug voneinander entfernt sind, um unterschiedliche schulische Märkte darzustellen. Das wird uns zweifellos erlauben zu studieren, welchen Einfluss die Privatisierung auf einen schulischen Markt hat, nicht jedoch, welchen möglichen Einfluss sie auf die Auswahl der Lehrkräfte oder andere langfristigere Faktoren hat.

In einigen Ländern, in denen es kein Gutscheinsystem gibt (in Indien oder Pakistan) und in denen die Eltern die gesamten Kosten für eine Privatschule tragen müssen, wenn sie ihre Kinder nicht in eine staatliche Schule schicken wollen, ist die Bildung *de facto* trotz allem teilweise privatisiert. In den städtischen Gebieten der fünf größten Bundesstaaten Indiens ist mehr als die Hälfte der Kinder in eine Privatschule eingeschrieben. Auch in den ländlichen Regionen nimmt eine starke Minderheit der Schüler (35 Prozent in Uttar Pradesh und 22 Prozent in Pakistan) die Privatschule in Anspruch.[40] In einem derartigen Kontext würde ein System von Gutscheinen oder der Subventionierung von Privatschulen die tatsächliche Situation, nämlich dass die staatliche Schule ihrer Rolle nicht mehr gerecht wird, anerkennen. Auch wenn die Gewährung von Gutscheinen nur die allerärmsten Kinder oder die billigsten Privatschulen beträfe, wäre dies doch ein Versuch der Umverteilung zugunsten der armen Familien, die sich bereits für eine Privatschule entschieden haben.

In diesen weitgehend privatisierten Systemen, seien sie nun das Ergebnis einer ausdrücklichen Politik oder nicht, ist es wichtig, die Eltern mit Informationen zu versorgen, die es ihnen erlauben, die beste Schule auszuwählen. Tatsächlich ist der private Sektor vollständig dereguliert: Da jeder x-beliebige eine Schule eröffnen kann, variiert die Qualität von einer Lehranstalt zur anderen sehr stark. Die Eltern, die selbst oft Analphabeten sind, sind jedoch notgedrungen zu einer Unterscheidung nicht in der Lage. Ein Gutscheinsystem hätte den Vorteil, als Zulassungsvoraussetzung für eine Schule einen Qualitätsmindeststandard durchzusetzen, was

40 *Pakistan Social and Living Standards Measurement Survey*, 2004-2005.

den Eltern die Wahl erleichtern würde. Doch auch wenn es kein solches System gibt, ist es unumgänglich, dass die Regierung diese Aufgabe übernimmt.

Leider ist es schwierig, die Qualität einer Schule zu bewerten: Das Durchschnittsniveau der Prüfungsergebnisse spiegelt mehr das Publikum der Schule denn die Qualität der Lehrer wider (wir haben in Frankreich beim Ranking der Gymnasien dasselbe Phänomen). Einen Mindeststandard durchzusetzen, scheint ein erster unerlässlicher Schritt zu sein. Aber es ist auch hilfreich, die Eltern besser über die Qualität der Schule zu informieren. Wir haben bereits erwähnt, dass das Projekt LEAPS in Pakistan, das den Eltern die Ergebnisse eines Wissenstests mitteilte, auf die Leistungen der Schüler an staatlichen Schulen keinen Einfluss hatte, aber an den Privatschulen aufgrund einer stärkeren Einschaltung der Eltern zu einer großen Verbesserung der Leistungen führte. Man kann sich folglich nicht damit begnügen, diese Entweder-Oder-Frage zu stellen: »Muss man die Bildung privatisieren oder nicht?« Vielmehr muss man sich fragen, wie man die Eltern innerhalb des bestehenden Bildungssystems am besten unterstützen kann.

Die Schule verändern

Wir verstehen heute besser, was die Eltern, die Lehrer oder die Kinder motiviert. Die Eltern scheinen begriffen zu haben, wie wichtig Bildung ist, und bereit zu sein, ihre Kinder einzuschulen. Die Verringerung der Kosten für Bildung hat zu ihrer allgemeinen Verbreitung beigetragen und eine Umverteilung der Ressourcen zugunsten der Ärmsten der Armen erlaubt. Damit dieser Enthusiasmus nicht verlorengeht, ist es im Gegenzug wichtig und dringlich, die Qualität der Bildung zu verbessern, um die Eltern weder zu enttäuschen noch zu verprellen.

Was die Lehrer anbelangt, so sind sie wenig motiviert: Sie sind sehr häufig abwesend, und wenn sie in der Schule sind, unterrichten sie nicht immer. Kurzfristig kann dieser fehlenden Motivation eventuell durch eine Bezahlung begegnet werden, die den unternommenen Bemühungen besser Rechnung trägt (eher befristete als unbefristete Verträge, Bestrafung von Absenzen etc.). Aber auf lange Sicht muss man den Lehrern vor allem mehr Verantwortung übertragen. Da die Schüler und die Lehrpläne sind, wie sie sind, sind die Lehrer dazu aufgefordert, eine Aufgabe zu erfüllen, die sie nach menschlichem Ermessen nicht meistern können: Es ist unmöglich, Kindern, die nicht lesen können, weiterführende Kenntnisse beizubringen. Hingegen gelingt es einer Organisation wie Pratham, Freiwillige oder äußerst gering bezahltes Personal für sich arbeiten zu lassen, indem sie ihnen ein einfaches Ziel setzt und die Mittel zu dessen Erreichung an die Hand gibt: Die Kinder können tatsächlich lesen lernen, und wenn ihnen dies gelingt, ist das sowohl für das Kind als auch für den Lehrer ein echter Erfolg.

Der Part der Kinder fehlt bei den Bildungsdiskussionen oft. Doch ihr Absentismus ist ebenfalls sehr hoch: In Uttar Pradesh und Rajasthan fehlen die Kinder jeden dritten Schultag, in Kenia jeden vierten. Ein Teil dieser Absenzen erklärt sich mit Krankheiten und ein anderer (geringer) hängt mit der Tatsache zusammen, dass sich die Kinder zu Hause nützlich machen. Sehr oft jedoch schwänzen die Kinder die Schule ganz einfach, weil sie sich in der Klasse langweilen.

Mir scheint, dass ein erster Schritt zur Verbesserung der Qualität des Bildungswesens in einer Veränderung der Schule besteht, damit die Lehrer und Kinder dank passenderer Lehrpläne, aber auch dank Spielen und sportlichen Aktivitäten gerne dorthin gehen. Dabei geht es selbstverständlich nicht darum, eine Schule »zweiter Klasse« für die Armen einzuführen (was Lehrer und Pädagogen befürchten, wenn von einer Vereinfachung der Lehrpläne die Rede ist), sondern eine Schule, welche die Verschiedenheit ihres Publikums anerkennen und den Schwerpunkt auf die Grundkenntnisse legen würde, anstatt auf dem Papier alles zu versprechen, um faktisch nichts davon zu realisieren.

Auch wenn wir besser verstehen, was diese drei Akteure – Eltern, Kinder, Lehrer – motivieren kann, wissen wir damit noch immer nicht, wie das Schulsystem zu organisieren ist, damit all diese Faktoren Berücksichtigung finden. Die großen Systemreformen (die Eltern mehr einzubeziehen, die Schule zu privatisieren etc.) haben weit bescheidenere Effekte, als ihre Verfechter zugeben möchten. Obgleich es sich eher um eine Frage der politischen Ökonomie als um eine der Bildung im eigentlichen Sinne handelt, können und müssen die Punkte, die wir hier vorgebracht haben, in die Reflexion einfließen. Sie schaffen tatsächlich Klarheit hinsichtlich der Ziele, die das Bildungssystem erfüllen muss, um seine Hauptfunktion zu gewährleisten, die in dem Wahlspruch von Pratham einprägsam zusammengefasst ist: »Alle Kinder sollen zur Schule gehen und etwas lernen.«

2. Kapitel
Gesundheit: Verhaltensweisen und Systeme

Man kann nicht gegen die Armut kämpfen, ohne etwas für die Gesundheit zu tun. Nahezu neun Millionen Kinder sterben jedes Jahr vor ihrem fünften Lebensjahr, die meisten an Krankheiten wie Masern oder Diarrhöe, denen man hätte vorbeugen oder die man hätte heilen können. Die Armen sterben egal welchen Alters früher als die anderen, selbst innerhalb eines Dorfes. Der Zusammenhang zwischen Gesundheit und Lebensstandard ist ein Teufelskreis. Ein Krankheitsfall kann eine Familie in die Armut stürzen, indem er ihr das Einkommen entzieht oder ihr neue Ausgaben aufbürdet; umgekehrt beeinträchtigt Armut die Gesundheit, da sie es verhindert, einen Arzt aufzusuchen, chronische Krankheiten zu behandeln oder sich ordentlich zu ernähren.

Ein Teil der Lösung liegt natürlich in der medizinischen Forschung: Die Entwicklung von preiswerten Impfstoffen gegen Aids, Malaria, Pneumokokken-Meningitis oder Rotaviren (zwei Impfstoffe gibt es bereits, doch sind sie in den Entwicklungsländern nicht verfügbar) hätten weitreichende Folgen für die Gesundheit in den ärmsten Ländern. Aber auch Verhaltensweisen, Unwissenheit oder Vorurteile spielen eine entscheidende Rolle: Jedes Jahr erhalten 25 Millionen Kinder keine Basisimpfungen, obwohl sie allgemein zugänglich sind. Wenn neue Impfstoffe entwickelt wären, müssten sie noch verabreicht und in Anspruch genommen werden. Deshalb müssen wir darüber nachdenken, was für das Verhalten im Bereich der Gesundheit bestimmend ist.

Gesundheit in Udaipur

Beginnen wir mit einem konkreten Beispiel: der Situation in Udaipur in Indien. Das wird uns erlauben, eine Reihe von Schlüsselphänomenen zu benennen: die staatliche oder private Organisation des Gesundheitsangebots; die schwache Nachfrage nach Prävention; der – wesentlich wichtigere – Zugang zu Behandlung. Der Distrikt von Udaipur gehört zu Rajasthan, einem der großen Staaten im Norden Indiens. Dieses Touristenziel ist eine überwiegend sehr arme Gegend, die eine benachteiligte Minderheit aufgenommen hat: die Mitglieder der alten indigenen »Stämme«, die außerhalb des Kastensystems weiterbestehen. Dank meiner Begegnung mit Seva Mandir, einer NGO von Udaipur, hatte ich Gelegenheit, diese Region, die meine Forschung stark inspiriert hat, gut kennenzulernen.

Seva Mandir arbeitet seit mehr als fünfzig Jahren ausschließlich in den allerärmsten Dörfern und verfolgt dabei einen ganzheitlichen Ansatz, der sich auf die Bildung, Gesundheit, Umwelt und Unterstützung von Aktivitäten zur Generierung eines Einkommens erstreckt. 2002 hat Neelima Khetan, die Direktorin von Seva Mandir, Kontakt zu meinem Kollegen Abhijit Banerjee aufgenommen, um ihn um Rat zu fragen, auf welche Weise die Organisation ihre Tätigkeit im Gesundheitsbereich verbessern könnte, und dieser hat mir vorgeschlagen, an dem Projekt mitzuarbeiten. Da wir nicht wussten, welche Probleme die vordringlichsten waren, haben wir angeboten, in den Dörfern dieses Distrikts eine Untersuchung zum Gesundheitszustand der Bevölkerung sowie zu Nachfrage und Angebot im Bereich der Gesundheit durchzuführen. Wir hofften, nach einer Analyse der gesammelten Daten und Konsultation aller dort im Gesundheitssektor tätigen Akteure (Vertreter der NGOs und der Regierung, Ärzte etc.) in der Lage zu sein, einige Lösungswege aufzuzeigen, diese durch Versuche vor Ort zu testen und daraus für Seva Mandir und andere Organisationen Empfehlungen in Form von Programmen, an die sie sich halten können, abzuleiten. Dieser Prozess, der 2002 begann, war erst 2009 abgeschlossen.

Die Anfangsuntersuchung, die von 2002 bis 2003 stattfand, erstreckte sich auf 100 Dörfer. In jedem Dorf haben wir mittels des Zufallsprinzips zehn Haushalte ausgewählt, all deren Mitgliedern einen detaillierten Fragebogen vorgelegt und eine Bilanz zur Gesundheit erstellt. Sodann wurden die 451 privaten Gesundheitszentren kontaktiert, die jene Familien in diesem Jahr frequentiert hatten, ebenso die 143 staatlichen Kliniken und Hospitäler der Region und eine Stichprobe von traditionellen Heilern (*bhopas*). Diese Untersuchung weist mehrere markante Merkmale auf.[1] Zualler-

1 Abhijit Banerjee, Angus Deaton und Esther Duflo, »Health Care Delivery in Rural Rajasthan«, in: *Economic and Political Weekly*, 39 (9), Februar 2004, S. 944-949; Abhijit Banerjee, Angus Deaton und Esther Duflo, »Health Care

erst ist der Gesundheitszustand insgesamt schlecht. Die befragten Personen klagen über zahlreiche Symptome: Zum Beispiel klagen 33 Prozent über Fieber (14 Prozent bezeichnen dieses Symptom als ernst) und 23 Prozent über Bauchschmerzen (davon 9 Prozent über ernste). Somit haben wir es mit einer Bevölkerung zu tun, die nicht bei guter Gesundheit ist und der das auch bewusst ist. Das ist angesichts der Werte, die die Gesundheitsindikatoren liefern, keine große Überraschung: 88 Prozent der Frauen und 93 Prozent der Männer sind unterernährt (ihr Körpergewichtsindex liegt unter dem Grenzwert von 19);[2] 89 Prozent der Frauen und 46 Prozent der Männer haben Atemschwierigkeiten (der durchschnittliche maximale Atemausstoß liegt unter dem Grenzwert von 350 Millilitern);[3] 56 Prozent der Frauen und 51 Prozent der Männer sind anämisch (weniger als 11 Gramm Hämoglobin pro Deziliter Blut bei den Frauen und weniger als 13 bei den Männern).

Eine starke Anämie bei den Frauen wie Männern und Untergewicht sind symptomatisch für Mangelernährung. Diese Unterernährung ist kein Spezifikum von Udaipur: Die Verschlechterung des Ernährungszustands der Bevölkerung bei einer gleichzeitigen Explosion des Wirtschaftswachstums stellt eines der Paradoxa des modernen Indiens dar. 1983 konsumierten 65 Prozent der Bevölkerung weniger als den empfohlenen täglichen Kalorienbedarf (2400 Kalorien pro Tag in ländlichen Gebieten und 2100 Kalorien in städtischen Gebieten). 2004 bis 2005, nach zwanzig Jahren Wirtschaftswachstum und einer Verringerung der Armut, erreichte dieser Anteil 76 Prozent.[4] Andere Indikatoren bestätigen diesen fehlenden Fortschritt: Vor allem ist im gleichen Zeitraum keinerlei Verbesserung des Ernährungszustands der Kinder zu beobachten.

Selbst die Ärmsten der Armen sehen sich mit bedeutenden Gesundheitsausgaben konfrontiert: Sie wenden dafür im Durch-

Delivery in Rural Rajasthan«, in: *American Economic Review*, 94 (2), Mai 2004, S. 326-330.

2 Dieser Grenzwert von 19 wird in den USA als ein Indikator für Unterernährung benutzt. Der BMI ist das Gewicht (in Kilo) geteilt durch die Körpergröße im Quadrat (in Metern).

3 Jeder durchschnittliche maximale Atemausstoß, der darunterliegt, deutet auf Atemschwierigkeiten hin.

4 Angus Deaton und Jean Drèze, »Nutrition in India: Facts and Interpretations«, Arbeitspapier, April 2008.

schnitt sieben Prozent ihres Budgets auf, damit mehr als die Bewohner der reichen Länder. In den befragten Familien sucht eine Person durchschnittlich alle zwei Monate einmal einen praktischen Arzt auf. Bei den Allerärmsten erfolgt nur einer von fünf Besuchen in einem staatlichen Gesundheitszentrum (Behandlungszentrum oder Krankenhaus), die Hälfte hingegen in einer Privatpraxis. Der Rest der Besuche spielt sich bei einem *bhopa* ab, einem traditionellen Heiler. Die Reichsten suchen die staatlichen Gesundheitszentren auch nicht häufiger auf, konsultieren aber seltener die *bhopas*. Außerdem ist im Gegensatz zu den Behandlungen, die es überall gibt, die Prävention nur sehr wenig entwickelt: Zum Beispiel waren nur zwei Prozent der Kinder im Alter von einem bis zwei Jahren bei den Basisimpfungen auf dem aktuellen Stand, obgleich die Impfung gratis ist.

Das Gesundheitsangebot wird folglich vom privaten Sektor dominiert, der nicht reglementiert ist und dessen Leistungen – natürlich – nicht erstattet werden. Die Qualifikationen dieser privat praktizierenden Ärzte sind stark begrenzt (obgleich sie sich als Vertreter der modernen Medizin begreifen): Unter denjenigen, die sich als Ärzte bezeichnen und für eine Praxis verantwortlich sind, haben 29 Prozent ein Examen in Allgemeinmedizin, außerdem haben 27 Prozent einen Facharzt, die restlichen 44 Prozent verfügen somit über keine medizinische Qualifikation, und 14 Prozent davon haben wiederum überhaupt keine Ausbildung, die etwas mit Gesundheit zu tun hat. Von Letzteren hat uns einer erklärt, dass er, nachdem er das Gymnasium abgeschlossen und in Bengalen keine Arbeit gefunden habe, nach Udaipur gezogen sei, um sich dort als Arzt niederzulassen. Dies wäre weniger beunruhigend, wenn die Praxen als erste Anlaufstellen fungieren und die Patienten (falls nötig) dann an qualifiziertere Ärzte überweisen würden. Aber diese selbsternannten Doktoren führen sich genau wie solche auf: Sie führen Behandlungen durch und zögern nicht, Antibiotika zu verschreiben oder Infusionen zu legen. Bei einem Arztbesuch bekommt der Patient in 68 Prozent der Fälle eine Injektion (zumeist Antibiotika); in 12 Prozent der Fälle erhält er eine Infusion. Untersuchungen (Blutuntersuchungen, Röntgenaufnahmen etc.) werden nur sehr selten angeordnet (bei 3 Prozent der Besuche). Diese »Ärzte« beweisen sogar eine gewisse therapeutische Kreativität: Eine Behandlung, die sehr in Mode ist, besteht darin, eine einzige Dosis Antibiotika zu verabreichen, was zu einem starken Anstieg resistenter Infektionen geführt hat.

Theoretisch entspricht der staatliche Gesundheitssektor in Udaipur einem für ein Entwicklungsland idealen Gesundheitssystem, das bestrebt ist, selbst in den rückständigsten Regionen den Zugang zur Grundversorgung zu gewährleisten: Bereichszentren betreuen die Dörfer (im Durchschnitt ist jedes Dorf unserer Untersuchung maximal zwei Kilometer von einem Zentrum entfernt); eine Krankenschwester sorgt dort für die Prävention sowie für die ganz einfachen Behandlungen und schickt die schwerer Erkrankten in die Primärzentren (ein Zentrum für 50 000 Einwohner). Dort wird der Patient dann versorgt oder gegebenenfalls in ein Krankenhaus in der Stadt überwiesen.

Auf den ersten Blick funktioniert dieses System auch in Realität: Es gibt genügend staatliche Zentren, und die Posten sind besetzt. Aber praktisch sind die Zentren in einem erbärmlichen Zustand (es gibt weder Strom noch Wasser, keine Ausrüstung, wenig Medikamente). Noch schwerwiegender ist, dass die Abwesenheitsquote der Krankenschwestern höher ist als die der Lehrkräfte in den Schulen. Ein Interviewer ist ein Jahr lang einmal pro Woche in die Gesundheitszentren gegangen, um die Krankenschwester in den Dörfern des Einzugsbereichs aufzusuchen und zu prüfen, ob das Zentrum offen ist. In mehr als der Hälfte der Zeit (54 Prozent) war die Krankenschwester unauffindbar. Diese hohe Abwesenheitsquote ist keine Spezifität von Udaipur: Untersuchungen der Weltbank haben bei den Primärgesundheitszentren eine Abwesenheitsquote von 35 Prozent in Bangladesch und von 40 Prozent in Indien festgestellt.[5] Was die Behandlung anbelangt, so erhalten die Patienten hier weniger oft unnötig Antibiotika, doch medizinische Untersuchungen sind noch seltener.

Dieser Absentismus scheint zum Teil auf die Tatsache zurückzuführen zu sein, dass die Krankenschwestern so viele Aufgaben haben, dass es ihnen nicht möglich ist, all ihren Verpflichtungen nachzukommen. Dabei schadet die Vielzahl ihrer Aufgaben ihrer

5 Vgl. hierzu Nazmul Chaudhury und Jeffrey S. Hammer, »Ghost Doctors: Absentism in Bangladeshi Health Facilities«, *World Bank Policy Research Working Paper* 3065, Mai 2003; und Nazmul Chaudhury, Jeffrey Hammer, Michael Kremer, Karthik Muralidharan und F. Halsey Rogers, »Missing in Action: Teacher and Health Workers Absence in Developing Countries«, a. a. O., S. 91-116.

Glaubwürdigkeit gegenüber den Patienten. So sind sie insbesondere damit beauftragt, die Frauen dazu zu überreden, sich sterilisieren zu lassen, und unterliegen Sanktionen, wenn sie ihr »Jahressoll« nicht erreichen. In Anbetracht der Geschichte der Sterilisation in Indien (vor allem der Zwangssterilisationen unter Indira Gandhi) misstrauen die Frauen, mit denen die Krankenschwestern nur über Sterilisation sprechen, allem, was diese ihnen ansonsten vorschlagen können: So wurde die Impfung gegen Polio verdächtigt, ein Mittel zur Sterilisierung der Babys zu sein.[6] Dieser Glaubwürdigkeitsverlust greift somit auf all ihre anderen Aufgaben über. Die Überlastung bringt noch ein zweites Problem mit sich: Sie erlaubt den Krankenschwestern vorzugeben, sie würden gerade einer Aufgabe nachgehen, um so keine andere übernehmen zu müssen und schließlich mit gutem Grund zu Hause bleiben zu können.

Die Unzulänglichkeit des Gesundheitsangebots und die Vorliebe für private Scharlatane verstärken sich gegenseitig. In den Dörfern, in denen die Krankenschwestern am häufigsten abwesend sind, frequentieren die Dorfbewohner die Gesundheitszentren seltener. Für diese Korrelation gibt es zwei mögliche Erklärungen: Entweder wenden sich die von diesem Absentismus abgeschreckten Patienten dem Privatsektor oder den *bhopas* zu; oder es sind die Schwestern selbst, die demoralisiert sind, weil an Orten, an denen die Nachfrage schwach ist, die Patienten fehlen. Für eine junge Frau, die lange Studien absolviert hat und einen gewissen gesellschaftlichen Status genießt, ist es sehr demotivierend, den ganzen Tag in einem menschenleeren Zentrum zuzubringen, das weder über Wasser noch über Strom verfügt. Diese beiden Gründe (die sich gegenseitig nicht ausschließen) erfordern unterschiedliche Antworten: entweder Maßnahmen in Bezug auf das Angebot oder Maßnahmen in Bezug auf die Nachfrage.

6 Mark Nichter, »Vaccinations in the Third World: A Consideration of Community Demand«, in: *Social Science and Medicine*, 41 (5), September 1995, S. 617-632.

Angebot und Nachfrage im Gesundheitsbereich: zwei nicht voneinander zu trennende Faktoren

Der hierarchische Ansatz

Um den *circulus vitiosus* von Angebot und Nachfrage im Bereich der medizinischen Versorgung zu durchbrechen, kann man zunächst versuchen, beim Angebot anzusetzen. Das ist derzeit der von den indischen Behörden bevorzugte Ansatz. Auf der nationalen Ebene besteht die politische Antwort auf die Probleme des Gesundheitssektors darin, mehr Geld in das bestehende System zu investieren: Die Nationale Mission für Gesundheit auf dem Lande sieht so vor, den Gesundheitsetat des Bundes von 0,9 Prozent des BIP auf 2 oder 3 Prozent zu erhöhen. Allerdings ist parallel dazu keine grundsätzliche Reform des Systems geplant – mit Ausnahme der Schaffung eines zusätzlichen Postens: des Gesundheitspromoters, der als Bindeglied zwischen den Krankenschwestern und der Bevölkerung fungieren soll. Ohne weitere Veränderungen ist jedoch zu befürchten, dass sich die Leistungen des staatlichen Sektors nicht verbessern werden.

In Udaipur hat der Distriktverwalter (der höchste Verwaltungsbeamte Udaipurs) angesichts der Ergebnisse der Untersuchung von Seva Mandir entschieden, dass die Krankenschwestern fortan mindestens einen Tag pro Woche in ihrem Zentrum anwesend sein müssen – eine vollkommen vernünftige Zielvorgabe! Jeden Montag müssten die Schwestern von allen anderen Verpflichtungen entbunden werden, um in ihrem Zentrum zur Verfügung zu stehen. Um diesen Beschluss umzusetzen, hat der Distriktverwalter sich entschlossen, mit Seva Mandir zusammenzuarbeiten. Die Organisation sollte sich ein Kontrollsystem ausdenken, das es erlaubt zu überprüfen, ob die Krankenschwestern tatsächlich jeden Montag kommen. Nach dem Zufallsprinzip wurde eine Reihe von Gesundheitszentren ausgewählt: Dort hat Seva Mandir Anwesenheitslisten und Zeitstempel verteilt, die die Schwestern jeden Montag benutzen mussten, um ihre Anwesenheit zu dokumentieren. Seva Mandir sammelte die Listen jeden Monat ein und übermittelte sie an die Verwaltung, die es ihrerseits übernahm, Konsequenzen zu ziehen. Der Verwalter hat öffentlich angekündigt, dass gegenüber den Krankenschwestern, die zu oft fehlen, Sanktionen erfolgen.

Um die Effizienz des Kontrollsystems zu testen, hat unsere Forschungseinrichtung in Zusammenarbeit mit Vidhya Bhavan, einer Schule in Udaipur, sowohl an den am Test beteiligten Zentren als auch an den anderen monatliche Überraschungsbesuche organisiert (an Montagen sowie an den anderen Tagen). Während der ersten sechs Monate hat sich dieses Prozedere als außerordentlich effektiv erwiesen: Die Schwestern der kontrollierten Zentren waren montags häufiger anwesend als diejenigen der anderen Zentren. Einige Monate später begann sich die Situation in den kontrollierten Zentren zu verschlechtern, während sie sich in der anderen Gruppe verbesserte, so dass nach einem Jahr die Krankenschwestern in den Zentren, an denen es keine Zeiterfassung gab, öfter anwesend waren.[7]

Was ist passiert? Die Antwort findet man in den von den Schwestern geführten Anwesenheitslisten, deren Entwicklung Abbildung 4 dokumentiert. Dabei tauchen zwei Rechtfertigungsgründe für die Abwesenheit auf, die an Häufigkeit zunehmen: »Problem mit dem Apparat« und »freigestellt«. Diese beiden Entschuldigungen alleine reichen indes nicht, um den Rückgang der Anwesenheitstage zu erklären. Die Zeitstempel wurden sicherlich nicht gerade gut behandelt (oft wurden sie sogar gegen die Wand geschleudert). Diese Beschädigung des Materials ist eine Reaktion der Krankenschwestern, die gewiss vorhersehbar war. Hingegen sind die »freigestellten« Tage interessanter: In diesem Fall gibt die Schwester an, dass sie bei einer Besprechung war (obgleich Besprechungen im Prinzip montags untersagt waren). Diese Entschuldigung musste von ihrem unmittelbaren Vorgesetzten abgezeichnet werden. Nun haben wir aber festgestellt, dass die Zahl der montäglichen Besprechungen sich in dieser Zeit nicht erhöht hat. So haben die Vorgesetzten nach und nach immer häufiger diese erfundenen Entschuldigungen akzeptiert. Damit hat sich im Laufe der Zeit ein stillschweigendes (oder sogar ausdrückliches) Einverständnis zwischen den Schwestern und ihren Vorgesetzten eingestellt. Nachdem sie begriffen haben, dass ihre montäglichen Abwesenheiten faktisch nicht bestraft werden, haben sie sich die Freiheit genommen, noch öfter zu fehlen als die Schwestern der Vergleichsgruppe, die ihrerseits immer einer gewissen Unsicherheit unterlagen.

7 Abhijit Banerjee, Esther Duflo und Rachel Glennerster, »Putting a Band-Aid on a Corpse: Incentives for Nurses in the Indian Public Health Care System«, in: *Journal of the European Economic Association*, 6 (2-3), April-Mai 2008, S. 487-500.

Abbildung 4
Entwicklung der Einträge der Krankenschwestern in die Anwesenheitslisten

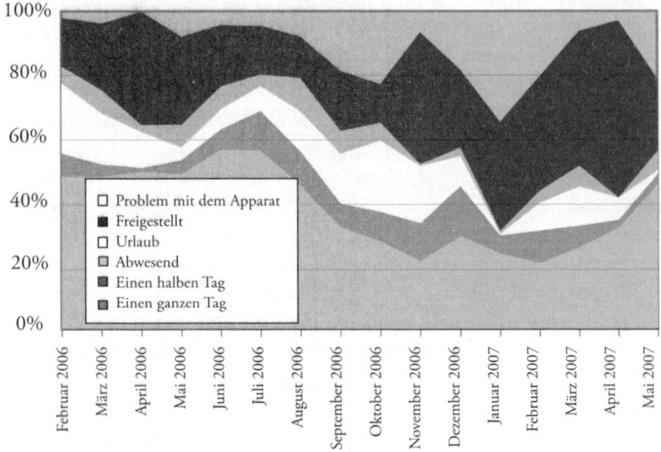

Quelle: Abhijit Banerjee, Esther Duflo und Rachel Glennerster, »Putting a Band-Aid on a Corpse: Incentives for Nurses in the Indian Public Health Care System«, in: *Journal of the European Economic Association*, 6 (2-3), April-Mai 2008, S. 487-500.

Diese Ergebnisse bilden einen interessanten Gegensatz zu denjenigen einer augenscheinlich ähnlichen Maßnahme, die Seva Mandir in derselben Region durchgeführt hat: das Anreizprogramm, das dank der Verteilung von Fotoapparaten die Anwesenheit der Lehrer förderte. Wir haben im vorigen Kapitel gesehen, dass dieses Programm sich in eine sofortige und dauerhafte Verringerung des Absentismus übersetzt hat.[8] Dass dies nun anders war, zeigt, wie schwierig es ist, auf der Grundlage eines einzigen Experiments die dabei gewonnenen Ergebnisse zu verallgemeinern. Der große Unterschied zwischen diesen beiden Programmen liegt in ihrer Umsetzung: Seva Mandir wurde das Anreizprogramm für die Lehrer komplett übertragen. Was die Krankenschwestern anbelangt, waren hingegen ihre unmittelbaren Vorgesetzten damit betraut, auf

8 Esther Duflo, Rema Hanna und Stephen Rayan, »Monitoring Works: Getting Teachers to Come to School«, *CEPR Working Paper* 6682, Februar 2008.

die Einhaltung eines zentralisierten und automatisierten Systems zu achten, das Seva Mandir lediglich aufgebaut hatte. Doch die Distriktbeamten haben dieses vom Distriktverwalter angeordnete Prozedere nie akzeptiert.

Mobilisierung der Nutzer

Wie konnte die Administration die Regeln, die sie selbst aufgestellt hatte, nicht befolgen, ohne seitens der Bevölkerung Sanktionen ausgesetzt zu sein? Das hängt sicher mit der mangelnden Nachfrage nach staatlicher Gesundheitsversorgung zusammen. Davon zeugt die Tatsache, dass selbst in der Zeit, in der die Krankenschwestern wesentlich öfter anwesend waren, die Frequentierung dieser Einrichtungen extrem schwach blieb. Während der unangekündigten Besuche in den Zentren war im Durchschnitt ein Patient da, und das selbst in den ersten sechs Monaten, als die Präsenz der Schwestern höher war. Ohne dass es eine Forderung der Nutzer nach Schaffung einer von ihnen ausgehenden Kontrollinstanz gibt, hat ein von oben verordnetes System zweifellos wenig Chancen, von einer Bürokratie, die ein Interesse daran hat, nichts zu verändern, korrekt umgesetzt zu werden.

Diese Schlussfolgerung wird durch die Ergebnisse einer originellen Initiative in Uganda untermauert, die zeigt, welche Rolle der Druck der Nutzer im Gesundheitssektor spielen kann. In diesem Land sind die Probleme des staatlichen Gesundheitswesens denjenigen in Udaipur sehr ähnlich, mit beispielsweise einer Abwesenheitsquote von 47 Prozent. Um hier Abhilfe zu schaffen, haben 2004 mehrere lokale NGOs (oft Zusammenschlüsse von Dorfgemeinschaften) beschlossen, in einer nach dem Zufallsprinzip ausgewählten Gruppe von Gemeinschaften zusammenzuarbeiten. Die Intervention, die in einem Artikel mit dem humorvollen Titel »Alle Macht dem Volke« beschrieben wird,[9] setzte voll und ganz auf die Mobilisierung der Nutzer. Das Programm begann mit einer Befragung der Haushalte, die es erlaubte, eine Bilanz zur Qualität der Versorgung zu ziehen. Sodann organisierten die NGOs Diskussionen über diese Ergebnisse. In jedem Dorf fanden drei Ver-

9 Martina Björkman und Jakob Svensson, »Power to the People: Evidence from a Randomized Field Experiment on Community-Based Monitoring in Uganda«, in: *Quarterly Journal of Economics*, 124 (2), Mai 2009, S. 735-769.

sammlungen statt, die ersten mit den Nutzern, die zweite mit dem Gesundheitspersonal (um dessen Sichtweise mit den Resultaten der Umfrage zu konfrontieren) und die dritte mit beiden Gruppen. Das Ziel war die Ausarbeitung eines Aktionsplans zur Verbesserung der Versorgungsqualität, der vom Gesundheitspersonal und von den Nutzern gemeinsam erstellt werden sollte. Das Personal und die Nutzer übernahmen hier konkrete Verpflichtungen. Dieses Programm erzielte gute Ergebnisse. Die Kollektivität war von nun an in die Kontrolle der Gesundheitsdienste mit einbezogen, dabei sank die Abwesenheitsquote gegenüber der Vergleichsgruppe (34 Prozent Abwesenheit gegenüber 47 Prozent in der Vergleichsgruppe). Im Gegensatz zu dem, was in Indien passierte, stieg außerdem die Frequentierung der Zentren an (von durchschnittlich 661 Besuchen pro Monat auf 791), wenn auch der Rückgriff auf die Selbstmedikation und traditionelle Heiler weiter fortbestand. Dieses Programm hatte außerdem bedeutende Folgen für die Gesundheit: So sank zum Beispiel die Kindersterblichkeitsrate (die Sterblichkeit von Kindern, die weniger als fünf Jahre alt sind) von 144 auf 94 pro tausend.

Der Unterschied zwischen diesen beiden Erfahrungen – einer von oben verordneten Reform und einem von der Basis ausgehenden Vorstoß – gibt Grund zu der Annahme, dass die Vorgesetzten keine dauerhafte Reform verfügen können, ohne die Nutzer zu mobilisieren und an einer Verbesserung der Dienste zu beteiligen. Eine Mobilisierung der Basis, ohne Beteiligung der Vorgesetzten, scheint hingegen eine wesentlich größere Wirkung zu erzielen. Es ist möglich, dass der Umstand einer Mobilisierung der Nachfrageseite es erlaubt, auf Dauer eine positive Dynamik zwischen Nachfrage und Angebot zu schaffen. Die Nachfrage nach einem qualitativ guten staatlichen Dienst scheint damit eine unabdingbare Voraussetzung für jegliche Reform zu sein. Folglich ist es wichtig, die Determinanten dieser Nachfrage zu ermitteln.

Weshalb ist die Nachfrage nach qualitativ guten Diensten schwach?

Kommen wir auf Udaipur zurück. Weshalb ist die Frequentierung der öffentlichen Gesundheitszentren nach der Einführung des Programms zur Sicherstellung der regelmäßigen Anwesenheit der Krankenschwestern nicht angestiegen? Es gibt zwei mögliche Gründe. Der erste lautet, dass die Nutzer sich nicht täuschen ließen und ihr Verhalten nicht gewechselt haben, weil sie nicht davon überzeugt waren, dass die Veränderung von Dauer sein wird. In diesem Fall würde man, wenn es einem *Deus ex machina* gelänge, eine regelmäßige Präsenz des Personals zu gewährleisten, sicher eine Zunahme der Frequentierung erleben. Der zweite Grund lautet, dass die Nachfrage nach in staatlichen Einrichtungen angebotenen Behandlungen ohnehin schwach ist. Wie wir gesehen haben, verschreiben die privat praktizierenden Ärzte bei allen Infektionen Antibiotika und betreiben keinerlei Vorsorge. In den staatlichen Zentren liegt der Akzent jedoch mehr auf der Prävention, und die Schwestern sind nicht befugt, Antibiotika zu verabreichen. Es kann sein, dass dieses Angebot die Dorfbewohner, denen die Bedeutung von Vorsorgebehandlungen und die Gefahren eines übermäßigen Medikamentenkonsums nicht bewusst sind, nicht besonders interessiert.

Um diese Hypothese zu überprüfen, haben wir die Ergebnisse einer realen Verbesserung des Präventionsangebots studiert. Seva Mandir hat die Rolle des *Deus ex machina* übernommen, indem sie eine glaubwürdige und dauerhafte Verbesserung der Präventivbehandlungen anbot.[10] Das Kapital an Sympathie und Vertrauen, über das Seva Mandir bei den Haushalten verfügt, erlaubt ihr, Programme ins Leben zu rufen, die als vertrauenswürdig und nachhaltig angesehen werden. Dieses Programm war dazu bestimmt, die Impfquote zu verbessern. Die Organisation wählte unter 134 Dörfern nach dem Zufallsprinzip 60 aus, um in Zusammenarbeit mit der Regierung monatliche Impfkampagnen zu organisieren. Morgens holte eine Krankenschwester mit dem Motorrad in den staatlichen Gesundheitszentren die Impfstoffe ab und fuhr sodann in die Dörfer, um eine Impfsprechstunde abzuhalten, die zu festen Daten und Zeiten stattfand. Diese Sprechstunden wurden vom Gesundheitspromotor, den Seva Mandir ausgebildet hatte, breit angekündigt. Und in der Tat fanden diese Impfkampagnen sehr regelmäßig statt: 95 Prozent der vorgesehenen Sprechstunden wurden abge-

10 Abhijit Banerjee, Esther Duflo, Rachel Glennerster und Dhruva Kothari, »Improving Immunization Coverage in Rural India: A Clustered Randomized Controlled Evaluation of Immunization Campaigns With and Without Incentives«, Arbeitspapier, Juli 2008.

halten. Sie gestatteten eine Zunahme der Impfung: In 30 Dörfern bestand die einzige Neuerung darin, regelmäßig Sprechstunden zu organisieren, und schon stieg die Quote der kompletten Impfungen der Kinder vom ersten bis dritten Lebensjahr auf 17 Prozent, während sie in den Vergleichsdörfern bei sechs Prozent lag. Doch die Fortschritte sind für die erste Injektion größer (bei der man von 50 Prozent auf 77 Prozent kam) als für die folgenden: Der Anteil der geimpften Kinder sank bei der zweiten Injektion auf 70 Prozent und bei der dritten sodann auf 42 Prozent. Es ist folglich einfacher, die Eltern ein Mal kommen zu lassen, als sie dazu zu bewegen, regelmäßig zu kommen.

Dieses Beispiel zeigt, dass die Nachfrage nach Prävention schwach ist, selbst wenn der Aufwand dafür gering (die Sprechstunden finden in jedem Dorf statt und sind gratis) und der Dienst vertrauenswürdig ist. Die Impfung ist nicht das einzige Beispiel, bei dem es nicht die Kosten sind, die die Betreibung von Prävention verhindern. Beispielsweise empfiehlt die Weltgesundheitsorganisation, ein Neugeborenes noch in der Geburtsstunde an die Brust zu legen und ihm in den ersten sechs Monaten ausschließlich Muttermilch zukommen zu lassen. In Indien stillt jedoch nur ein Viertel der Frauen ihr Baby in der Stunde nach der Geburt, und die durchschnittliche Dauer, während der sie ausschließlich stillen, beträgt nur zwei Monate.

Wie ist zu erklären, dass die Prävention trotz ihrer positiven Effekte so wenig angenommen wird? Vielleicht sind die Eltern extrem misstrauisch oder besorgt: Sie befürchten Nebenwirkungen oder glauben, die Impfung entspreche nicht dem, was man ihnen sagt. Allerdings führen uns andere Experimente zu der Überlegung, dass dies nicht alles erklärt. Denn man stellt in verschiedenen Kontexten und für unterschiedliche Produkte eine große Preissensibilität gegenüber Gesundheitsvorsorgeleistungen fest, und zwar sowohl im Falle positiver als auch negativer Kosten. So vermindert die Umwandlung einer Gratisleistung in eine Bezahlleistung, selbst wenn der Preis extrem niedrig ist, die Zahl der Nutzer stark. Abbildung 5 illustriert diese Feststellung in frappierender Weise für drei unterschiedliche Produkte: Moskitonetze, Wurmkuren und Chlorprodukte.[11] Jedes Mal sinkt der Prozentsatz der Haushalte, die das

11 Vgl. hierzu Jessica Cohen und Pascaline Dupas, »Free Distribution or Cost-Sharing? Evidence from a Randomized Malaria Prevention Experiment«, in:

Produkt benutzen, sobald es kostenpflichtig wird: Die Anwendung von Moskitonetzen bei schwangeren Frauen sinkt zum Beispiel von nahezu 100 Prozent auf 82 Prozent, wenn der Preis von 0 auf 30 Cent klettert, und auf weniger als 40 Prozent, wenn er 60 Cent erreicht. Verblüffenderweise liegen die Anwendungsquoten dieser unterschiedlichen Produkte bei allen Verkaufspreisen nahe beieinander, obwohl sie sehr unterschiedliche Anwendungsgebiete und Marktwerte haben.

Abbildung 5
Kauf von Produkten zur Gesundheitsprävention

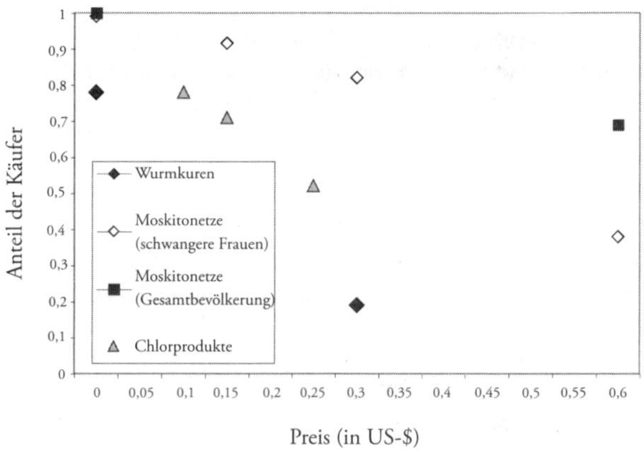

Symmetrisch dazu steigt die Nachfrage stark an, wenn eine Gratisleistung einem etwas einbringt (weil die Haushalte honoriert werden, wenn sie teilnehmen). Die Impfungen und die HIV-Tests sind zwei eindrückliche Beispiele. Wir haben gesehen, dass Seva Mandir in 60 Dörfern regelmäßige Impfkampagnen eingeführt hat. In 30 davon verteilte die Organisation zusätzlich ein Kilo Linsen an

Quarterly Journal of Economics, März 2009; Michael Kremer und Edward Miguel, »The illusion of Sustainability«, in: *Quarterly Journal of Economics*, 112 (3), August 2007, S. 1007-1065; Nava Ashraf, James N. Berry und Jesse M. Shapiro, »Can Higher Prices Stimulate Product Use? Evidence from a Field Experiment in Zambia«, in: *NBER Working Paper* W13 247, Juli 2007.

jede Mutter, die kam, um ihr Kind impfen zu lassen, bei der letzten Impfung erhielt sie auch einen Satz Teller. In Indien gehören Linsen zu den Grundnahrungsmitteln, doch ein Kilo Linsen entspricht, wenngleich es hilfreich ist, nicht mehr als dem Wert eines halben Arbeitstages eines unqualifizierten Arbeiters. Dieser Anreiz, der sich in Grenzen hält, dürfte daher nicht ausgereicht haben, um bei denjenigen, die starke Vorbehalte gegen die Impfung hatten, zu einem Stimmungsumschwung zu führen. Trotzdem hatte die Verteilung von Linsen eine sehr große Wirkung. Die Quote der kompletten Impfungen, die in den Dörfern, in denen die Sprechstunden regelmäßig stattfanden, bei 17 Prozent lag, betrug in den Dörfern, in denen die Linsen verteilt wurden, 38 Prozent. Dieser Effekt stellte sich nicht nur bei der ersten Impfung ein, sondern auch bei den folgenden. Dieses Programm bewegt die höchst zögerlichen Eltern daher nicht nur dazu, zu kommen, sondern spornt sie auch dazu an, bis zum Ende des Zyklus durchzuhalten. Die Verteilung der Linsen hatte noch einen anderen interessanten Effekt, auf den wir am Schluss zurückkommen werden: Sie hat auch die Bewohner der Nachbardörfer dazu gebracht, ihre Kinder impfen zu lassen. In den sich in einem Umkreis von zehn Kilometern befindenden Dörfern erreichte die Impfquote 20 Prozent. Ein kleiner Anreiz erlaubt folglich, eine Verhaltensänderung herbeizuführen, selbst wenn die Begünstigten etwas laufen – und damit mehr Zeit investieren – müssen, um in seinen Genuss zu kommen.

Ein vielleicht noch überraschenderes Beispiel betrifft die Aids-Tests. In zahlreichen Ländern werden die Beratung und der freiwillige Aids-Test als Eckpfeiler der Aids-Prävention betrachtet. In Mosambik werden 55 Prozent aller für Aids aufgewendeten Mittel (Prävention und Behandlung) für Aids-Tests ausgegeben. Trotz dieser Ausgaben bleibt der Anteil derer, die sich einem Test unterziehen, minimal. Die häufigste Erklärung dafür lautet, dass starke psychologische und gesellschaftliche Barrieren die Leute davon abhalten, sich testen zu lassen. In den armen Ländern steht ein positives Ergebnis oft für ein kurz- oder mittelfristiges Todesurteil; außerdem wird die bloße Tatsache, sich testen zu lassen, gesellschaftlich stigmatisiert als Zeichen für ein schändliches Verhalten.

Um diese Hypothese zu überprüfen, hat Rebecca Thornton in Zusammenarbeit mit Forschern, die in Malawi eine demographische und ökonomische Erhebung durchführten, ein einfallsreiches

Experiment angestellt.[12] Dabei wurde den befragten Personen ein Aids-Test angeboten und sodann freigestellt, ihre Ergebnisse einige Wochen später abzuholen oder nicht. Wenn eine Person es vorzog, sie zu ignorieren, genügte es, sie nicht abzufragen. Diese Erfassungsmethode, die innerhalb von demographischen Erhebungen angewendet wird, erlaubt es, Informationen über den serologischen Status einer Bevölkerung zu erhalten, insofern auch diejenigen einbezogen sind, die ihren Status nicht wissen wollen. Letztere sind oft damit einverstanden, den Test zu machen, wenn sie nicht gezwungen sind, das Ergebnis zur Kenntnis zu nehmen.

Rebecca Thornton hat aleatorisch zwei Quellen der Variation eingeführt. Zunächst, am Ende der Untersuchung, bekam jede befragte Person im Losverfahren einen Kronkorken mit einer Nummer, die einer finanziellen Kompensation entsprach (zwischen 0 und 3 Dollar), die jene erhielten, die ihre Ergebnisse abholten. Zudem ließ sie den Standort des Zeltes, in dem die Krankenschwestern die Ergebnisse übermittelten, immer wieder ändern: In einigen Dörfern wurde das Zelt relativ nahe der Wohnhäuser aufgestellt, in anderen um einiges weiter entfernt. Wenn das Zelt weiter weg ist, erfordert das Abholen der Ergebnisse mehr Aufwand, kann aber diskreter erfolgen, womit sich das gesellschaftliche Stigma vermeiden lässt.

Die Ergebnisse sind überraschend: Zunächst steigt der Anteil derjenigen, die ihre Ergebnisse abholen, stark an, wenn ihnen eine, wenn auch minimale, Aufwandsentschädigung angeboten wird. Er steigt von 34 Prozent auf 64 Prozent, wenn der finanzielle Anreiz sich auf einer Skala von 0 bis 10 oder 20 Cent bewegt. Mit bedeutenderen Anreizen steigt dieser Anteil weiter, jedoch weniger stark. Sodann nimmt der Anteil der Personen, die ihre Resultate abholen, mit zunehmender Distanz ab, vor allem bei denjenigen, die keine finanziellen Anreize erhalten haben. Es scheint somit, dass die Angst vor Stigmatisierung weniger ins Gewicht fällt als die mit einem längeren Weg verbundenen Unannehmlichkeiten.

All diese Beispiele offenbaren folglich eine große Kostensensibilität. Gemäß einem neoklassischen ökonomischen Modell, das Gary Becker entwickelt hat,[13] bei dem der rational Handelnde

12 Rebecca L. Thornton, »The Demand for, and Impact of, Learning HIV Status«, in: *American Economic Review*, 98 (5), Dezember 2008, S. 1829-1863.

13 Siehe zum Beispiel Gary Becker, *The Economic Approach to Human Behavior*, University of Chicago Press, 1978.

Kosten und Nutzen einer jeden Aktion gegeneinander abwägt, muss der Nutzen der Impfung der Kinder (oder des Wissens um eine mögliche HIV-Infizierung) groß genug sein, um die Individuen zum Handeln zu veranlassen. Seine Kinder zu impfen erhöht ihre Überlebenschancen stark. Ebenso kann ein Aids-Test HIV-Infizierten eventuell Zugang zu antiretroviralen Medikamenten gewähren und diejenigen, die nicht infiziert sind, beruhigen. In Anbetracht der beträchtlichen Nutzeffekte dieser Aktionen, die wenig kosten, müssten sie daher ein Gegenstand starker Nachfrage sein, es sei denn, die psychologischen und sozialen Kosten (Ängste, Stigmatisierung etc.) sind stärker als die erwarteten Vorteile. Doch in diesem Fall dürften all die kleinen Anreize keinerlei Wirkung zeigen: Ein Kilo Linsen dürfte eine Mutter, die aus Angst vor einer Sterilisierung ihr Kind nicht impfen lassen möchte, nicht überzeugen. Im Rahmen des neoklassischen Modells lässt sich die Koexistenz einer schwachen Nachfrage und einer starken Preissensibilität mithin schlecht erklären.

Weshalb ist die Betreibung von Prävention so preissensibel?

Zur Lösung dieses Rätsels wurden zwei Erklärungen angeboten. Die erste gründet sich auf die Feststellung, dass unsere Vorlieben über die Jahre nicht stabil sind. Die zweite setzt bei der Wahrnehmung der Vorteile dieser Maßnahmen an: Sicher sind diese tatsächlich hilfreich, aber die Haushalte sehen dies nicht notgedrungen so.

Die erste Interpretation stützt sich auf den Begriff der zeitlichen Inkohärenz. Nehmen wir das Beispiel der Impfung. Diese erfordert eine unmittelbare Investition: die Zeit, um mit dem Kind zum Gesundheitszentrum zu gehen, wo es sein Unbehagen und seine Tränen auszustehen gilt, vielleicht auch ein vorübergehendes Fieber. Der Nutzen dieser Investition stellt sich indes erst später ein. Erst in der Zukunft und noch dazu zu einem unbestimmten Zeitpunkt wird das Kind keine Masern haben. Wir wissen seit Hume und in neuerer Zeit dank den Arbeiten der Psychologen, dass der Mensch die Gegenwart und die Zukunft auf sehr unterschiedliche Weise denkt. Wir tendieren dazu, Entscheidungen, welche die Gegenwart betreffen, impulsiv zu treffen, während wir an die Zukunft rationaler herangehen. Bildgebende Verfahren in der Medizin haben sogar gezeigt, dass in Abhängigkeit von den Entscheidungen, die wir treffen, unterschiedliche Zonen des menschlichen Gehirns aktiviert werden: Wenn Sofortentscheidungen getroffen werden, werden die »emotiven« Zonen aktiviert (lieber eine sofortige Bezahlung als in zwei Wochen) und bei Zukunftsentscheidungen die »kalkulierenden« Partien (lieber eine Zahlung in vier als in sechs Wochen).[14]

Kosten oder Mühen, die wir heute zu tragen haben, erscheinen uns groß, während dieselben Kosten, die morgen beglichen werden, uns im Vergleich zu dem Nutzen, den wir daraus ziehen, klein erscheinen. Wenn wir uns überlegen, unser Kind impfen zu lassen, oder bei jeder anderen Entscheidung, die vertagt werden kann (handle es sich nun darum, ein Buch A aufzuschlagen, mit Rauchen aufzuhören, weniger zu essen oder eine regelmäßige körperliche Aktivität zu praktizieren), unterliegen wir so der Illusion, dass diese Investition heute besonders hoch ist, aber dass wir sie im nächsten Monat viel leichter realisieren können. Doch wenn das Morgen kommt, wird die Zukunft zur Gegenwart und die geforderte Anstrengung erscheint von neuem groß. So können Entscheidungen permanent hinausgezögert werden, bis es zu spät ist.

Dieses Hinauszögern könnte erklären, weshalb die Impfung immer auf morgen verschoben wird, während die Eltern bereit sind, bedeutende Summen für eine sofortige Behandlung auszugeben, wenn ihre Kinder krank werden, was klar zeigt, dass es nicht mangelnde Liebe ist, wenn sie ihre Kinder nicht impfen lassen. Wenn ein Kind krank ist, liegt der Nutzen der Behandlung in der nahen Zukunft: Es ist diese Koinzidenz von Investition und Profit, die das Handeln leichter macht. Aber auch ein bescheidener heute erlangter Gewinn (zum Beispiel ein Kilo Linsen) kann die kleine Investition für eine Handlung (zum Impfzentrum zu gehen) kompensieren, was die große Wirkung dieser Maßnahme erklären würde. In den meisten entwickelten Ländern sind die Impfungen innerhalb bestimmter Fristen vorzunehmen. Diese vorgeschriebenen Fristen übernehmen die gleiche Rolle; der unmittelbare Gewinn besteht darin, einer Sanktion zu entgehen.

14 Samuel M. McClure, David Laibson, George Loewenstein und Jonathan D. Cohen, »Separate Neural Systems Value Immediate and Delayed Monetary Rewards«, in: *Science*, Oktober 2004, S. 504-507.

Im Gesundheitswesen beruft man sich traditionell auf das Vorhandensein externer Effekte (oder von Auswirkungen auf andere), um eine Verpflichtung oder finanzielle Anreize zu rechtfertigen: Ein Kind gegen Masern zu impfen schützt auch die anderen Kinder, und diese Impfung zu unterlassen bringt sie ebenfalls in Gefahr. Der gesellschaftliche Nutzen der Impfung ist so größer als der private. Von daher ist es notwendig, die Individuen zu einer Handlung zu ermutigen oder zu zwingen, aus der sie keinen großen Nutzen ziehen, von der aber die Gesellschaft in ihrer Gesamtheit profitiert. Die zeitliche Inkohärenz führt zudem zu Internalität (oder zu einem Schaden, den das Individuum sich selbst zufügt): Indem es das Kind nicht sofort impfen lässt, bürdet das Ich von heute dem Ich von morgen Kosten auf. Das verschafft uns eine weitere Rechtfertigung für Anreize oder Zwänge. Indem man an dieser Internalität ansetzt, kann man das Individuum zu einem Verhalten bringen, das für es selbst besser ist, insofern man ihm hilft, das, was es nächsten Monat tun möchte, heute zu tun.[15]

Auch wenn die zeitliche Inkohärenz die große Wirkung von Anreizen erklärt, selbst wenn diese gering sind, gibt es doch auch andere Mittel, um eine Änderung des Verhaltens zu bewirken. Kleine »Hilfestellungen« können beachtliche Wirkungen erzielen: Man kann den Menschen helfen, die richtigen Entscheidungen zu treffen, indem man es ihnen freistellt, sich nicht daran zu halten.[16] So kann die einfache Unterstellung, dass eine Person von der Vorsorge Gebrauch machen möchte, sofern sie sich nicht gegenteilig äußert, eine bedeutende Wirkung entfalten. Die Wurmkuren, deren Vorteile für die Gesundheit und Bildung der Kinder wir im vorigen Kapitel gesehen haben, zeigt, welche Rolle die Standardannahme spielt. Im ersten Jahr wurden alle anwesenden Kinder behandelt, es sei denn ihre Eltern sprachen sich dagegen aus, indem sie ein entsprechendes Formular ausfüllten: So erhielten 78 Prozent der Kinder eine Behandlung. Im zweiten Jahr haben ethische Überlegungen die Wissenschaftler dazu bewogen, den Versuchsaufbau zu ändern: Die anwesenden Kinder wurden nur dann einer Behandlung unterzogen, wenn ihre Eltern ein Formular unterschrieben

15 Ted O'Donoghue und Matthew Rabin, »Optimal Sin Taxes«, in: *Journal of Public Economics*, 90 (10-11), November 2006, S. 1825-1849.

16 Richard H. Thaler und Cass R. Sunstein, *Nudge: Improving Decisions About Health, Wealth and Happiness*, Penguin, 2009.

hatten, das diese explizit erlaubt. Die Zahl der behandelten Kinder sank von 78 auf 59 Prozent.[17]

Ein anderer Mechanismus, der sich direkt aus der zeitlichen Inkohärenz ergibt, besteht darin, Systeme zu schaffen, die den Einzelnen helfen, gewisse Verpflichtungen für die Zukunft einzugehen. Wie sich Odysseus an den Mast binden ließ, um nicht den Verlockungen der Sirenen zu erliegen, bindet sich das Individuum die Hände, um sein künftiges Ich dazu zu bringen, sich richtig zu verhalten. Ein Programm, das Rauchern hilft, sich das Rauchen abzugewöhnen, gewährt Einblick in diese Art Dispositiv. Dieses Beispiel ist besonders interessant, da der Tabakkonsum in den Entwicklungsländern ebenfalls eine »Volkskrankheit« darstellt. Personen, die sich ihrer zeitlichen Inkohärenz bewusst sind, könnten den Wunsch haben, ihr künftiges Ich dazu zu zwingen, mit dem Rauchen aufzuhören. Um ihnen hierzu die Möglichkeit zu geben, hat ein philippinisches Mikrokreditinstitut einer Gruppe von Rauchern den Vertrag CARES angeboten. CARES ist ein Finanzprodukt, das auf den ersten Blick nicht attraktiv ist: Es handelt sich um ein Sparkonto ohne Zinsen mit einem Startguthaben von 50 Pesos (etwas weniger als ein Euro). Der Raucher ist angehalten, regelmäßige Einzahlungen zu tätigen, die dem entsprechen, was er für Zigaretten ausgegeben hätte. Nach sechs Monaten wird er einer unangekündigten Urinuntersuchung unterzogen, die erlaubt, Spuren von Nikotin nachzuweisen, selbst wenn diese einige Tage alt sind. Wenn die Untersuchung positiv ist, verliert der Raucher seine gesamten Ersparnisse.

Um seine Effizienz zu evaluieren, wurde CARES 781 Personen angeboten, die unter ungefähr 2000 Rauchern nach dem Zufallsprinzip ausgewählt wurden. 83 von ihnen (11 Prozent) ließen sich darauf ein: Somit handelt es sich um kein Finanzprodukt von allergrößter Beliebtheit, gleichwohl ist diese Beteiligungsrate mit der anderer Nichtraucherprogramme vergleichbar und entspricht so zweifellos der Zahl der Raucher, die tatsächlich mit dem Rauchen aufhören möchten. Sechs Monate später wurde bei jedem der 2000 Raucher eine Urinuntersuchung durchgeführt, sofern sie damit einverstanden waren.[18] In der Testgruppe (die alle um-

17 Edward Miguel und Michael Kremer, »Worms: Identifying Impacts on Education and Health in the Presence of Treatment Externalities«, a. a. O.

18 Xavier Giné, Dean Karlan und Jonathan Zinman, »Put Your Money Where Your

fasst, denen das Programm angeboten wurde, unabhängig davon, ob sie sich dazu entschlossen haben, sich darauf einzulassen, oder nicht) hatten 11 Prozent der Raucher aufgehört zu rauchen. In der Kontrollgruppe hatten nur 8 Prozent aufgehört. CARES hatte somit eine Wirkung von 3 Prozentpunkten. Wenn wir von der Hypothese ausgehen, dass die bloße Tatsache, ein Programm angeboten zu bekommen, keine Auswirkung auf diejenigen hatte, die daran nicht teilnehmen wollten, verdankt sich diese Differenz von drei Punkten den 83 Rauchern, die damit einverstanden waren, sich darauf einzulassen: Das Programm erhöht damit die Wahrscheinlichkeit, dass ein Raucher, der mit dem Rauchen aufhören möchte, dies schafft, um 30 Prozent (3 Prozent geteilt durch 11 Prozent).[19]

Dieser Versuch belegt, dass die zeitliche Inkohärenz eine Rolle spielt. Aber wir haben hier auch einen Beweis dafür, dass eine Reihe von Leuten sich dieses Problems bewusst ist und Maßnahmen ergreift, um es zu lösen. Logisch betrachtet, dürfen die Eltern die Impfung nicht endlos aufschieben: Sie müssen begreifen, dass der Aufwand, der ihnen heute hoch erscheint (aber gering, wenn er in der Zukunft erfolgt), ihnen ebenso groß erscheint, wenn der nächste Monat zum Heute geworden ist, und dass sie ihren Vorsatz nicht unbedingt einlösen werden. Das müsste sie dazu anspornen, die Impfung heute vorzunehmen, *hic et nunc*. Die zeitliche Inkohärenz erklärt die schwache Nutzung der Prävention somit nicht gänzlich.

Doch wir haben noch die zweite Erklärung: die Wahrnehmung der mit der Vorsorge verbundenen Vorteile. Die schwache Nachfrage und die starke Preissensibilität gegenüber der Prävention sowie die starke Nachfrage und geringe Preissensibilität gegenüber der Behandlung resultieren vielleicht aus der Tatsache, dass wir die Vorteile der präventiven Medizin unter- und die der kurativen

Butt Is. A Commitment Contract For Smoking Cessation«, in: *Policy Research Working Paper* 4985, Juli 2009.

19 Der Unterschied zwischen dem Anteil derer, die sich zur Teilnahme an dem Programm entschließen und aufhören zu rauchen, und dem Anteil der anderen ist kein Effekt des Programms: Diejenigen, die sich zur Teilnahme entschieden, hatten vermutlich schon die Absicht aufzuhören, so dass von ihnen sicher ohnehin mehr aufgehört hätten. Es ist wichtig, immer die Ergebnisse der Gruppen, die aleatorisch gebildet wurden, miteinander zu vergleichen (hier diejenigen, denen man das Programm angeboten hat, und diejenigen, denen man es nicht angeboten hat).

Medizin überschätzen. Grund dafür können die komplexen Ursache-Wirkungs-Beziehungen sein, die zwischen Behandlung und Gesundheitszustand herrschen.

Die kurativen Behandlungen, welche es auch sein mögen, erscheinen tendenziell als effizient, weil die meisten Krankheiten von selbst heilen (wie ein Sprichwort sagt, »dauert ein Schnupfen mit Behandlung eine Woche und ohne sieben Tage«). Nehmen wir an, ein niedergelassener Arzt verabreicht eine Spritze mit Antibiotika gegen eine virale Erkrankung: Wenn die Krankheit verschwindet, lautet natürlich (und fälschlich) die Schlussfolgerung, dass es die Antibiotika waren, die die Krankheit geheilt haben. Wenn eine Krankenschwester in einem staatlichen Gesundheitszentrum gegen dieselbe Grippe kein Medikament verabreicht (was vernünftig ist), wird die Gesundung nicht ihr zugeschrieben. Somit besteht ein natürlicher Hang zu einem übermäßigen Medikamentenkonsum, besonders in einem nicht regulierten System, wo der Arzt dem Patienten den Eindruck vermitteln will, etwas getan zu haben. Aus denselben Gründen ist diese Tendenz auch für die reichen Länder charakteristisch – was teilweise die Explosion der Gesundheitsetats erklärt –, doch sind ihr durch die Ausbildung der Ärzte, den gesetzlichen Rahmen und die Organe der Sozialversicherung, an die sie gebunden sind, Grenzen gesetzt.

Der Lernprozess in Bezug auf die Wirkungen der Prävention ist wesentlich komplexer. Für ein Individuum ist es sehr schwierig, eine Kausalbeziehung zwischen einer Behandlung und der Absenz von Krankheit herzustellen. Die externen Effekte machen das Problem noch komplizierter, denn wenn genügend Kinder geimpft sind, sind sogar die nicht geimpften Kinder weniger krank: Es ist möglich, dass zwischen einem geimpften und einem nicht geimpften Kind kein Unterschied festzustellen ist. Daher können sich Informationen über die Präventivmedizin nicht über einen spontanen Lernprozess verbreiten. Hierzu ist ein glaubwürdiger öffentlicher Diskurs erforderlich. Aber wie kann man dies effizient vermitteln?

Aufklärung über Prävention: Strategien, Erfolge und Misserfolge

Ein weniger riskantes Verhalten anzunehmen, ist bis heute die einzige Methode zu einer effizienten Prävention gegen Aids. Die Jugend wird oft als Hoffnungsquelle beschrieben, da die Jungen, die sexuell nicht aktiv sind, im Allgemeinen nicht infiziert sind und ihr Sexualverhalten noch formbar ist. In zahlreichen Ländern, denen es gelungen ist, der Ausweitung von Aids Einhalt zu gebieten, zum Beispiel in Uganda, waren die Jungen das bevorzugte Ziel von Präventionskampagnen, vor allem in den Schulen. Kenia gehört zu den Ländern, die die Aids-Prävention in den Lehrplan aufgenommen haben. Wie überall sonst geht dieser aus einem schwierigen Konsens zwischen den verschiedenen Kirchen, den internationalen Organisationen (darunter UNICEF, das an der Ausarbeitung der kenianischen Lehrpläne stark beteiligt war) und der Regierung hervor. Die Botschaft ist in Ostafrika wohlbekannt: Sie lautet – in dieser Rangfolge – »ABCD«, »*Abstain, Be faithful, use a Condom … or you Die*«.[20] In den Primärschulen (die bis zur achten Klasse gehen und wo die meisten der Jugendlichen sexuell aktiv sind) wird der Akzent auf die Enthaltsamkeit gelegt. Zu zeigen, wie man Präservative benutzt, ist verboten.

Bei allen Präventionsprogrammen gilt es, eine Wahl zu treffen zwischen der Vermeidung und der Kontrolle des Risikos. Die Enthaltsamkeit ist die einzige präventive Praktik, die zu hundert Prozent effektiv ist. Wenn es gelänge, die Jugendlichen zu überreden, sich daran zu halten, wären sie vollkommen außer Gefahr. Die Kontrolle des Risikos zu fördern, bedeutet sie dazu zu bringen, ein weniger riskantes Verhalten anzunehmen, aber nicht notwendig das am wenigsten riskante; die Empfehlung, Präservative zu benutzen, fällt in diese Kategorie. Die Wahl besteht darin, entweder ein sichereres, aber schwieriger (ja unmöglich) in die Praxis umzusetzendes Verhalten zu empfehlen oder ein vielleicht weniger sicheres Verhalten, das aber für die Zielpersonen mehr im Bereich des Möglichen liegt.

Eine Untersuchung, die gemeinsam von einer NGO (ICS Africa), der kenianischen Regierung und einer Gruppe von Wissen-

20 Sei enthaltsam, treu, benutz ein Kondom … oder du stirbst.

schaftlern angestellt wurde, hat es erlaubt, die Wirkungen von Strategien zur Vermeidung und Strategien zur Kontrolle des Risikos miteinander zu vergleichen.[21] Im Prinzip gibt es an allen Schulen ein Präventionsprogramm. Aber in der Praxis wenden es die Lehrer nicht an, da sie dafür nicht ausgebildet sind. Die Regierung verfügt über eine Gruppe von speziellen Ausbildern, die nach und nach die Lehrer an den Schulen damit vertraut machen. Dieses Ausbildungsprogramm kommt aufgrund mangelnder Personal- und Sachmittel aber nur langsam voran. Weil dem so war, war es möglich, nach dem Zufallsprinzip eine Gruppe von Schulen auszuwählen, an denen drei Lehrer pro Schule sofort ausgebildet wurden, während an den anderen Schulen die Ausbildung später stattfinden sollte. Die Regierung stellte die Ausbilder, und ICS wurde mit der technischen Organisation dieses einwöchigen Seminars beauftragt. Unter einer Gruppe von 328 Schulen aus zwei westkenianischen Distrikten wurden 163 Schulen per Zufall ausgewählt, die sofort in den Genuss dieser Ausbildung kommen sollten.

Außerdem führte ICS an 35 Schulen aus der Gruppe, in der die Lehrer ausgebildet wurden, und an 36 Schulen, an denen dies nicht der Fall war, ein Programm zur Verringerung des Risikos ein, das Programm »*Sugar Daddy*«.[22] In Kenia, wie in anderen afrikanischen Ländern, haben viele Jugendliche sexuelle Beziehungen mit Erwachsenen, die viel älter und oft verheiratet sind. Diese Beziehungen sind mehr oder weniger geschäftsmäßig: Die jungen Mädchen werden zwar nicht wirklich ausgehalten, doch erhalten sie kleine Geschenke, eine Unterstützung für ihre Schulbildung etc. Diese generationenübergreifenden Beziehungen sind ein wichtiger Faktor bei der Ausbreitung der Epidemie: Die reifen Männer sind weit öfter infiziert als die jungen Knaben. Sie infizieren die jungen Mädchen mit Aids, die daraufhin riskieren, die Partner ihres Alters anzustecken. Die Infektionsrate der Mädchen zwischen 15 und 19 Jahren ist fünfmal höher als die der gleichaltrigen Jungen.

Aber die jungen Mädchen kennen diese Zahlen nicht: Sie sind durch das Programm ABCD davon überzeugt, dass das Virus über-

21 Esther Duflo, Pascaline Dupas, Michael Kremer und Samuel Sinei, »Education and HIV/AIDS Prevention: Evidence from a Randomized Evaluation in Western Kenya«, Arbeitspapier, Juni 2006.

22 Pascaline Dupas, »Do Teenagers respond to HIV Risk Information? Evidence from a Field Experiment in Kenya«, *NBER Working Paper* 14707, Mai 2009.

all ist, und überbewerten das Risiko, das die Jungen ihres Alters darstellen. Sie glauben tendenziell sogar, dass die *sugar daddies* seriöser sind und ein geringeres Risiko bedeuten als die jungen Leute. Wenn ein Kind geboren wird, bestehen mehr Chancen, unterhalten zu werden, als bei einem Jugendlichen. Unter dem Gesichtspunkt des Schwangerschaftsrisikos, das für diese Jugendlichen unmittelbar besteht, sind die *sugar daddies* die sichereren Partner, was zwei Effekte hat: die Förderung dieses Beziehungstyps und die Verringerung der Anwendung von Präservativen bei älteren Partnern. Die Maßnahme *Sugar Daddy*, die für die Mädchen und Jungen der achten Klasse (mit einem Durchschnittsalter von 15 Jahren) bestimmt ist, war sehr einfach: Sie begann mit der Vorführung eines Zeichentrickfilms über die *sugar daddies*, den UNICEF erstellt hatte, danach legte ein Berater von ICS die Infektionsraten der Männer und Frauen nach Altersgruppen gestaffelt dar. Dabei betonte er vor allem den Umstand, dass die älteren Männer viel mehr Chancen hatten, sich zu infizieren, als die jungen Leute.

Um die Wirkung dieser beiden Ansätze, Präventionsprogramm und Programm zur Risikoverringerung, zu evaluieren, ist es wichtig, das Sexualverhalten gut zu kennen. Wenn man den Akzent auf ein als positiv erachtetes Verhalten legt, kann eine Präventivmaßnahme die befragten Personen dazu verleiten, dem Interviewer das zu erzählen, was er gerne hören möchte, ohne dass sie ihr tatsächliches Verhalten ändern. Deshalb ist es unerlässlich, über einen objektiven Maßstab für ein riskantes Sexualverhalten zu verfügen. Da die Ansteckungsraten unter den Jugendlichen (glücklicherweise) noch sehr gering waren, kann dieser Maßstab nicht die Infizierung mit HIV sein. Für die Jugendlichen, für die der Zugang zu anderen Verhütungsmitteln als dem Präservativ keineswegs leicht ist, stellen die Schwangerschaften hingegen einen guten Indikator für ein riskantes Sexualverhalten dar. Eine Verringerung früher Schwangerschaften ist mithin ein Zeichen für den Rückgang ungeschützten Geschlechtsverkehrs.

Die Ergebnisse legen den Schluss nahe, dass man sich durch die Schulung der Lehrer in dem Programm ABCD zwar mehr Zeit für die Aids-Bekämpfung an der Schule nimmt, dass dies aber zu keiner Veränderung führt – weder in Bezug auf das Wissen über HIV noch in Bezug auf selbsterklärte Verhaltensweisen. Zudem sind die Schwangerschaftsraten unter den Mädchen, die ursprünglich in der sechsten, siebten und achten Klasse waren, ein, drei und fünf Jahre nach der Maßnahme an den Schulen, an denen die Lehrer ausgebildet wurden, gleich hoch wie an den anderen (nämlich 5, 14 und 31 Prozent). Andere Auswertungen ähnlicher Maßnahmen (vor allem in Mexiko und Tansania) kommen zu denselben Schlussfolgerungen: Es scheint, dass eine Generalbotschaft, die sich auf die Risikovermeidung konzentriert, wirkungslos ist.

Hingegen ist die Maßnahme *Sugar Daddy* bemerkenswert effizient: Die Jugendlichen, die von diesem Programm betroffen sind, erklären, dass sie weniger Chancen haben, mit älteren Männern Sexualbeziehungen zu haben, und mehr mit Jungen ihres Alters (und dass es ihnen leichter fällt, bei einem Jungen ihres Alters ein Präservativ zu benutzen). Nach einem Jahr lagen die Schwangerschaftsraten in den Klassen, die in den Genuss des Programms kamen, bei 3,9 Prozent, in den Vergleichsschulen hingegen bei 5,4 Prozent. Diese Abnahme verdankt sich ganz entscheidend einem Rückgang der Sexualbeziehungen mit einem älteren Partner, deren Häufigkeit sich um zwei Drittel verringert hat (von 2,4 Prozent auf 0,79 Prozent). Es hat damit den Anschein, dass eine Generalbotschaft, die besagt, dass jedermann gefährlich ist, für die Jugendlichen von keinem großen Nutzen ist, während eine zielgenauere und pragmatischere Botschaft (»Hüte dich vor den *sugar daddies*«) es erlaubt, das zu reduzieren, was unter dem Gesichtspunkt der Übertragung des Virus das gefährlichste Sexualverhalten darstellt: den ungeschützten Geschlechtsverkehr von Partnern unterschiedlichen Alters. Kurz, die Verbreitung einer nicht bekannten und gezielten Information ist effizient, allgemeine Beschwörungsformeln sind dies hingegen nicht.

Das Beispiel der Aids-Prävention macht einen zweiten Punkt deutlich: Bildung ist per se öffentliche Gesundheitspolitik; das gilt selbst dann, wenn sie allgemein ist und nicht speziell die Gesundheit betrifft. Länger zur Schule zu gehen, kann die Mädchen dazu bringen, ungeschützten Geschlechtsverkehr zu vermeiden und sich so vor Aids zu schützen. Dafür gibt es zwei Gründe: Zum einen vermittelt die Schule den Schülern das Handwerkszeug, um unter anderem Informationen besser nachvollziehen und die Gesundheitsmechanismen besser verstehen zu können; zum anderen hat es für die jungen Mädchen, die zur Schule gehen, schwerwiegende Konsequenzen, ein Kind zu haben, denn dies zieht ihren sofortigen Ausschluss nach sich. Wenn sie aus anderen Gründen dazu gezwungen wurden, die Schule zu verlassen, erlaubt ihnen ein Kind zu haben und einen Hausstand zu gründen umgekehrt hingegen, ihren Familien zu entfliehen, die sie oft wie Hausangestellte behandeln.

Um die Hypothese zu überprüfen, dass die Schüler, die weiter zur Schule gehen, seltener ungeschützten Geschlechtsverkehr haben, hat ICS an der Hälfte der 328 Schulen an die Schüler der sechsten Klasse Uniformen verteilt und ihnen nach 18 Monaten eine neue Uniform in Aussicht gestellt, wenn sie noch immer zur Schule gehen. Wir haben im letzten Kapitel gesehen, dass dieses Programm zu einer Verringerung des Schulabbruchs geführt hat: Vor allem bei den Mädchen ist der Schulabbruch vor Vollendung der Primärschule (in der achten Klasse) von 18 Prozent auf 15 Prozent gesunken.[23] Dieses Programm hatte auch eine starke Auswirkung auf die Schwangerschaften. Nach drei Jahren lagen die Schwangerschaften bei den Mädchen, die eine Uniform erhalten hatten, bei 10,8 Prozent (gegenüber 14,4 Prozent bei denjenigen, die keine bekommen hatten). Diese Differenz von ungefähr 4 Prozentpunkten blieb auch noch fünf Jahre später bestehen, obwohl die Schwangerschaften mit dem Alter anstiegen (27 Prozent gegenüber 30,7 Prozent). Die Auswirkung auf die Schwangerschaften ist damit fast genauso groß wie die auf den Schulabbruch.

Über Informationskampagnen hinaus kann man die Übernahme neuer Verhaltensweisen auch fördern, indem man den Leuten die Gelegenheit gibt, damit Erfahrungen zu sammeln. Ein neues Verhalten auszuprobieren, kann dazu führen, es anzunehmen – entweder durch die Macht der Gewohnheit oder weil man sich seiner Vorteile bewusst wird. Wenn die meisten unserer Nachbarn und Freunde neue Gewohnheiten annehmen, kann uns dies ebenfalls dazu bringen, die unsrigen zu ändern, sei es, weil sich so eine neue gesellschaftliche Norm etabliert (sie würde die Rolle einer Standardannahme spielen, die, wie wir gesehen haben, im Falle zeitlicher Inkohärenz auf das Verhalten einen starken Einfluss ausüben kann), sei es, weil sich so deren Nützlichkeit zeigt.

Vor kurzem hat uns eine Studie zum Kauf und Gebrauch von

23 Esther Duflo, Pascaline Dupas und Michael Kremer, »Education and Fertility: Experimental Evidence from Kenya«, Arbeitspapier, Juni 2009.

mit Insektiziden imprägnierten Moskitonetzen einen ganz klaren Beweis für diese beiden Mechanismen geliefert. Die imprägnierten Moskitonetze sind das beste Mittel zur Vorbeugung von Malaria. Darüber hinaus erstrecken sich ihre positiven Effekte auch auf andere, weil die Moskitonetze die Zahl der Mücken, die Träger von Parasiten sind, reduziert. Es besteht somit ein allgemeiner Konsens, dass es sinnvoll ist, eine Politik zu verfolgen, die dafür eintritt, sie in den Malariagebieten zu subventionieren. Doch während manche (vor allem in der Weltgesundheitsorganisation) ihre Unentgeltlichkeit empfehlen, bestehen andere auf der Notwendigkeit, die Begünstigten dafür bezahlen zu lassen, und sei es auch nur einen minimalen Betrag.[24] Sie führen gegen die Kostenlosigkeit verschiedene Argumente ins Feld.

Zunächst berge sie die Gefahr, diejenigen, die kein Moskitonetz brauchen, dazu zu ermuntern, ebenfalls eines zu beanspruchen; sodann verleihe die Tatsache, für ein Gut zu bezahlen, diesem einen Wert, den ein kostenloses Gut nicht habe, und dieser Wert fördere seinen Gebrauch. Aus diesen beiden Gründen hätten die kostenlosen Moskitonetze weniger Chancen, von den Begünstigten benutzt zu werden, als diejenigen, für die man bezahle. Wird zudem eine Person, die ein kostenloses Moskitonetz bekommen hat, nicht erwarten, dass sie permanent kostenlose Moskitonetze oder andere Güter dieser Art erhält, und besteht folglich nicht die Gefahr, dass sich eine Hilfskultur entwickelt? Und wenn einige in den Genuss eines kostenlosen Moskitonetzes kommen, werden ihre Freunde und Nachbarn dann nicht dazu tendieren, keines zu kaufen, sondern abzuwarten, ob nicht auch sie eines gratis bekommen können? Doch wenn im Gegenteil die Lerneffekte groß sind und die starke Preissensibilität einer unzureichenden Wahrnehmung der Vorteile geschuldet ist, kann es sein, dass die Tatsache, ein Moskitonetz ausprobiert zu haben, die Familien dazu ansporrnt, ein zweites zu wollen: Die Unentgeltlichkeit von heute kann den Kauf von morgen fördern. Ebenso kann die Beobachtung eines Moskitonetzes beim Nachbarn den Wunsch erzeugen, bei sich zu Hause auch eines zu haben. Wie sich die Unentgeltlichkeit auf künftige Käufe auswirkt, lässt sich somit nicht sagen, und die Diskussion kann nur durch die Erfahrung entschieden werden.

24 William Easterly, *The White Man's Burden*, a. a. O.

Um diese Frage zu klären, hat sich Pascaline Dupas das folgende Experiment ausgedacht und in Zusammenarbeit mit der Organisation IPA Kenya (IPAK) durchgeführt.[25] In einer ersten Phase haben die Mitglieder von IPAK an die Eltern der Schüler mehrerer Schulen Gutscheine für eine Preisreduktion von mit Insektiziden imprägnierten Moskitonetzen verteilt, die in den lokalen Geschäften verkauft wurden. Der Preis für ein Moskitonetz betrug 5 Dollar (3,60 Euro), die reduzierten Preise staffelten sich von 0 bis 250 Kenya-Shillings (3,80 Dollar oder 2,70 Euro), je nach erhaltenem Gutschein. 98 Prozent der Leute, die in den Genuss eines kostenlosen Moskitonetzes kamen, holten dieses ab; 66 Prozent derer, die zwischen 40 und 50 Ksh bezahlen sollten, kauften es, aber nur 17 Prozent derer, die zwischen 190 und 250 Ksh bezahlen sollten. Wir stoßen hier wieder auf die starke Preissensibilität, die wir nun schon kennen. Hingegen hatte der bezahlte Preis keinerlei Einfluss auf den Gebrauch: kostenlos oder bezahlt, benutzten ungefähr zwei Drittel der Familien ihr Moskitonetz (das verbleibende Drittel begnügte sich in der Regel damit, es für den späteren Gebrauch aufzubewahren). Dieses Ergebnis, das auch in anderen Zusammenhängen erzielt wurde,[26] beweist, dass weder die Selektionseffekte noch die psychologischen Preiseffekte einen entscheidenden Einfluss auf den Gebrauch des Produkts haben. Ein kostenloses Moskitonetz wird darum nicht weniger benutzt.

Wie sieht es mit den Langzeitwirkungen aus? Jemand, dessen Nachbarn oder Freunde in den Genuss eines kostenlosen Moskitonetzes gekommen sind, ist eher bereit, selbst eines zu kaufen: Weit davon entfernt, die Leute vom Kauf abzuhalten, spornt die Unentgeltlichkeit, die manchen zuteilwird, die anderen dazu an, zu investieren, indem die ersten Nutzer gewissermaßen zu Produkt-Botschaftern werden. Abschließend wurde einige Monate später allen Familien, die bei der ersten Verteilungswelle dabei waren, vorgeschlagen, ein Moskitonetz zum Preis von 150 Ksh zu kaufen.

25 Pascaline Dupas, »Short-Run Subsidies and Long-Run Adoption of New Health Products: Evidence from a Field Experiment«, Arbeitspapier, Mai 2009.

26 Jessica Cohen und Pascaline Dupas, »Free Distribution or Cost-Sharing? Evidence from a Randomized Malaria Prevention Experiment«, in: *Quarterly Journal of Economics*, 125 (1), 2010, S. 1-45; Vivian Hoffmann, »Psychology, Gender, and Intrahousehold Allocation of Free and Purchased Mosquito Nets«, Arbeitspapier, März 2008; Alison Comfort, laufende Arbeit in Madagaskar.

21 Prozent derer, die das erste Moskitonetz gratis erhalten hatten, haben das zweite gekauft, jedoch nur 15 Prozent derer, die einen Gutschein für einen Preisnachlass erhalten hatten (mit dem sie eines gekauft haben oder nicht). Die Kostenlosigkeit verhindert künftige Käufe also nicht, wie diejenigen befürchten, für die die Gratisverteilung die Gefahr mit sich bringt, eine Kultur der Abhängigkeit zu schaffen, sondern erhöht im Gegenteil die Bereitschaft, für deren Erhalt zu bezahlen, indem sie den Familien die Gelegenheit gibt, ein neues Produkt auszuprobieren: Die Moskitonetze unterscheiden sich nicht von anderen neuen Produkten, von denen wir Gratisproben erhalten, um uns dazu zu bewegen, sie auszuprobieren. Diese Ergebnisse machen hinsichtlich der Vorteile eines präventiven Verhaltens zwei Lernmechanismen deutlich: die praktische Erfahrung und die Überzeugungskraft von Mustern.

Folgen für die Gesundheitspolitik

Im Lichte der Experimente, die wir gerade Revue passieren ließen, können wir den Schluss ziehen, dass in puncto Gesundheit der Markt nicht von Natur aus zu einer Situation führt, in der die Präventivmedizin angeboten oder nachgefragt wird. Die Versuchung, das Gesundheitswesen zu privatisieren, um mit dem katastrophalen Zustand des öffentlichen Sektors Schluss zu machen, ist deshalb gefährlich, wenn man sich nicht gleichzeitig um Regulierung und Aufklärung bemüht. Ebenso können wir nicht darauf setzen, dass die Kommunen das Problem selbst regeln: Wenn die Nachfrage nach Impfungen schwach ist, wird ein Dorfrat nicht den Zorn der Dorfbewohner auf sich ziehen wollen, indem er versucht, sie zu zwingen, ihre Kinder impfen zu lassen.

Staatliche Bemühungen, den Zugang zu Prävention zu verbessern, sind so unerlässlich. Kurzfristig legt die starke Preissensibilität den Schluss nahe, dass es nur gut sein kann, sich diese zunutze zu machen: Man muss diese Leistungen maximal subventionieren und die Haushalte, die sie in Anspruch nehmen, sogar belohnen. Es gibt auch besonders günstige Fälle, wenn ein präventives Gut, für das eine stärkere Nachfrage besteht, dazu benutzt werden kann, die Inanspruchnahme eines anderen zu fördern. Die mit Insektiziden imprägnierten Moskitonetze, deren Verteilung in den Entbindungsstationen es erlaubt hat, den Rückgriff auf Präventivbehandlungen zu steigern, sind so ein Fall; heute werden sie bei den Impfkampagnen gegen Masern verteilt.

Längerfristig ist es sehr wichtig, sich um Aufklärung und Sensibilisierung zu bemühen. Hier ist die Glaubwürdigkeit der Regierung ein kritischer Punkt, da die Information ohne weiteres angenommen werden muss. Doch die Regierungen neigen dazu, ihre eigene Glaubwürdigkeit zu verspielen, indem sie sie dazu benutzen, unrealistische Ziele zu verfolgen (wie im Fall der Sterilisierung in Indien). Sich auf einfache Botschaften zu konzentrieren, die eine realistische Lösung aufzeigen, ist unabdingbar, wenn man die Verhaltensweisen verändern möchte.

Es ist somit möglich – und offensichtlich gar nicht so schwer –, den Ärmsten der Armen einen besseren Zugang zu qualitativ guten Bildungs- und Gesundheitssystemen zu verschaffen. Zahlreiche Initiativen zeigen, dass Interventionen, die wenig kosten (Lesekurse, Wurmkuren, Verteilung von Linsen zur Förderung der Impfung, Verbreitung klarer Informationen über die Infektionsraten mit HIV), bei der Bekämpfung des Analphabetismus und des Auftretens bestimmter Krankheiten spektakuläre Wirkungen erzielen können.

Diese Einzelerfolge stehen in einem erstaunlichen Gegensatz zu der armseligen Vorstellung, die die Einrichtungen im Schul- und Gesundheitswesen insgesamt abgeben. Wenn es einem jungen Menschen, der gerade vom Gymnasium abgegangen ist, möglich ist, einem Kind innerhalb weniger Wochen das Entziffern der Buchstaben beizubringen, weshalb verbringen dann so viele Kinder fünf Jahre in der Schule, unter der Obhut ausgebildeter Lehrer, ohne lesen zu lernen? Und wenn ein Kilo Linsen die Impfrate um das Siebenfache multipliziert, wie kommt es dann, dass jedes Jahr 20 Millionen Kinder nicht geimpft werden?

Dieses systematische Versagen scheint hauptsächlich zwei Gründe zu haben: Der erste besteht in einer gewissen Untätigkeit der Politik in Sachen Bildung und Gesundheit. Innovationen kommen selten von den Regierungen oder den internationalen Organisationen und weit öfter von den NGOs. Die Systeme bleiben tendenziell, wie sie sind, selbst wenn eine Regierung bereit ist, die Mittel stark aufzustocken, wie dies vor fünf Jahren in Indien der Fall war. Denn sie bietet dabei im Allgemeinen »mehr vom Gleichen« an (mehr Schultafeln, mehr Lehrer, mehr Krankenschwestern, mehr Medikamente etc.), obwohl alles darauf hinzudeuten scheint, dass sowohl bei der Bildung als auch bei der Gesundheit diese Interventionen im Prinzip nichts bringen.

Das mexikanische Programm PROGRESA stellt ein besonders interessantes Gegenbeispiel dar: Die Zahlung von Sozialleistungen an eine Reihe von als wünschenswert betrachteten Verhaltensweisen zu knüpfen (Anmeldung an eine Schule, Prävention und Impfungen) war eine neue und umstrittene Idee, als die Mannschaft von Santiago Levy dieses Projekt ausgearbeitet hat. Aber seine Entschiedenheit und die Unterstützung von Präsident Zedillo haben zusammen mit der Notwendigkeit, die in Mexiko damals bestand, ein zu komplexes System der Sozialhilfe abzulösen, es möglich gemacht, ein Pilotprojekt zu starten. Dank seiner Transparenz kann das Experiment PROGRESA als ein voller Erfolg betrachtet werden: Die Zunahme der Einschulungen und die Verbesserung der Gesundheit der Kinder waren so groß, dass sie den Nachfolger von Präsident Zedillo dazu ermutigten, das Programm beizubehalten und auszuweiten, und Dutzende anderer Staaten zur Nachahmung anregten. Doch obwohl PROGRESA effizient ist, hat es als Bildungsprogramm eine sehr ungünstige Kosten-Nutzen-Relation, wenn man es mit anderen Maßnahmen vergleicht, die das Ziel haben, den Schulbesuch zu fördern. Die Popularität von PROGRESA belegt das Interesse der Regierungen an einem Programm, dessen Erfolg, mag er auch bescheiden sein, klar erwiesen ist. Es gibt daher gute Gründe zu glauben, dass die Ausarbeitung einer auf Innovation und Evaluierung setzenden Politik innerhalb der Regierungen der Entwicklungsländer die allgemeine Anwendung von Programmen, deren Effizienz zuvor nachgewiesen wurde, fördern könnte. Zahlreiche Regierungen wollen etwas tun, um die Gesundheits- und Bildungssysteme zu verbessern, verfallen dann aber mangels guter Ideen in Untätigkeit. Dennoch spricht alles für die Annahme, dass, wenn es solche gibt, die Staaten bereit wären, sie umzusetzen.

Der zweite Grund stimmt einen hinsichtlich der Möglichkeit von Reformen pessimistischer: Die staatlichen Bildungs- und Gesundheitssysteme sind heute in einem beträchtlichen Ausmaß das Produkt der Phantasie von Bürokraten und Experten, die weder einen direkten Zusammenhang mit den Bedürfnissen der Leute noch mit den tatsächlichen Gegebenheiten vor Ort haben. So erhebt die Schule, die sich einer breiten und durchmischten Bevölkerung geöffnet hat, noch immer den Anspruch, eine Elite auszubilden. Die meisten Kinder fallen dabei bereits mit ihrem Eintritt in die erste Klasse unter den Tisch. Insofern der Lehrer nur für die Leistungen der Besten honoriert wird, ignoriert er die anderen. Der Mehrheit das Lesen beizubringen, ist nicht sein Ziel, denn die Kinder wären, selbst wenn sie lesen können, immer »unter Niveau«. Die Gesundheitszentren sind leer, da die Klientel es vorzieht, für private, potenziell gefährliche Behandlungen zu bezahlen, und die Krankenschwestern sich dafür entscheiden, lieber zu Hause zu bleiben als vergeblich zu versuchen, die Unzahl von Aufgaben zu erfüllen, die man ihnen auferlegt.

Ohne eine bessere Definition dessen, was die Gesellschaft von ihnen erwartet, und ohne eine auf diese Prioritäten ausgerichtete generelle Neustrukturierung wird sich keine Verbesserung der Bildungs- und Gesundheitssysteme einstellen können. Alles zu versprechen und nichts zu realisieren, kann nur Desinteresse erzeugen – sowohl bei den Empfängern der Leistungen als auch bei denjenigen, die diese erbringen –, während eine klare Botschaft dazu beitragen kann, sie zu motivieren. So finden die Lehrer von Seva Mandir Gefallen an den Fotoapparaten, die ihre Anwesenheit bestätigen (trotz der Zwänge, die sie ihnen auferlegen), da sie ihnen helfen, dem Dorf zu vermitteln, dass es für sie Vorrang hat, in der Schule zu sein. Hingegen verschleißen die Krankenschwestern ihre Kräfte, ihre Glaubwürdigkeit und schließlich auch ihre Motivation bei der vergeblichen Suche nach Frauen, die bereit sind, sich sterilisieren zu lassen. Dieser Prozess ist in Bezug auf die Gesundheit gravierender, aber wenn nichts getan wird, um die Qualität der Schule zu verbessern, ist stark zu vermuten, dass das Schulsystem denselben Weg einschlagen wird wie das Gesundheitssystem und dass die Eltern ihm ihr Vertrauen entziehen werden. Die Probleme aufzuzeigen, vor denen diese Bereiche stehen, und die Tatsache zu unterstreichen, dass die meisten Schwierigkeiten nichts mit der internationalen Hilfe zu tun haben (die alle Welt so gerne verteufelt), ist kein gutes Rezept, um sich bei den Bürokraten in den Entwicklungsländern beliebt zu machen. Dennoch ist dies die Grundvoraussetzung für jede echte Reform. Die Sache ist der Mühe wert: Es bleibt noch unendlich viel zu tun.

2. Teil
Politik der Autonomie

Einleitung

Vor dem Hintergrund des Pessimismus hinsichtlich der Leistungen der internationalen Hilfe und, allgemeiner, der Bemühungen, den Ärmsten der Armen zu helfen, haben die Akteure des Kampfs gegen die Armut sich einem neuen Motto verschrieben: »Überlasst den Kampf gegen die Armut den Armen!« Gegen dieses allgemeine Prinzip, dass jeder das Recht haben müsste, die Kontrolle über sein eigenes Dasein zu haben, lässt sich natürlich schwerlich etwas sagen. Aber dieses Recht macht nur dann Sinn, wenn es mit der Fähigkeit einhergeht, diese Kontrolle ausüben zu können, und das bedeutet unter anderem, Zugang zu qualitativ guter Bildung und zu brauchbaren Gesundheitsdiensten zu haben.

Der »Verantwortlichkeitsdiskurs« entlässt den Staat aus dieser Verantwortung. Aus dieser Sicht muss sich die staatliche Politik damit begnügen, den Armen die Mittel an die Hand zu geben, die sie betreffenden Entscheidungen selbst zu treffen: Die Rolle des Staates besteht nicht darin, Zuwendungen zu verteilen, auf die die Armen passiv warten. Seine Aufgabe bestehe nunmehr darin, die Entstehung und das Funktionieren der Märkte und einer lebendigen lokalen Demokratie zu erleichtern. Folglich ist es an den Armen, Mittel zur Selbsthilfe zu finden, sei es individuell, indem sie die Projekte realisieren, die ihnen am Herzen liegen, sei es kollektiv, indem sie entscheiden, welche öffentlichen Güter ihr Dorf braucht, und indem sie dabei auf eine gute Qualität dieser Dienste achten.[1] Den Zugang zu Finanzdienstleistungen zu garantieren und die Verwaltung der öffentlichen Güter zu dezentralisieren, sind daher gemäß dem, was gegenwärtigen in Mode ist und von Unternehmern wie Pierre Omidyar, dem Gründer von eBay, »Entwicklungshilfeskeptikern« wie William Easterly, aber auch von dem Erfinder des Mikrokredits, Mohammed Yunus, propagiert wird, die beiden Eckpfeiler des Kampfs gegen die Armut.

Nach anfänglichem Widerstand haben die Regierungen der Ent-

1 Diese Ideen wurden entwickelt in Abhijit Banerjee und Esther Duflo, »Mandated Empowerment: Handing Anti-Poverty Policy Back to the Poor?«, in: *Reducing the Impact of Poverty on Health and Human Development*, 2008, Annals of New York Academic Sciences, Bd. 1136, S. 333-341.

wicklungsländer diese Ideen weitgehend übernommen. So hat die indische Regierung im Haushalt 2003-2004 eine staatliche Krankenversicherung eingeplant. Für einen Beitrag von elf Dollar pro Jahr, der ganz leicht subventioniert wurde (die Regierung bezahlte einen Zuschuss von zwei Dollar pro Jahr zusätzlich zu den elf Dollar der Familie), konnte eine Familie unterhalb der Armutsschwelle eine Krankenversicherung abschließen, die maximal 600 Dollar pro Jahr abdeckt. Der Mikrokredit gehört fortan zu den Basisinstrumenten der Armutsbekämpfung: Das Programm zur Förderung der Kleinbauern in Indonesien, das von dem mexikanischen Präsidenten Calderon aufgelegte staatliche Programm zur Finanzierung von Kleinunternehmern sowie die *Self Help Groups* in Indien sind nur einige Beispiele unter hunderten von staatlichen, halbstaatlichen oder privaten Programmen, die armen Kleinunternehmern Mikrokredite (zwischen 100 und 1 000 Dollar) anbieten. Diese sind keine Geschenke: Die Zinsen sind hoch (bis zu 5 Prozent pro Monat), und die allwöchentlichen Treffen, bei denen die Rückzahlung erfolgt, sind obligatorisch. Trotzdem sind die Konditionen wesentlich besser als auf dem freien Markt, und man hofft, dass diese Kleindarlehen, indem sie in den Armen den Unternehmergeist erwecken, eine positive Dynamik von wachsendem Wohlstand und Sparen in Gang bringen können. Zuletzt versuchen einige Staaten die Bewirtschaftung der lokalen öffentlichen Güter an die Allgemeinheit zu delegieren. *Sarva Siksha Avyan*, ein bundesstaatliches Programm zur Verbesserung des Unterrichts in Indien, sieht vor, dass Schulräte die Aufgabe übernehmen, die Lehrer einzustellen, zu überwachen und nötigenfalls zu entlassen; in Indonesien stellt das *Kecamatan Development Program* den Kommunen Gelder zum Aufbau ihrer eigenen Infrastrukturen zur Verfügung; in Brasilien, Indien, Osttimor und anderswo vervielfachen sich die gewählten Dorfräte und werden mit immer mehr Verantwortlichkeiten betraut.

All diesen Programmen ist die Idee gemeinsam, dass die Armen sich selbst helfen müssen: Sie müssen für ihre Krankenversicherung bezahlen, anstatt mit kostenlosen Behandlungen rechnen zu können, wie ein Franzose, der von CMU[2] profitiert, oder ein

2 In Frankreich existiert seit dem 1. Januar 2000 die so genannte *Couverture de maladie universelle* (CMU), die denjenigen einen vollen Versicherungsschutz gewährt, die ansonsten keinen haben. Damit verfügen in Frankreich alle Staatsbürger über einen Zugang zu einer Absicherung im Krankheitsfall (Anm. der Übers.).

Amerikaner, der in den Genuss von Medicaid[3] kommt (oder wie es das indische Gesundheitssystem ursprünglich vorsah). Sie müssen jede Woche genug Geld zusammenbringen, um ihren Mikrokredit bei den obligatorischen Treffen zurückzuzahlen. Sie müssen sich in der Lokalpolitik engagieren, den Bau von Straßen überwachen, ein Auge auf die Lehrer haben, aufpassen, dass nichts gestohlen wird etc. Dabei wird vorausgesetzt, dass selbst die Ärmsten der Armen sowohl in der Lage als auch willens sind, all diese Aufgaben zu erfüllen, wenn man ihnen einen kleinen Anschub gibt und ein günstiges Umfeld gewährleistet. John Hatch, der Gründer von FINCA, ein sehr bedeutendes Mikrofinanzinstitut in Lateinamerika, spricht genau das aus: »Eröffnet den ärmsten Kommunen gute Möglichkeiten und lasst ihnen dann freie Bahn!« Die Weltbank sagt nichts anderes: »Wenn es sich lohnt, werden die Kommunen das Problem in die Hand nehmen.«[4]

Die Vorstellung, dass jeder arme Mensch von Natur aus ein Unternehmer ist, wurde unter anderem von Mohammed Yunnus und Hernando de Soto populär gemacht. Gemäß Letzterem[5] bleiben die Armen arm, weil sie keine Besitzurkunde für ihr Haus haben (das oft das einzige wertvolle Gut ist, das sich in ihrem Besitz befindet) und sich so dieser nicht bedienen können, um ein Darlehen abzusichern. Diese Überzeugung hat den Kapitalisten und Bankern im Bereich der Armutsbekämpfung einen großen Handlungsspielraum eröffnet. Die Idee eines »Win-win-Programms«, bei dem man sich Geld in die eigene Tasche steckt, indem man einer Frau hilft, die Unternehmerin, die in ihr schlummert, zu entdecken, ist sowohl für die Kapitalisten attraktiv (was gibt es Besseres, als sich Gutes zu tun, indem man Gutes tut?) als auch für die Politiker, denen sie die Möglichkeit vorspiegelt, mit wenig Aufwand die Armut zu beseitigen.

Ebenso hat die Vorstellung, dass man die Probleme von Korruption und schlechter Gouvernanz, welche die staatlichen Dienste unterminieren, ein für alle Mal lösen könnte, wenn man nur den

3 *Medicaid* (Medical Assistance) ist ein Gesundheitsfürsorgeprogramm in den USA. Es wird weitgehend aus Steuermitteln finanziert; der Erhalt von Leistungen ist an eine Prüfung der Bedürftigkeit geknüpft (Anm. der Übers.).

4 World Bank Development Report 2004, »Making Services Work for Poor People«.

5 Hernando de Soto, *Freiheit für das Kapital. Warum der Kapitalismus nicht weltweit funktioniert*, Berlin: Rowohlt, 2002.

Armen die Kontrolle über die Dinge vor Ort gäbe, den verführerischen Aspekt einer Patentlösung. Die Dorfbewohner haben ein Interesse daran, dass öffentliche Gelder sinnvoll ausgegeben werden, und sie verfügen, indem sie vor Ort sind, über die notwendigen Informationen, um dem Missbrauch entgegenzutreten und die, die sich schuldig machen, zu bestrafen. Zu dezentralisieren, indem man die Bevölkerung selbst entscheiden lässt, von welchen Dienstleistungen sie profitieren möchte und welche Personen mit deren Ausführung beauftragt werden, müsste somit eine Eindämmung der Korruption erlauben und gewährleisten, dass die öffentlichen Ausgaben sich an den tatsächlichen Bedürfnissen orientieren.

Doch sind wir nach dem Scheitern der »traditionellen« Programme (eine Feststellung, die an sich schon differenziert werden sollte) in der Lage, die Effizienz dieser Modelle zu beweisen? Haben wir Daten, die belegen, dass die Armen in den Startlöchern stehen, bereit, die Verantwortung für ein Unternehmen und die Lokalpolitik zu übernehmen, sobald man ihnen die Mittel dafür an die Hand gibt? Seltsamerweise waren trotz der Popularität der Mikrofinanz (im weitesten Sinne verstanden als Zugang zu unterschiedlichen Finanzdienstleistungen) bis in die jüngste Zeit keine gründlichen und unabhängigen Wirkungsstudien verfügbar. Was die Dezentralisierungsdiskussionen anbelangt, so bleiben diese oft allgemein und abstrakt und vermeiden es, sich in die Niederungen der Detailfragen zu begeben, als seien diese ihrer unwürdig. Und dennoch sind ebendiese Detailfragen für denjenigen, der die Funktionsweise (und natürlich auch das Nicht-Funktionieren) der Institutionen verstehen möchte, grundlegend. Wer nimmt an den Treffen teil? Wer entscheidet? Birgt die Dezentralisierung das Risiko, in die Tyrannei zu führen, sei es nun der Mehrheit oder einer Elite? Allgemeiner gesagt, kann man den Armen die Schalthebel für ihre gesamte Existenz anvertrauen (von ihrer ökonomischen Aktivität bis zur Verwaltung ihrer Dörfer), ohne gleichzeitig Gefahr zu laufen, sie mit den Problemen, die sie bedrängen, alleine zu lassen?

Dieses Buch stützt sich auf einen Komplex neuerer Arbeiten, die zumeist in den letzten fünf Jahren erstellt wurden und auf all diese Fragen zu antworten versuchen. Diesen Arbeiten ist gemeinsam, dass sie die Methode des Experiments verwenden, deren Gebrauch sich seit ungefähr zehn Jahren in der Entwicklungsökonomie eingebürgert hat. Diese extrem fruchtbare Methode, die sich an klinische Studien in der Medizin anlehnt, besteht, wie im 1. Teil des Buches dargelegt, darin, zwei Gruppen, die nach dem Zufallsprinzip gebildet wurden, zu vergleichen, wobei die eine einer bestimmten Politik unterzogen wird und die andere nicht. Um den Effekt des Mikrokredits zu messen, wurde zum Beispiel in Zusammenarbeit mit der indischen Organisation Spandana eine Untersuchung gemacht, die darin bestand, die Zahl der Unternehmensgründungen, den Konsum der Haushalte und ihre Gesundheits- und Bildungsausgaben in 52 Bezirken, in denen diese tätig ist, mit denselben Variablen in 52 Bezirken, in denen sie nicht vertreten ist, zu vergleichen. Spandana hat nach dem Zufallsprinzip die 52 Bezirke ausgewählt, in denen ihre Mikrokredit-Aktivitäten lanciert werden sollten, was die Gewähr dafür bot, dass diese 104 Bezirke untereinander vergleichbar sind. Man hat so die Gewissheit, dass die zwei Jahre nach der Intervention von Spandana zu beobachtenden Unterschiede zwischen diesen beiden Gruppen sich dem Mikrokredit verdanken und nicht immanenten Differenzen. Alle in diesem Buch beschriebenen Arbeiten bringen irgendwann den Zufall ins Spiel, um strikt vergleichbare Gruppen zu bilden oder zu vergleichen, die jedoch unterschiedlichen Interventionen ausgesetzt werden.

Diese Methode, die kreativ und in enger Zusammenarbeit mit Partnern vor Ort angewendet wird, gestattet uns, die grundsätzliche Frage zu beantworten: »Erlaubt der Mikrokredit eine Verringerung der Armut?« Darüber hinaus stellen diese Studien auch heraus, was hier funktioniert und weshalb. Dieser Korpus von Arbeiten und Untersuchungen gibt uns die Möglichkeit, die Stärken und Schwächen der Mikrofinanz besser als jemals zuvor zu erfassen. Den experimentellen Ansatz auf Fragen der Gouvernanz anzuwenden, ist noch neuer. Indem ihn sowohl Ökonomen als auch Politologen benutzen, hat er den politischen Diskurs bereits tief greifend verändert, da er uns zwingt, nicht mehr theoretisch und allgemein nach der Struktur der Institutionen zu fragen, sondern spezifisch und konkret. All diese Arbeiten werden uns erlauben herauszufinden, ob der Zugang zu Finanzdienstleistungen und lokaler Entscheidungsgewalt der Schlüssel zu einem effizienten und nachhaltigen Kampf gegen die Armut ist, bei dem die Initiative den Armen überlassen wäre.

3. Kapitel
Die Mikrofinanz auf dem Prüfstand

In den 50er und 60er Jahren stellte der Zugang der Ärmsten der Armen zu einem Kredit in zahlreichen Entwicklungsländern eine wichtige politische Priorität dar. In Indien zum Beispiel mussten die Banken (die zweimal verstaatlicht wurden, 1969 und 1980), die in einer Stadt eine neue Filiale eröffnen wollten, vier in ländlichen, noch nicht abgedeckten Regionen aufmachen. Diese neuen staatlichen Banken gewährten unter der Ägide des *Integrated Rural Development Programme* den Bauern subventionierte Kredite.

Seit Ende der 70er Jahre wichen diese Initiativen einem starken Pessimismus, der durch die große Zahl an unterbliebenen Rückzahlungen, die diese Einrichtungen in ein Finanzgrab verwandelte, ausgelöst wurde. Eine Analyse des indischen Programms hat gezeigt, dass die Bank drei Dollar aufwenden musste, um einem Armen eine Erhöhung seines Konsums um einen Dollar zu erlauben.[1] Nach dieser Rechnung wäre es zweifellos besser gewesen, diesen Dollar gleich zu verschenken, anstatt so zu tun, als würde man ihn verleihen! Außerdem sind diese Darlehen, die somit nicht wirklich zurückzuzahlen waren, in den Blickpunkt der Politiker und von weniger armen Bauern gerückt, die sie zunehmend abgriffen. Die staatlichen Banken vergaben in Wahljahren mehr Darlehen als sonst, vor allem in den Regionen, wo die Wahlen sehr knapp waren, ohne dass sich die landwirtschaftliche oder industrielle Produktion dadurch irgendwie gesteigert hätte.[2] 1991, als das Scheitern des subventionierten Kreditprogramms eingestanden wurde, hob Indien die Vorschrift auf, die von den Banken verlangt hat, sich auf dem Land niederzulassen.

Die Schwierigkeit der Regierungen, den Allerärmsten Geld zu leihen (die bei weitem nicht auf Indien beschränkt ist), steht in ei-

1 Robin Burgess und Rohini Pande, »Can Rural Banks Reduce Poverty? Evidence from the Indian Social Banking Experiment«, in: *American Economic Review*, 95 (3), Juni 2005, S. 780-795.

2 Shawn Cole, »Fixing Market Failures or Fixing Elections? Elections, Banks and Agricultural Lending in India«, in: *American Economic Journal: Applied Economics*, 1 (1), Januar 2009, S. 219-250.

nem erstaunlichen Gegensatz zur Existenz eines höchst lebendigen informellen Kreditmarktes, der vom Dorfwucherer über Gelder, die sich Nachbarn gegenseitig leihen, bis zu »Tontinen«[3] reicht. All diese informellen Systeme, die, insofern sie nicht den Status legaler Verträge haben, nicht durch das Gesetz oder die Ordnungsmacht abgesichert werden können, funktionieren dennoch dort, wo das legale System erbärmlich gescheitert ist. Konnte man sich nicht von ihrem Erfolg und einigen ihrer Methoden inspirieren lassen, um den Armen etwas zu leihen?

Das ist genau das, was der Revolution des Mikrokredits so brillant gelungen ist. 1976 hat Mohammed Yunnus die Grameen Bank gegründet, indem er sein eigenes Gehalt dazu benutzt hat, einigen Frauen in Dhaka in Bangladesch Geld zu leihen. Heute stellt der Mikrokredit ein weltweites Phänomen dar, mit 150 bis 200 Millionen Kunden, einem Umsatz von 20 Milliarden Dollar und sehr hohen Rückzahlquoten, oft über 95 Prozent. Institutionen wie ADIE in Frankreich sowie die Grameen-Stiftung und Accion in den USA haben dieses Konzept in die reichen Länder importiert.

Der Mikrokredit ist heute wohl die am höchsten gepriesene Maßnahme gegen die Armut. Man spricht zuweilen von den zwei »Brüsten« des Mikrokredits, der geschäftlichen Seite (die meisten Mikrokredit-Agenturen verstehen sich als finanziell unabhängig) und der sozialen Seite (das ausdrückliche Ziel dieser Institutionen ist, ihren Kunden zu helfen, der Armut zu entkommen). Diese Bewegung erzielte in beiden Bereichen bedeutende Erfolge. 2006 haben Mohammed Yunus und die Grameen Bank den Friedensnobelpreis erhalten. 2008 ist Compartamos, ein mexikanisches Mikrokreditinstitut, mit Erfolg an die Börse gegangen und erzielte einen Gewinn, der eines technologischen Start-up-Unternehmens würdig gewesen wäre (was allerdings den Zorn von Mohammed Yunus erregte, der der Meinung ist, dass dessen Zinssätze und Gewinne zu hoch sind, so dass man von einem »neuen Wucherer« sprechen kann). Heute wollen die Mikrokreditinstitute mehr als nur Kreditgeber sein und sich in Mikrofinanzinstitute transformieren (daher ihr Akronym MFI), indem sie ihren Kunden auch Sparprodukte, Immobiliendarlehen oder Versicherungspolicen anbieten.

3 Dabei handelt es sich um ein System, bei dem eine Gruppe von Frauen jede Woche oder jeden Monat in eine Gemeinschaftskasse einzahlt, von der bei jedem Treffen eine von ihnen profitiert.

Die Erwartungen an den Mikrokredit gehen entsprechend seiner außerordentlichen Expansion weit über das hinaus, was man sich von einer Finanzdienstleistung erhoffen kann. Die Koexistenz der beiden »Brüste« gab Anlass, auf die Entstehung einer »Win-win-Situation« zu spekulieren, welche die kollektive Spendenbereitschaft nichts kosten würde, unbegrenzt recycelt werden könnte und den Armen die Mittel verschaffen würde, ihren Verhältnissen kraft ihrer eigenen Energie zu entkommen. Die Website der CGAP, der Agentur der Weltbank, welche die Finanzierung der Mikrokredite weltweit koordiniert, verspricht so Auswirkungen auf die Bildung, die Gesundheit, die Macht der Frauen etc. Doch der Wind dreht sich und bläst kräftig in die Gegenrichtung. Die Medien, die ehedem den Mikrokredit in den höchsten Tönen lobten, verbreiten nun Dokumentationen oder Artikel, die die zu hohen Zinsen, die Überschuldung der Kunden und die fehlende Verbesserung ihres täglichen Lebens anprangern. Diese Debatte speist sich wie viele Armutsdiskussionen mehr aus Emotionen und Anekdoten denn aus Reflexionen und konkreten Fakten.

Die in letzter Zeit dank zahlreicher Studien gesammelten Beobachtungen ermöglichen es uns jedoch, ein umfassenderes und notwendig nuancierteres Bild zu zeichnen.

Armut und Kreditzugang

Ökonomische Analyse des Kreditmarkts

Die ökonomische Analyse macht bei jedem Kreditmarkt zwei Hauptprobleme aus: das moralische Risiko (wenn der Kreditnehmer sich schlecht verhält) und die Antiselektion (wenn der Kreditnehmer über Informationen verfügt, die er dem Kreditgeber vorenthält). Diese beiden Phänomene versperren den Ärmsten der Armen den Zugang zu einem Kredit zuweilen vollkommen, und selbst wenn sie sich Geld leihen können, bringen diese Probleme für die Armen höhere Zinsen mit sich als für die Reichen. Dieser Sachverhalt schafft potenziell ein drittes Problem: Haben die Armen Projekte, die rentabel genug sind, um die hochverzinslichen Darlehen zurückzuzahlen?

Der Begriff des moralischen Risikos bezeichnet eine Konstellation, bei der sich der Kreditnehmer bewusst schlecht verhält. Zum Beispiel realisiert er das Projekt, zu dem er sich verpflichtet hat, nicht, oder er zahlt, selbst wenn das Projekt realisiert wird und genügend Geld abwirft, sein Darlehen nicht zurück. Betrachten wir das letzte Beispiel genauer: Stellen wir uns vor, ein Individuum erwirbt dank eines Kredits ein Unternehmen. Dann könnte es dieses Gut wieder verkaufen, selbst billiger, und verschwinden, indem es das geliehene Geld einstreicht, ohne es jemals zurückzuzahlen (und dabei natürlich Gefahr läuft, verfolgt zu werden und alles zu verlieren). Die Versuchung, ein falsches Spiel zu spielen, ist umso größer, je höher der Anteil des geliehenen Kapitals ist, da der Kreditnehmer nur den Verlust des Kapitals, das er selbst eingesetzt hat, erleidet. Der Extremfall ist der, bei dem die Bank das gesamte Kapital gestellt hat und der Kreditnehmer folglich keinerlei persönlichen Verlust erleidet. Um diese Situation zu vermeiden, muss die Bank deshalb verlangen, dass der Kreditnehmer einen genügend hohen Teil des zu investierenden Kapitals aufbringt, so dass im Falle eines Weiterverkaufs und einer Flucht die persönlichen Verluste des Kreditnehmers höher wären als der Betrag, den er der Bank schulden würde, wenn er sich zur Rückzahlung entschließen würde. Nach einer bekannten Lebensweisheit, wonach man nur den Reichen etwas leiht, kann ein künftiger Unternehmer daher nur ein Mehrfaches des Reichtums leihen, den er bereits hat, und der Maximalbetrag des Darlehens hat nichts mit der Qualität seines Projekts zu tun.

Die Dinge komplizieren sich noch weiter, denn um ein Darlehen zu verwalten, muss die Bank auch Mittel aufwenden (Personal, Bearbeitungskosten etc.). Ein Teil dieser Kosten ist unabhängig vom geliehenen Betrag: Für jeden Kredit muss ein Angestellter eine Akte anlegen, den Kunden treffen, sein Projekt begutachten, seine Tätigkeit mit verfolgen, seine Rückzahlungen überwachen etc. Damit die Bank kein Geld verliert, müssen diese Kosten über die Schuldzinsen gedeckt werden. Die Allerärmsten, die wenig leihen, müssen damit proportional höhere Zinsen bezahlen. Doch das vergrößert die Versuchung, nicht zurückzuzahlen, was wiederum den Maximalbetrag, den sie leihen können, verringert und damit indirekt zu einer weiteren Erhöhung der Zinsen führt. Genau so kann es auf dem Kreditmarkt zu einem kompletten Ausschluss der Ärmsten kommen: Für sie ist die Spirale von Zinssatz und möglichem Maximalbetrag endlos.

Diese Überlegungen legen bereits jetzt zwei Gründe für den Erfolg der Mikrofinanz nahe. Zunächst hat die Verringerung der Verwaltungsgebühren für Darlehen einen Multiplikatoreffekt: Sie erlaubt eine Senkung der Zinssätze, was die Versuchung, nicht zurückzuzahlen, verringert, was wiederum zu einer neuerlichen Zinssenkung führt. Damit wurde es möglich, den Kreditmarkt für eine vordem ausgeschlossene Bevölkerungsgruppe zu öffnen. Sodann hat das Zwangssparen (sofern es vom Gesetz erlaubt ist) den Kunden geholfen, Rücklagen zu bilden, die als Hypotheken dienen und damit den Betrag, den sie zu leihen vermögen, erhöhen können, und das bei einer gleichzeitigen Senkung der Zinsen.

Diese einfache Analyse erlaubt uns, Licht in die Kontroverse zwischen Mohammed Yunus und Compartamos in Bezug auf die von den mexikanischen Kreditnehmern bezahlten Zinssätze zu bringen (ungefähr 75 Prozent und damit bei weitem mehr als die 30 Prozent, die Yunus für akzeptabel erachtet). Die von Compartamos erhobenen Zinssätze ähneln tatsächlich denen anderer mexikanischer Institute. Der Grund, der zur Rechtfertigung dieser hohen Zinsen genannt wird, lautet nun genau, dass die Verwaltungskosten in Mexiko hoch sind, da es sich um ein Land mit mittleren Einkommen handelt, in dem die Angestellten recht gut bezahlt werden. Wenn Compartamos zu geringeren Zinssätzen Geld verleihen wollte, müsste es Kleinstkredite vermeiden und so die ärmsten Kunden ausschließen. Die hohen Zinsen sind damit für das Institut paradoxerweise das einzige Mittel, um die Einbeziehung von mehr Menschen zu gewährleisten.[4]

Die Antiselektion ist das zweite Hindernis, das den Zugang der Allerärmsten zu einem Kredit einschränken kann. Sie bezeichnet den Sachverhalt, dass der Kreditnehmer Informationen besitzt, die er dem Kreditgeber vorenthält, zum Beispiel zur Tragfähigkeit oder zu den Risiken seines Projekts. Aus dem einen oder anderen dieser Gründe stellen manche Unternehmer ein größeres Risiko dar als andere. Wenn die Bank diese »Risiko«-Kreditnehmer nicht zu identifizieren vermag, hat sie keine andere Wahl, als alle denselben Zinssatz bezahlen zu lassen, um eventuelle Verluste auszugleichen, und ihre Zinssätze zu erhöhen, die dann auch die zuverlässigen Kredit-

4 Carlos Danel und Carlos Labarthe, »A Letter to our Peers«, einzusehen auf der Internetseite der auf den Mikrokredit spezialisierten Compartamos Bank: ⟨www.compartamos.com⟩.

nehmer zu tragen haben. Paradoxerweise verstärkt diese Erhöhung ihrerseits die Ausfallrisiken und impliziert, dass die Bank weniger und zu höheren Zinsen verleiht; diese Erhöhung kann so die absolut sicheren Kreditnehmer abschrecken, was die Bank dazu führt, die Sätze nochmals anzuheben. Auf diese Weise kann sich eine Endlosspirale entwickeln: Obgleich der Mechanismus anders ist, befindet man sich erneut in einer Situation, in der die Ärmsten der Armen vom Kreditmarkt völlig ausgeschlossen sind und in der für diejenigen, die Geld aufnehmen können, die Zinsen sehr hoch sind.

In diesem Fall kann ein Kreditgeber die Kreditbedingungen verbessern, indem er über seinen künftigen Kunden mehr Informationen einholt. Das verursacht neuerlich Fixkosten, die mit der Beziehung zwischen der Bank und dem Kunden verbunden sind und nicht mit einem speziellen Darlehen. Wenn diese Kosten anlässlich des ersten Darlehens einmal bezahlt wurden, kann die Bank diesem Kunden leichter einen Kredit einräumen, der von daher dazu neigt, sich bei ihr wiederholt Geld zu leihen. Aber wenn alle so verfahren, sind die Kreditnehmer, die einen neuen Kreditgeber suchen, entweder Neukunden oder Kreditnehmer, die von einem anderen Kreditgeber abgewiesen wurden, weil sie vielleicht einen Kredit nicht zurückbezahlt haben. Damit wird es schwierig, den Kreditgeber zu wechseln, denn wenn man dies tut, wird man suspekt. Selbst wenn die Märkte dem Wettbewerb zu unterliegen scheinen (zum Beispiel weil es eine große Zahl möglicher Kreditgeber gibt), wird jede Beziehung zwischen Kreditgeber und Kreditnehmer *de facto* zu einem Monopol, bei dem der Kreditgeber einen Kunden, der fortan an ihn gebunden ist, aussaugen kann. Eine Untersuchung in Pakistan über die Dorfwucherer hat diesen Mechanismus anschaulich aufgezeigt.[5] Wenn sich die Dorfwucherer weigern, die Kunden von anderen zu nehmen, geschieht dies nicht mit Blick auf ihre Konkurrenten, sondern weil dies nicht zu ihrem eignen Vorteil wäre. Die Dorfbewohner sind so persönlich an den Wucherer gebunden, der die (beträchtlichen) Kosten aufgebracht hat, um Erkundigungen über ihr Konto einzuholen. Er kann daher die Zinsen in astronomische Höhen treiben (manche Jahreszinsen erreichen 200 Prozent).

5 Irfan Aleem, »Imperfect Information, Screening, and the Cost of Informal Lending: A Study of a Rural Credit Market in Pakistan«, in: *The World Bank Economic Review*, 4 (3), September 1990, S. 329-349.

Die ökonomische Analyse des Kreditmarkts ist freilich nicht die einzig mögliche: Politische und soziologische Untersuchungen haben bei der Beziehung zwischen Kreditnehmer und Kreditgeber die Machtbeziehungen und die Bedeutung der Sozialstruktur dargelegt, vor allem in den traditionellen ländlichen Milieus. Gleichwohl zeigt diese Analyse gut, dass Armut Armut erzeugen kann. Selbst wenn keine politischen oder gesellschaftlichen Beschränkungen vorhanden sind, schränkt die Tatsache, arm zu sein, die Fähigkeit, seine Ideen und Projekte umzusetzen, ein und verurteilt den potenziellen Unternehmer dazu, arm und ohnmächtig zu bleiben. Zu diesem auf der Ebene des Individuums angesiedelten Mechanismus kann ein Prozess hinzukommen, der sich auf der globalen Ebene abspielt. Eine verschuldete Gesellschaft kann ein effizientes Rechtssystem und eine effiziente Struktur schaffen, so dass Kreditzentralen, indem sie Informationen über vergangene Rückzahlungen übermitteln, das Problem der Asymmetrie der Informationen begrenzen, was eine Freisetzung der Energie aller erlaubt. Doch dieses Niveau an Organisation kann für eine bitterarme Gesellschaft unerreichbar sein.

Der Kreditmarkt ist daher ein Beispiel dafür, dass sich die Armut in einem Teufelskreis selbst unterhält und verstärkt. Deshalb ist es nicht erstaunlich, dass diese Kreditmarktanalysen bei den Analysen der modernen Entwicklungsökonomie zum springenden Punkt wurden, vor allem unter dem Einfluss von Joseph Stiglitz.[6] Dies ist jedoch kein Hinderungsgrund, nach der praktischen Bedeutung der Schwachstellen dieses Marktes zu fragen, ganz im Gegenteil: Welche Rolle spielen sie?

Verringern hohe Zinsen die Nachfrage?

Die erste Konsequenz aus der Imperfektion des Kreditmarkts sind hohe Zinsen, und zwar umgekehrt proportional zum Vermögen der Kunden sowie zum geliehenen Betrag. Das könnte den Effekt

6 Joseph Stiglitz und Andrew Weiss, »Credit Rationing in Markets with Imperfect Information«, in: *American Economic Review*, 73 (3), Juni 1981, S. 393-410; Dwight Jaffee und Joseph Stiglitz, »Credit Rationing«, in: B. Friedman und F. Hahn (Hg.), *Handbook of Monetary Economics*, Amsterdam: Elsevier Science Publishers, 1990, S. 837-888; Joseph Stiglitz, »Markets, Market Failures and Development«, in: *American Economic Review*, 79 (2), Mai 1989, S. 197-203.

haben, die Armen davon abzubringen, einen Kredit aufzunehmen, wenn sie keine Projekte haben, die rentabel genug sind, um solche Zinssätze auszugleichen. Tatsächlich sind die auf dem informellen Kreditmarkt (der seit dem Scheitern der großen staatlichen Kreditprogramme den größten Teil des Bedarfs der Allerärmsten abdeckt) veranschlagten Zinsen effektiv hoch und variieren entsprechend des Vermögens des Kreditnehmers. Wir nennen nur drei Beispiele. Die bereits erwähnte Untersuchung zu den Wucherern von Pakistan zeigt, dass von einem Darlehen zum anderen der verlangte Satz von 18 bis 200 Prozent pro Jahr variieren kann, mit einem Durchschnitt von ungefähr 80 Prozent. In Chennai in Indien bezahlen die Obstverkäufer, die sich jeden Tag vom Großhändler so viel leihen, wie sie für ihren Stand pro Tag brauchen, bis zu 5 Prozent pro Tag (mehr als 54 Millionen Prozent pro Jahr!).[7] Weniger spektakulär, aber nichtsdestotrotz sehr hoch und repräsentativ für das, was informelle Unternehmen in vielen Ländern bezahlen, sind die Sätze, welche die Unternehmer von Hyderabad in Indien entrichten: im Durchschnitt 3 oder 4 Prozent pro Monat.[8]

Sind diese Zinssätze für die Armen zu hoch? Auf den ersten Blick scheint das nicht der Fall zu sein, da sie tagtäglich zu diesen Sätzen Geld leihen. Außerdem sind die Quoten derer, die nicht zurückzahlen, sehr gering. Die meisten dieser geliehenen Gelder dienen der Finanzierung einer lukrativen Geschäftstätigkeit. Es gibt somit eine Reihe von Armen, die trotz dieser hohen Zinsen Geld leihen und zurückzahlen können, was belegt, dass sie dieses Geld extrem produktiv einsetzen. Diese Beobachtung bildete den Ausgangspunkt zu der Initiative von Mohammed Yunus: Wenn die Leute in der Lage sind, zu den auf dem informellen Markt verlangten Sätzen Darlehen aufzunehmen und zurückzuzahlen, muss es möglich sein, ihnen Geld zu vernünftigeren Sätzen zu leihen und dabei gleichzeitig die hohen Rückzahlungsquoten aufrechtzuerhalten.

Allerdings haben wir nur Kenntnis von den Sätzen, die jene bezahlt haben, die sich dafür entschieden haben, Geld zu leihen, und die vielleicht nur eine sehr kleine Minderheit des potenziellen

7 Sendhil Mullainathan und Dean Karlan, laufende Arbeit.

8 Abhijit Banerjee, Esther Duflo, Rachel Glennerster und Cynthia Kinnan, »The Miracle of Microfinance? Evidence from a Randomized Evaluation«, Arbeitspapier, Mai 2009.

Reservoirs von Unternehmern darstellen. Es kann sein, dass es eine starke Heterogenität gibt und dass zahlreiche Arme sich wegen der hohen Zinsen selbst vom traditionellen Kreditmarkt ausschließen. Um dies genau zu wissen, müssten wir daher die durchschnittliche Profitabilität aller Kleinunternehmen (und ihre Schwankungen) kennen und nicht nur derjenigen, die sich für ein Darlehen entscheiden.

Ein in Sri Lanka gemachtes Experiment gibt uns über diese Frage Auskunft.[9] Ausgehend von einer Erfassung der informellen Unternehmen wurden 408 Familienunternehmen festgehalten: Es handelte sich um Läden oder kleine Werkstätten mit einem Kapital von unter 1000 Dollar und mit einem durchschnittlichen monatlichen Umsatz von 100 Dollar. Nach einer ersten Befragung bedankten sich die Wissenschaftler bei den Unternehmern mit einer Tombola, die einigen von ihnen eine Subventionierung ihrer Geschäftstätigkeit verschaffte: Manche bekamen 100 Dollar, andere 200, und die restlichen Unternehmer bildeten die Vergleichsgruppe. Nach Ausbezahlung der Subventionen haben mehrere aufeinanderfolgende Umfragewellen es gestattet, ihre Verwendung sowie ihre Auswirkung auf die Verkäufe und Gewinne zu beobachten. Diese Studie gibt uns somit Aufschluss über die durchschnittliche Rentabilität des Kapitals dieser Kleinunternehmen.

Diese erweist sich als sehr hoch. Der durchschnittliche monatliche Profit eines Unternehmens reicht von 3850 Rupien (ungefähr 38 Dollar) in der Kontrollgruppe bis 5271 Rupien (53 Dollar) bei denjenigen, die eine Subvention von in diesem Fall 100 Dollar erhalten haben. Das stellt eine sehr hohe Rentabilitätsrate des Kapitals dar, zwischen 4,6 und 5,3 Prozent pro Monat, das heißt zwischen 55 und 63 Prozent pro Jahr (damit liegt sie höher als die im urbanen Milieu erhobenen Zinssätze, die, wie wir gesehen haben, 3 oder 4 Prozent pro Monat erreichen). Hingegen sind die Unternehmen, die 200 Dollar erhalten haben, nicht rentabler als diejenigen, die 100 Dollar bekommen haben. Das ist vor allem mit der Tatsache zu erklären, dass die effektiv in die Geschäftstätigkeit investierten Summen in beiden Gruppen ähnlich hoch sind: Diejenigen, die 200 Dollar erhalten haben, haben die Hälfte dieses

9 Suresh de Mel, David McKenzie und Christopher Woodruff, »Returns to Capital in Microenterprises: Evidence from a Field Experiment«, in: *Quarterly Journal of Economics*, 123 (4), November 2008, S. 1329-1372.

Betrags für ihren Haushaltsbedarf und nicht für ihr Unternehmen verwendet. Aber dieses Ergebnis zeigt dennoch, dass mit der Größe der Geschäftstätigkeit die Rentabilität einer Kapitalinvestition rapide abnimmt: Die Absorptionskapazität dieser Kleinunternehmen ist nicht unbegrenzt.

Diese Studien beweisen uns, dass viele Arme in der Lage sind, ein Darlehen aufzunehmen und zurückzuzahlen, und dies bei relativ hohen Zinsen. Dass es den Instituten nicht möglich ist, Kredite mit niedrigen Zinsen zu vergeben und dabei gleichzeitig rentabel zu bleiben, ist mithin nicht der Grund für ihren Ausschluss aus dem Kreditmarkt. Eine in Südafrika durchgeführte Evaluierung bestätigt sinngemäß, dass selbst wenn die Zinsen schon sehr hoch sind, sie nicht hoch genug sind, um die Kunden abzuschrecken.[10] Ein Institut für Verbraucherkredite (ein ehemaliges Mikrokreditinstitut), das monatliche Zinsen erhebt, die zwischen 8 und 12 Prozent variieren, hat Kreditangebote an frühere Kunden versandt, die während der Studie keinen laufenden Kredit hatten. Anstatt des üblichen Satzes wurde ihnen aleatorisch ein Satz vorgeschlagen, der auf einem Niveau festgesetzt wurde, das relativ nahe bei dem Satz lag, der diesem Kunden im Allgemeinen gewährt wurde. Um die Kunden nicht abzuschrecken, lag der Satz – in 97 Prozent der Fälle – unter dem üblichen Satz. Die vorgeschlagene Rückzahlungsfrist des Kredits variierte vom einen zum anderen Angebot ebenfalls aleatorisch.

Im Durchschnitt haben wenige auf diese Angebote geantwortet (9 Prozent der ehemaligen Kunden). Doch auch wenn die Wahrscheinlichkeit der Kreditaufnahme steigt, wenn der angebotene Satz geringer ist (wie man es hier hätte erwarten können), greift diese Verringerung nicht sehr schnell: Ein um einen Prozentpunkt geringerer Zinssatz pro Monat lockt nur 0,3 Prozentpunkte an zusätzlichen Kunden an. Wenn die Bank so ihre monatlichen Zinsen von 8 auf 5 Prozent senken würde, würde der Anteil der Kunden, die sich für einen Kredit entscheiden, nur um einen Punkt steigen. Die Zinsen haben damit keine stark abschreckende Wirkung, es sei denn, sie werden extrem hoch: Erst ab einem Satz, der 3 Prozentpunkte über den üblichen Sätzen liegt, geht die Nachfrage deutlich

10 Dean Karlan und Jonathan Zinman, »Credit Elasticities in Less Developed Countries: Implications for Microfinance«, in: *American Economic Review*, 98 (3), 2008, S. 1040-1068.

zurück. Damit scheint diese Bank ihre üblichen Sätze auf einem Niveau festgesetzt zu haben, das, ohne die Nachfrage zu beeinträchtigen, einer Maximierung ihrer Einnahmen nahekommt.

Diese Ergebnisse könnten sich der Tatsache verdanken, dass die Mehrzahl der ehemaligen Kunden sich den Brief nicht einmal angesehen hat: Wenn sie momentan keinen Kredit wollen, werfen sie ihn sofort weg. Wenn sie einen Kredit aufnehmen wollen, regeln sie die Frage des Zinssatzes bei einem Treffen mit ihrem Bankberater. Allerdings ist zu beobachten, dass sie der vorgeschlagenen Laufzeit des Darlehens mehr Aufmerksamkeit schenken. Das scheint darauf hinzudeuten, dass die Kunden das Angebot gelesen und verstanden haben, dass aber der Zinssatz für sie kein wichtiges Entscheidungskriterium darstellt. Diese Ergebnisse geben Mikrokreditinstituten wie Compartamos scheinbar Recht, die glauben, dass es möglich ist, hohe Zinsen zu verlangen, ohne die Kunden anzuschrecken, und dass man deshalb nicht zögern darf, dies zu tun, um den finanziellen Fortbestand des Instituts sicherzustellen. Da niemand dazu verpflichtet ist, ein Darlehen aufzunehmen, ist es ihrer Meinung nach besser, die Möglichkeit zu einem Kredit mit hohen Zinsen zu eröffnen, als bestimmte Personengruppen ganz vom Markt auszuschließen.

Diese Argumentation setzt jedoch voraus, dass die Kreditnehmer die Bedeutung der Zinssätze verstehen, was nicht selbstverständlich ist. Einerseits sind die Mikrofinanzinstitute nicht immer transparent. In Indien zum Beispiel wird der ausgewiesene Zinssatz während der gesamten Laufzeit des Kredits auf das gesamte geliehene Kapital bezahlt. Wenn sich ein Kunde beispielsweise 104 Dollar leiht, zahlt er bei 52 Wochen zwei Dollar pro Woche an Kapital und 40 Cent an Zinsen zurück. Der ausgewiesene Zinssatz liegt bei 20 Prozent, doch beginnen die Klienten sofort mit der Rückzahlung des Kapitals und entrichten aufgrund dieser Tatsache kontinuierlich Zinsen für einen Betrag, den sie bereits zurückbezahlt haben. Der effektive Zinssatz, der zu der Summe hinzukommt, die zurückzuzahlen ist (das ist der Satz, den uns unsere Bank zum Beispiel für einen Immobilienkredit nennt), beträgt damit in Wirklichkeit das Doppelte des ausgewiesenen Zinssatzes. Die fehlende Transparenz bei dieser Praktik erbost die indische Zentralbank, die Institution, die mit der Regulierung der Mikrofinanz beauftragt ist. Die Mikrofinanzinstitute rechtfertigen dieses Vorgehen, indem sie entgegnen, dass es für ihre Kunden einfacher sei, jede Woche denselben Betrag zurückzuzahlen. Sicher, könnte man ihnen antworten, doch das hindert einen in keiner Weise daran, den effektiven Zinssatz auszuweisen und dabei die Form zu erklären, in der er jeden Monat bezahlt wird.

Andererseits ist der Zinssatz ein Begriff, der für die Kunden oft schwer zu fassen ist. Bei den Befragungen haben Letztere große Probleme zu sagen, zu welchem Satz sie Geld geliehen haben, es sei denn sie besitzen ein Dokument, das ihn explizit nennt. In Anbetracht dieser Schwierigkeit ist es möglich, dass die Kunden, selbst wenn sie bei Kreditangeboten aufpassen, sich nicht auf diesen Punkt konzentrieren und Nebensächlichkeiten mehr Aufmerksamkeit schenken. Um das herauszufinden, haben die Wissenschaftler, die mit der südafrikanischen Bank für Verbraucherkredite zusammengearbeitet haben, in einem Angebotsschreiben, das die Bank verschickt hat, subtile Veränderungen im Geschäftsauftritt eingeführt (in demselben Schreiben, in dem sie schon den Zinssatz und die Laufzeit variieren ließen). Der Brief enthielt entweder ein Foto oder nicht, bot manchmal eine Tombola an, bei der man ein Mobiltelefon gewinnen konnte, das Kreditangebot wurde komprimiert oder ausführlicher dargestellt, indem verschiedene Optionen aufgezeigt wurden, etc. Das erlaubt, die Art und Weise zu vergleichen, wie die Entscheidung, einen Kredit aufzunehmen, vom Zinssatz und von durch und durch äußerlichen Veränderungen der Präsentation beeinflusst wird.

Die Ergebnisse sind höchst verblüffend – und etwas beunruhigend. Insgesamt beeinflussen all diese unbedeutenden Modifikationen die Entscheidung erheblich. Manche erzielen eine größere Wirkung als andere: So erhöht das Foto einer jungen Frau die Zahl der Abschlüsse um 0,6 Prozentpunkte – das ist zweimal mehr als die Senkung der Zinsen um 1 Prozentpunkt, die zu einer Erhöhung von 0,3 Prozentpunkten geführt hat! Nebenbei bemerkt, ist interessant, dass dieses Ergebnis gänzlich den Männern geschuldet ist und dass das Foto eines Mannes auf die Frauen keinerlei Wirkung ausübt! Die Beispielrechnungen für einen Kredit schrecken die Kreditnehmer ab; sie scheinen sich unter Druck gesetzt zu fühlen: Ein konkretes Beispiel zu geben, lässt die Nachfrage um 0,6 Prozentpunkte sinken (wie eine Erhöhung des Zinssatzes um 2 Punkte pro Monat!). Das Angebot so einfach wie möglich zu präsentieren, indem man nur einen Beispielbetrag und eine Laufzeit vorrechnet, erhöht schließlich den Abschluss um 0,7 Prozent gegenüber einem komplizierteren Angebot, bei dem mehrere Optionen aufgezeigt werden.

So haben die Veränderungen, die a priori unbedeutend erscheinen, mehr Wirkung als der Zinssatz selbst. Das bedeutet, dass wir die Determinanten der Kreditnachfrage nicht adäquat erfassen, denn unsere traditionellen Modelle umfassen lediglich den Zeitraum für die Rückzahlung und den Zinssatz und nicht diese unterschiedlichen Parameter, die sich gleichwohl als entscheidend erweisen. Die Tatsache, dass die Ärmsten der Armen bereit sind, hohe Zinsen zu bezahlen, um ein Darlehen aufzunehmen, bedeutet daher nicht, dass es akzeptabel ist, sie diese bezahlen zu lassen, da sie diese Kredite nicht notwendig in voller Kenntnis der Sachlage abschließen: Alles hängt davon ab, wozu der Kredit dient – eine Frage, auf die wir später zurückkommen werden.

Verschlechtern hohe Zinsen die Kreditqualität?

Aus welchen Gründen auch immer schreckt die Zahlung hoher Zinsen eine Vielzahl von Kunden nicht ab. Aber es ist möglich, dass diese Sätze die Rückzahlungsausfälle fördern (moralisches Risiko) und Kunden anziehen, die nicht daran denken, jemals zurückzuzahlen (Antiselektion). Ist das in der Praxis der Fall? Und wenn wir feststellen, dass der Rückzahlungsausfall sich mit dem Zinssatz erhöht, ist das dann dem moralischen Risiko oder der Antiselektion geschuldet? All diese Fragen sind essenziell – sowohl für die Bank (deren Strategie sich nach den Antworten richten kann) als auch für unser Verständnis des Kreditmarkts.

Es ist schwierig, das moralische Risiko von der Antiselektion zu unterscheiden, da per Definition weder das eine noch das andere wahrnehmbar ist (wenn die Bank wüsste, wer diejenigen sind, bei denen das Risiko besteht, dass sie nicht zurückzahlen, würde sie sie abweisen). Einer höchst originellen Untersuchung desselben Teams, die wiederum in Südafrika gemacht wurde, ist es gelungen, diese verdeckten Variablen aufzudecken.[11] Das Expe-

11 Dean Karlan und Jonathan Zinman, »Observing Unobservables: Identifying Information Asymmetries with a Consumer Credit Field Experiment«, in: *Econometrica*, 77 (6), November 2009, S. 1993-2008.

riment baut auch hier auf einem Brief auf, der den Kunden unterschiedliche Zinssätze anbietet, die aleatorisch gewählt wurden. Die Forscher haben es dabei so eingerichtet, dass die Kunden, die zu höheren Zinssätzen leihen, etwas weniger zurückzahlen als die anderen, wenn diese Differenz auch nicht sehr groß war: Die Ausfallquote nach Ablauf des Kredits beträgt bei denjenigen, die zu einem hohen Zinssatz geliehen haben, im Durchschnitt 10,5 Prozent und bei denjenigen, die zu einem niedrigeren Zinssatz geliehen haben, 8,7 Prozent. Dieser Unterschied könnte mit der Antiselektion zusammenhängen (einige von denjenigen, die damit einverstanden waren, zu einem höheren Satz zu leihen, hatten von Anfang an vor, ihre Schulden nicht zurückzuzahlen). Er könnte aber auch auf die Zinssätze selbst zurückgehen, sei es aufgrund des moralischen Risikos (hohe Zinssätze erhöhen die Versuchung, nicht zurückzuzahlen), sei es aufgrund der Kreditbelastung (wenn die mit der Rückzahlung verbundene Belastung steigt, ist sie für einen in Schwierigkeiten steckenden Haushalt schwerer zu verkraften). Damit stehen wir hier vor dem altbekannten Problem der Identifizierung, bei dem wir einen Kausaleffekt (den Einfluss des Zinssatzes) von einem Selektionseffekt (denn einen Kredit aufzunehmen ist eine Entscheidung, und diejenigen, die zu einem hohen Satz leihen, sind mit denjenigen, die zu einem niedrigen Satz leihen, nicht vergleichbar) zu unterscheiden versuchen. Wir möchten gerne beide Effekte identifizieren und nicht nur den Kausaleffekt.

Die geniale Lösung, zu der die Wissenschaftler gelangt sind, besteht darin, den Zufall ein zweites Mal intervenieren zu lassen. Wenn die Kunden, die sich dazu entschlossen haben, einen Kredit aufzunehmen, zur Bank gehen, wird denjenigen, die ein Angebot mit einem niedrigen Zinssatz erhalten haben, tatsächlich dieser Satz vorgeschlagen. Einige derjenigen, die ursprünglich ein Angebot mit einem hohen Zinssatz erhalten haben, erleben jedoch eine freudige Überraschung: Der Bankangestellte teilt ihnen mit, dass das Computersystem ihn in Wirklichkeit dazu autorisiere, ihnen einen geringeren Satz anzubieten. Diese glücklichen Gewinner wurden natürlich per Zufall ausgewählt, und zwar dank einer auf den Computern der Angestellten installierten Software.

Wir haben so zwei Gruppen von Kunden, die ursprünglich unterschiedliche Angebote erhalten haben (die einen waren bereit, zu einem hohen Satz zu leihen, und die anderen zu einem niedrigen), aber letztlich zum selben Satz einen Kredit aufnehmen. Der *Ex-post*-Effekt des Zinssatzes auf die Verhaltensweisen (moralisches Risiko oder Belastung durch Rückzahlung) wird damit neutralisiert, und der Vergleich der Rückzahlungsquoten dieser beiden Gruppen von Kunden wird uns über den Antiselektionseffekt Auskunft geben. Wir haben zwei gleiche Gruppen von Kunden, die ursprünglich dasselbe hohe Angebot erhalten haben und die akzeptiert haben, zu diesem Satz ein Darlehen aufzunehmen. Aber ein Teil von ihnen leiht am Ende zu einem niedrigeren Satz. So wird hier der Selektionseffekt neutralisiert, und ein Vergleich dieser beiden Gruppen erlaubt uns, den *Ex-post*-Effekt des Zinssatzes zu isolieren. Dieses Experiment macht es so möglich, unter Ausbleiben von Antiselektion und *Ex-post*-Effekt des Zinssatzes zu einem Ergebnis zu kommen. Die Rückzahlungsquoten sind bei den Kunden, die ein niedrigeres Angebot erhalten haben, nahezu gleich wie bei denen, die, nachdem sie sich entschieden hatten, zu einem hohen Satz zu leihen, letztlich zu einem niedrigeren Satz geliehen haben (keine Antiselektion); sie liegen auch bei dieser zweiten Gruppe und der Gruppe derer, die ursprünglich einen hohen Zinssatz genannt bekamen und bei diesem blieben, sehr nahe beieinander (kein *Ex-post*-Effekt des Zinssatzes auf die Rückzahlungen).

Reicht das, um uns davon zu überzeugen, dass weder die Antiselektion noch das moralische Risiko im Rahmen des informellen Kreditmarktes ein Problem darstellen? Sicher nicht. Zunächst ist der »hohe« Zinssatz in Wirklichkeit der übliche, insofern die Bank die Zinssätze nicht zu sehr erhöhen wollte. Es ist möglich, dass diese Geschichte es der Bank bereits erlaubt hätte, diejenigen auszuschließen, die am wenigsten dazu fähig gewesen wären, zu solchen Sätzen zurückzuzahlen. Der Antiselektionseffekt ist bei einer bereits selektierten Population mit anderen Worten wohl gering. Um sich dessen sicher zu sein, müsste man dasselbe Experiment mit neuen Kunden durchführen. Sodann übersetzt sich eine Erhöhung der Zinssätze, selbst um einen Punkt pro Monat, nicht in eine erhebliche Erhöhung der mit den Rückzahlungen verbundenen Belastung. Es ist möglich, dass dies kein ausreichender Grund wäre, nicht zurückzuzahlen, vor allem wenn die Kunden in der Lage sind, dies zu tun (die hohe Ausfallquote würde sich so mit unfreiwilligen Schicksalsschlägen erklären, die den Kunden eine Rückzahlung unmöglich machen), und wenn sie andere, gravierendere Unannehmlichkeiten vermeiden möchten. Vor allem würde nicht zurückzuzahlen die Beziehung zwischen dem Kreditnehmer und der Bank zerstören und ihn der Möglichkeit berauben, wieder ein Darlehen bei ihr aufzunehmen.

Um diesen Effekt zu isolieren, haben die Forscher eine weitere Modifikation vorgenommen. Manchen Kunden, die ein Angebot mit einem niedrigen Satz erhalten haben (niedriger als der Satz, zu dem sie gewöhnlichenfalls Geld leihen), wurde die Möglichkeit geboten, diesen Satz zu behalten, wenn sie ihren ersten Kredit innerhalb des gewährten Zeitrahmens vollständig zurückzahlen. Ein Kunde, der dies nicht tut, verliert den Zugang zu diesem verbilligten Darlehen. Und dies ist kein unbedeutender Verlust, da die Konkurrenten dieser Bank diesem Kundentyp sicher nicht diese Sätze anbieten würden. Die Mikrofinanz bedient sich häufig dieser Art von Vertrag (die man auch »dynamischen Anreiz« nennt). Den Kunden zu versprechen, dass sie diesen niedrigeren Satz behalten, hat damit einen erheblichen Einfluss auf die Kreditausfälle: Diese verringern sich um ein Sechstel (2 Prozentpunkte) in der Gruppe derer, denen derselbe Satz mit dem Versprechen angeboten wurde, ihn auch bei ihren künftigen Darlehen zu behalten. Das moralische Risiko ist damit auf dem Kreditmarkt ein echtes Problem und die dynamischen Anreize ein machtvolles Instrument zu dessen Bekämpfung. Doch die Zinssätze können nichtsdestotrotz hoch sein, ohne dass der Kreditmarkt zusammenbricht.

Die Rezepte der Mikrofinanz

Der Mikrofinanz gelingt es, den Ärmsten der Armen zu relativ hohen, aber noch immer niedrigeren Zinsen als denjenigen, welche die Wucherer verlangen, Geld zu leihen. Sie ist ein faszinierendes Beispiel für eine institutionelle Innovation, bei der ein neuer Markt entsteht, indem man neue Lösungen für ein altes Problem findet: die Asymmetrie der Informationen auf dem Kreditmarkt.

Das kanonische Modell des Mikrokredits, das sich am Vorbild der von Mohammed Yunus gegründeten Grameen Bank orientiert, enthält mehrere Parameter, die im Prinzip alle seinen Erfolg erklären könnten.[12] Zunächst werden die Darlehen generell nur an Frauen vergeben; sodann müssen die Kunden ein Jahr lang jede Woche einen Teil des Kapitals zuzüglich Zinsen zurückzahlen; die Darlehen werden an eine Gruppe von fünf bis sechs Frauen vergeben, die gesamtschuldnerisch haften (wenn eine nicht zurückzahlt, müssen die anderen für sie einspringen); diese Gruppen treffen sich jede Woche bei der Rückzahlung, und diese Treffen bieten – bei manchen Instituten – die Gelegenheit zur Stärkung der Gruppensolidarität, zur Übermittlung von gesellschaftspolitischen Botschaften (wie die »16 Entscheidungen« der Grameen Bank)[13] oder auch zur Abhaltung von Schulungen; die vereinbarten Kredite sind zunächst sehr klein und steigen sodann mit der Zeit; die Kunden werden aus nächster Nähe von zahlreichem Personal aufmerksam beobachtet, das wenig verdient und eine Gewinnbeteiligung erhält, die sich zum Teil auf die Zahl der Neukunden und zum Teil auf die Rückzahlungsquote gründet; zuletzt sind die Zinssätze generell hoch, mindestens 20 Prozent pro Jahr bis zu 100 Prozent.

Die weltweiten Nachahmer der Grameen Bank haben es paradoxerweise nicht immer verstanden, sich an dem, was Mohammed Yunus im Wesentlichen auszeichnet, ein Beispiel zu nehmen – seiner Kreativität und seinem Sinn für Innovation. Bis vor kurzem wurde das Modell überall eins zu eins kopiert, ohne dass sich jemand gefragt hätte, worin die Schlüssel zu seinem Erfolg bestanden. Doch einige neuere Studien erlauben uns, besser zu verstehen, welche Rolle jeder einzelne Parameter spielt.

Verleih an Frauen

Es gibt hauptsächlich drei Gründe, weshalb die Mikrofinanzinstitute vor allem an Frauen verleihen. Zunächst sind Letztere natürlich zuverlässiger (oder empfänglicher für gesellschaftlichen Druck) und damit eher geneigt, zurückzuzahlen. Sodann verbessert der Verleih an Frauen ihren Status und ihre Machtstellung innerhalb des Haushalts; man geht davon aus, dass sich die Frauen mehr für die Bildung ihrer Kinder oder für ihre Gesundheit interessieren,

12 Beatriz Armendáriz de Aghion und Jonathan Morduch, *The Economics of Microfinance*, Cambridge, MA: MIT Press, 2007.

13 Die »16 Entscheidungen« der Grameen Bank finden sich unter folgendem Link: 〈www.oid.org/cms/upload/901_Dokumente/16_entscheidungen.ppt〉.

was dem Mikrokredit erlauben würde, zu einer wirklichen Veränderung im Leben seiner Kunden zu führen, womit er weit über eine rein gewinnbringende Geschäftstätigkeit hinausgehen würde. Zuletzt haben die Frauen keinen anderen Zugang zu einem Kredit, um ihre Geschäfte zu finanzieren, während die Männer sich bei Banken oder informellen Geldverleihern leichter etwas leihen können. Wenn dem so ist, könnte der Verleih an Frauen rentabler sein (und sicherer), da die Frauen neue geschäftliche Aktivitäten entwickeln könnten, die möglicherweise sehr profitabel wären und die sie früher nicht hätten finanzieren können.

Zu der den Frauen unterstellten Zuverlässigkeit verfügen wir leider über keine seriöse Evaluierung (bei der der Kredit nach dem Zufallsprinzip vergeben worden wäre, sei es an Männer, sei es an Frauen). Auf die etwaige Verbesserung des Status der Frauen kommen wir etwas später zurück, wenn wir uns mit den Auswirkungen des Mikrokredits befassen. Was den dritten Punkt anbelangt, der die Rentabilität ihrer Geschäftstätigkeit betrifft, so erlaubt uns ein Experiment in Sri Lanka, das wir bereits erwähnt haben, die Produktivität von Unternehmen, die von Männern oder von Frauen geführt werden, zu vergleichen.[14] Bei den Männern lässt eine Zuwendung von 100 oder 200 Dollar den Unternehmensgewinn von 47 auf mehr als 60 Dollar anwachsen. Gibt man jedoch den Frauen Gelder zum Investieren, so hat dies völlig überraschenderweise keinerlei Effekt: Die monatlichen Gewinne betragen 28 Dollar bei denjenigen, die nichts bekommen haben, und 28 Dollar bei denjenigen, die 100 Dollar erhalten haben, und nur 26 Dollar, wenn ihnen 200 Dollar gegeben wurden.

Selbst wenn dieses Experiment nur eine einzige Bevölkerung betrifft (es müsste in mehreren Kontexten wiederholt werden, um daraus definitivere Schlüsse zu ziehen), geben diese Ergebnisse zu denken. Wie sind sie zu erklären? In einigen Fällen wurde das Geld nicht im Unternehmen eingesetzt, sondern dazu benutzt, Haushaltsgegenstände zu kaufen. Aber selbst wenn dieser Betrag investiert wurde, bleibt der fehlende Gewinneffekt. Eine Teilerklärung liefert die Tatsache, dass die Frauen im Allgemeinen in weniger rentablen Sektoren arbeiten, doch auch wenn man dem Rechnung

14 Suresh de Mel, David McKenzie und Christopher Woodruff, »Are Women More Credit Constrained? Experimental Evidence on Gender and Microenterprise Returns«, Arbeitspapier, Oktober 2008.

trägt, hat der Unterschied weiter Bestand. Das Rätsel der schwachen Produktivität des Kapitals in Unternehmen von Frauen bleibt somit völlig ungelöst.

Diese Ergebnisse sind überraschend, doch nicht singulär. Arbeiten, die in Ghana und Burkina Faso in einem landwirtschaftlichen Kontext durchgeführt wurden, haben genau dasselbe gezeigt: In die Felder der Frauen wird weniger investiert, und sie produzieren weniger als die der Männer.[15] Die Tatsache, dass innerhalb ein und desselben Haushalts geschäftliche Aktivitäten mit sehr unterschiedlichen Erträgen nebeneinander bestehen können, legt nahe, dass die Familie nicht so funktioniert, wie man sie sich traditionellerweise in der Ökonomie vorstellt, nämlich als eine harmonische Einheit, die den gemeinsamen Wohlstand maximieren will: Wenn das der Fall gewesen wäre, hätte der Haushalt nur die rentabelste Aktivität aufrechterhalten und die Früchte unter seinen Mitgliedern aufgeteilt. Zum Beispiel hätten die 200 Dollar, die eine Frau erhalten hat, in die Aktivität des Mannes investiert werden können. Das ist jedoch nicht das, was man beobachtet, vielleicht weil jedes Mitglied die Kontrolle über die Ressourcen, die es in den Haushalt einbringt, behalten muss, um bei den Ausgaben ein Mitspracherecht zu wahren.

Diese Resultate sind vielleicht auch ein Zeichen dafür, dass das Ziel der Familienunternehmen, vor allem derjenigen von Frauen, nicht zwangsläufig darin besteht, die Produktivität zu maximieren; sie können sehr gut andere Ziele verfolgen. Oft hört man Frauen, die ein kleines Gewerbe betreiben, sagen, dass es sich um ein Mittel zur Ergänzung des Familieneinkommens handelt, bei dem es mehr um die Kinder geht als darum, ein Unternehmen zu gründen, das dazu bestimmt ist, zu prosperieren.

Wöchentliche Rückzahlungen

Die Mikrokredite haben nahezu immer einen Fälligkeitsplan mit einer wöchentlichen Rückzahlung, die mit der Bewilligung beginnt;

15 Siehe hierzu Markus Goldstein und Christopher Udry, »The Profits of Power: Land Rights and Agricultural Investment in Ghana«, in: *Journal of Political Economy*, 116 (6), Dezember 2008, S. 981-1022; Christopher Udry, »Gender, Agricultural Production, and the Theorie of Household«, in: *Journal of Political Economy*, 104 (5), Oktober 1996, S. 1010-1046.

die Mikrofinanzinstitute sind der Ansicht, dass dieser Rhythmus für die Gewährleistung der Rückzahlungsdisziplin wesentlich ist, insofern sie es für einfacher halten, jede Woche einen kleinen Betrag zusammenzubringen als jeden Monat oder alle sechs Monate eine größere Summe. Aber das ist für die Kundinnen nicht ohne Nachteile. So erzielt zum Beispiel eine Kundin, die Geld leiht, um eine Kuh zu kaufen, keine Einkünfte, solange die Kuh keine Milch produziert; daher muss sie anderweitig die Mittel auftreiben, um zurückzuzahlen. Manchen Kundinnen sagen, dass diese allwöchentlichen Rückzahlungen sie abschrecken. Wenn dieses Wochensystem nicht unerlässlich ist, wäre es vielleicht interessant, einen flexibleren Rückzahlungsrhythmus anzubieten.

Um herauszufinden, wie sich der Übergang zu einem monatlichen Plan auf die Rückzahlungsquote auswirkt, hat die Village Welfare Society (VWS), ein Verein in Kalkutta, unter 100 neu gebildeten Mikrokredit-Gruppen eine Lotterie veranstaltet.[16] Ein Drittel der Gruppen hat die wöchentliche Rückzahlung beibehalten, ein Drittel ist zu einer monatlichen Rückzahlung übergegangen und das letzte Drittel zu einer monatlichen Rückzahlung ohne Verpflichtung zur Teilnahme an den wöchentlichen Treffen. In allen Gruppen sind die Rückzahlungsquoten sehr hoch geblieben, über 97 Prozent. Die monatliche Zahlung hat damit die Regelmäßigkeit der Rückzahlungen nicht tangiert. Außerdem ist festzustellen, dass die monatlichen Rückzahlungen es den Kundinnen erlaubt haben, mehr in ihre Geschäftsaktivität zu investieren, die sich so rascher entwickelt hat. Die wöchentlichen Rückzahlungen haben mithin einen Preis, ohne dass sie für die Garantierung der Rückzahlung unerlässlich wären, zumindest auf kurze Sicht (wir betrachten weiter unten die möglichen Folgen auf längere Sicht).

Gesamtschuldnerisches Darlehen

Das gesamtschuldnerische Darlehen ist das Merkmal des Mikrokredits, über das aufgrund seines besonders innovativen und bahnbrechenden Charakters sehr viel geschrieben wurde. Jede Frau haftet für die Darlehen der anderen Frauen ihrer Gruppe. Jede Woche

16 Erica Fidel und Rohini Pande, »Repayment Frequency and Default in Microfinance: Evidence from India«, in: *Journal of the Economic Association*, 6 (2-3), April-Mai 2008, S. 501-509.

muss die Gruppe den gesamten fälligen Betrag entrichten: Wenn eine Frau nicht bezahlen kann, müssen dies die anderen für sie tun.

Im Prinzip kann dies die Bewilligung eines Kredits aus zwei Gründen fördern. Zum einen nutzen die Kundinnen die Informationen, die sie über ihre potenziellen Partnerinnen besitzen (und über die die Bank nicht unbedingt verfügt), um die besten Neuzugänge auszuwählen: Eine Kundin, bei der es sicher ist, dass sie zurückzahlt, möchte sich nicht mit einer Kundin zusammentun, bei der dies weniger sicher ist. Somit werden sich die vertrauenswürdigen Kundinnen zusammenfinden. Die riskanten Kundinnen werden ihrerseits jedoch nicht damit einverstanden sein, sich einer Gruppe anderer riskanter Kundinnen anzuschließen: Sie möchten nicht für die Schulden ihrer Partnerinnen aufkommen. Mit der gesamtschuldnerischen Haftung vermeidet die Bank folglich die riskantesten Kundinnen, was ihr erlaubt, einen niedrigeren Zinssatz anzubieten.[17] Zum anderen gehören die Mitglieder einer Gruppe zum gleichen Dorf und kennen sich von daher bereits. Indem sie nahe beieinander wohnen, können sie sich gegenseitig überwachen. Außerdem machen sie das gratis, was die Kosten für die Kontrolle und damit auch die Zinssätze sinken lässt.

Aber das gesamtschuldnerische Darlehen hat auch Nachteile. So kann ein übermäßiger Druck der Gruppenmitglieder dazu führen, jedes Risiko zu vermeiden, was das Wachstum der mit dem Mikrokredit finanzierten Geschäftstätigkeit beschränken würde. Anders gesagt, wenn die Mitglieder einer Gruppe unterschiedliche Kurse einschlagen, können manche den Wunsch haben, mehr zu leihen, was sich jedoch als unmöglich erweist, wenn diejenigen, die wenig leihen, nicht die Verantwortung übernehmen wollen, für eine höhere Summe zu bürgen. De facto geben die Mikrofinanzinstitute die gesamtschuldnerische Haftung unter der Hand auf. Das ist vor allem bei der Grameen Bank selbst der Fall, bei der das Modell »Grameen 2« nicht mehr auf einer formellen gesamtschuldnerischen Haftung beruht: Die Frauen sind noch immer Teil einer Gruppe, und sie treffen sich noch immer jede Woche, um zu zahlen, aber sie haften rechtlich nicht mehr füreinander, und eine Frau kann weiter Geld leihen, wenn ein Mitglied ihrer Gruppe nicht zurückzahlt.

17 Maitreesh Ghatak, »Group Lending, Local Information and Peer Selection«, in: *Journal of Development Economics*, 60 (1), Oktober 1999, S. 27-50.

War das gesamtschuldnerische Darlehen nicht der Eckpfeiler des Mikrokredits? Es scheint, dass nein. Zwei mit der Green Bank de Caraga auf den Philippinen durchgeführte Studien versuchen herauszuarbeiten, wie sich die gesamtschuldnerische Haftung auf die gegenseitige Kontrolle und die Auswahl der Kundinnen auswirkt.[18] Beim ersten Experiment wurden 56 Zentren, die ursprünglich dem System der gesamtschuldnerischen Haftung unterlagen, in die Einzelhaftung überführt. Die Kundinnen trafen sich weiterhin jede Woche, aber ohne füreinander zu haften, wie bei dem Modell »Grameen 2«. Damit wurde es möglich, festzustellen, ob die Rückzahlungen abnehmen, weil die Kundinnen aufhören, sich gegenseitig zu überwachen. Die Antwort lautet nein: die Rückzahlungsquoten blieben gleich. Dabei hatten die befragten Kundinnen sehr wohl den Unterschied zwischen den beiden Systemen verstanden. Im Rahmen der zweiten Studie wurden nach dem Zufallsprinzip die Regionen ausgesucht, in denen von Anfang an Zentren mit Einzelhaftung (nach dem Modell »Grameen 2«) eingerichtet wurden. Auch hier blieben die Rückzahlungsquoten dieselben wie beim klassischen Modell.

Es ist höchst erstaunlich, doch die gesamtschuldnerische Haftung scheint trotz des Vorrangs, den sie in allen Diskussionen über den Mikrokredit genießt, per se kein wesentliches Element zu sein. Aber man darf sie nicht mit dem Gruppendarlehen verwechseln, das es bei dem Modell »Grameen 2« immer noch gibt: Die regelmäßige Zusammenkunft einer Gruppe von Frauen kann schon an sich wirkungsvoll sein.

Gruppendarlehen

Während dieser Treffen bieten manche Mikrofinanzinstitute den Frauen zusätzliche Dienste an: Kurse in Buchführung, Gesundheitsprogramme etc. Die NGO *Freedom from Hunger* hat kompakte Ausbildungsmodule entwickelt, die sie in Zusammenarbeit mit Mikrofinanzinstituten durchführt. Allerdings scheinen die Studien, über die wir verfügen, nicht darauf hinzudeuten, dass diese Programme bei den Kleinunternehmen eine große Wirkung zeigen. In Peru nimmt die Evaluierung eines Moduls zur Betriebsführung

18 Maitreesh Ghatak, »Group Lending Information and Peer Selection«, in: *Journal of Development Economics*, 60 (1), Oktober 1999, S. 27-50.

von *Freedom from Hunger* praktisch keinerlei Auswirkung auf die Profitabilität oder die Geschäftspraktiken wahr. Eine andere Untersuchung in Indien zu einem ähnlichen Modul hat ebenfalls keinen Effekt festgestellt.[19]

Doch über diese Kurse hinaus kann die Tatsache selbst, sich regelmäßig zu treffen, für diese Frauen, die so die Gelegenheit haben, engere Beziehungen zu knüpfen, von Vorteil sein. Auch wenn sie rechtlich nicht gesamtschuldnerisch haftet, kann die Gruppe sich auf diese Weise besser kennenlernen und ganz bewusst als Selbsthilfegruppe funktionieren. Das kann die Kundinnen dazu führen, den anderen bei der Rückzahlung zu helfen, selbst wenn sie nicht dazu verpflichtet sind, weil sie wissen, dass man für sie nötigenfalls dasselbe tun würde. Wenn diese Beziehungen stark genug sind, ist eine formelle gemeinschaftliche Haftung nicht notwendig. Um es mit den Worten des amerikanischen Soziologen Robert Putnam zu sagen, tragen diese regelmäßigen Treffen dazu bei, »soziales Kapital« zu schaffen, das heißt ein Netz von Interaktionen zwischen Personen, das zu einer wechselseitig vorteilhaften Kooperation führt.[20] Wir müssen uns also zwei Fragen stellen: Zuerst die Frage, garantiert ein höheres soziales Kapital wirklich bessere Ergebnisse? Zweitens die Frage, bilden die regelmäßigen Treffen tatsächlich einen Nährboden für die Entwicklung von sozialem Kapital?

Eine Studie in Ayacucho in Peru, die sich auf das Mikrofinanzinstitut FINCA bezieht, macht zur Beantwortung der ersten Frage einen Anfang.[21] Im Gegensatz zu anderen Instituten verlangt FINCA Peru von den Kreditnehmerinnen nicht, eine Gruppe zu bilden, bevor sie an diese Organisation herantreten. FINCA konstituiert die Gruppen bei und gemäß der Ankunft der Kundinnen: Die Zusammensetzung der Gruppen erfolgt damit quasi aleatorisch. Die Mitglieder einer Gruppe können so weit oder weniger weit voneinander entfernt wohnen und haben nicht notwendig denselben kulturellen Hintergrund (manche sind eher »traditionelle Indios«,

19 Siehe hierzu Dean Karlan und Martín Valdivia, »Teaching Entrepreneurship: Impact of Business Training on Microfinance Clients and Institutions«, Arbeitspapier, Mai 2009; Erica Field und Rohini Pande, laufende Arbeit.

20 Robert Putnam, *Bowling Alone: The Collaps and Revival of American Community*, New York: Simon & Schuster, 2001.

21 Dean Karlan, »Social Connections and Group Banking«, in: *The Economic Journal*, 117, Februar 2007, S. F52-F84.

andere hingegen »moderner«). Dabei stellt man fest, dass die Ausfallquoten (Nicht-Rückzahlung, Aufgabe etc.) in den Gruppen von Frauen, die weiter voneinander entfernt wohnen und deren ethnische Zusammensetzung weniger homogen ist, höher sind. Wenn eine Frau Opfer von Schicksalsschlägen wird, die zu Schwierigkeiten bei der Rückzahlung führen, ist ein Ausstieg aus der Gruppe auch weniger wahrscheinlich, wenn diese homogen ist. Wenn auch die formelle und juristische gesamtschuldnerische Haftung keine große Rolle beim Erfolg des Mikrokredits zu spielen scheint, zeigt dies, dass die informellen Beziehungen unter den Mitgliedern ein und derselben Gruppe außerordentlich wichtig sind.

Wenn der Mikrokredit die bestehenden sozialen Beziehungen nutzt, kann man annehmen, dass er auch dazu beiträgt, diese zu stärken. Die Rolle der allwöchentlichen Treffen kann damit auch unter diesem Blickwinkel gesehen werden, nicht nur als eine Hilfe zur regelmäßigen Rückzahlung, sondern auch als Verpflichtung, sich zu treffen und besser kennenzulernen. Ein Versuch, den der Verein VWS in Kalkutta gemacht hat, zeigt dies gut. Manche Gruppen hatten wöchentliche Treffen, andere monatliche. Wir haben gesehen, dass das keine unmittelbare Auswirkung auf die Rückzahlungsquoten hatte. Hingegen beeinflusst es das soziale Kapital sehr stark. So besuchen sich die Mitglieder der Gruppen, die sich einmal pro Monat treffen, selten und kennen die Familie der anderen nicht. In den Gruppen, in denen die Treffen wöchentlich erfolgen, sind Besuche viel häufiger, und die Kundinnen haben viel mehr Möglichkeiten, die Familienmitglieder der anderen ein wenig kennenzulernen.

Um zu messen, wie stark das Band der Solidarität ist, das zwischen den Mitgliedern einer Gruppe besteht, haben sich die Wissenschaftler ein originelles Experiment ausgedacht: Sie haben jeder Kundin ein Lotterielos zukommen lassen und ihr dabei auch Lose gegeben, die sie mit den Mitgliedern ihrer Gruppe teilen sollte. Wenn diese Lose nicht weitergegeben wurden, spielten sie bei der Lotterie nicht mit. Durch die Verteilung dieser Lose an die anderen Frauen ihrer Gruppe erhöhte somit jede Kundin die Chancen, dass eine von ihnen gewinnt (eher als ein Mitglied einer anderen Gruppe), verringerte jedoch ihre eigenen Chancen. Eine Frau, die in die anderen Vertrauen hat und weiß, dass sie damit einverstanden sein werden, den Gewinn miteinander zu teilen, hat so ein

Interesse daran, die Lose weiterzugeben, während eine Frau, die weniger Vertrauen hat, sie für sich behalten wird. Dabei ist nun zu beobachten, dass die Frauen der Gruppen mit monatlichen Treffen ihre zusätzlichen Lose wesentlich seltener weiterverteilt haben. Das bestätigt unsere Ausgangshypothese: Die Mikrofinanzinstitute schaffen soziales Kapital, indem sie ihre Kundinnen jede Woche versammeln.

Die Nachuntersuchung erfolgte ein Jahr später: Wir haben gesehen, dass in der ersten Zeit die Rückzahlungsquote in den Gruppen mit monatlichen Treffen nicht höher war als in den Gruppen mit wöchentlichen Treffen, was uns zu der Schlussfolgerung führte, dass der Wochenrhythmus für die Rückzahlungsdisziplin nicht unerlässlich ist. Aber ein Jahr später, während des zweiten Zyklus, sah man plötzlich einen Unterschied: Die wöchentlichen Gruppen haben eine bessere Rückzahlungsquote. Die plausibelste Erklärung dafür ist selbstverständlich im sozialen Kapital zu suchen, das sich im Laufe der Treffen aufgebaut hat. Man könnte somit anregen, die wöchentlichen Treffen beizubehalten, selbst wenn die Rückzahlungen monatlich erfolgen. Im Grunde spricht nichts dagegen, beides zu kombinieren. Doch VWS hat dies versucht: Die Kundinnen haben sich widersetzt, weil sie nicht ohne Grund die Mühe auf sich nehmen wollten.

Mikrofinanz und Transaktionskosten

Den Mikrofinanzinstituten ist es geglückt, den Armen Kredite einzuräumen und sich diese zurückzahlen zu lassen, woran die traditionellen Banken gescheitert sind. Welche Parameter erklären diesen Erfolg? Aus den bisherigen Darlegungen können wir den Schluss ziehen, dass die Charakteristika des Mikrokredits, die am meisten Aufmerksamkeit erweckt haben (der Frauenkredit und das gesamtschuldnerische Darlehen), nicht diejenigen sind, die seinen Erfolg erklären. Tatsächlich scheint der Mikrokredit nach relativ traditionellen Prinzipien zu funktionieren. Zuallererst verpflichten die Mikrofinanzinstitute, wenn dies rechtlich möglich ist, ihre Kundinnen zum Sparen (indem die Kundinnen Kapital bilden, das hypothekarisch zu belasten ist, können sie dann höhere Kredite beanspruchen und so die Zinslast senken). Sodann bringen die Mikrofinanzinstitute das Prinzip der dynamischen Anreize zum

Tragen, das sich, wie wir gesehen haben, als sehr wirkungsvoll erweist: Die ersten Darlehen umfassen einen geringen Betrag, dann erhöhen sie sich nach und nach, wenn die Rückzahlung regelmäßig erfolgt. Außerdem gibt es Angestellte in großer Zahl und mit sehr starken Anreizen, welche die Rückzahlungen gewährleisten sollen (ihre Gehälter richten sich danach). Die Vereinfachung der Produkte (wöchentliche Rückzahlungen, Rückzahlungen in der Gruppe an einem festgeschriebenen Ort) erlaubt es den Mikrofinanzinstituten, geringer qualifizierte Angestellte einzusetzen und sie eine Menge von Unterlagen bearbeiten zu lassen. Das ermöglicht eine Senkung der Transaktionskosten und dank eines Multiplikatoreffekts die Erhebung von Zinssätzen, die, auch wenn sie nach wie vor hoch sind, weit unter den üblichen Sätzen liegen.

Diese Darstellung gibt Anlass zu einer leichten Besorgnis in Bezug auf die Zukunft der Mikrofinanz, die ein Opfer ihres Erfolgs werden könnte. Der Wettbewerb unter den Mikrofinanzinstituten wird nämlich die Angst, den Kreditzugang zu verlieren, verringern. Eine Kundin, die nicht zurückgezahlt hat, könnte bei einem anderen Mikrofinanzinstitut um einen Kredit nachsuchen. Die traditionelle Lösung – die Einrichtung eines zentralen Informationssystems (oder Kreditzentrums), zu dem die Mikrofinanzinstitute Zugang hätten – ist hier möglicherweise nur eine scheinbar gute Idee: Diese Institute unternehmen heute große Anstrengungen, um ihre Kunden auszuwählen und zu schulen. Es besteht die Gefahr, dass sie dazu nicht mehr bereit sind, wenn die so gewonnenen Informationen von der Konkurrenz ausgeschlachtet werden können. Überdies nutzt sich der Einfluss der dynamischen Anreize ab, wenn der Kreditbetrag nicht länger steigt: Die Kundinnen könnten eines Tages beschließen, dass es vorteilhafter ist, das gegenwärtige Darlehen nicht zurückzuzahlen, als auf künftige Kredite zu hoffen. Es ist daher wichtig, die Mikrofinanz nicht als ein System zu betrachten, das gegen Krisen immun ist, denn sie birgt dieselben Risiken wie jedes Finanzsystem. Für sie wird es unerlässlich sein, ihre Regeln und Praktiken weiterzuentwickeln, um ihr eigenes Wachstum zu sichern.

Die Wirkung des Mikrokredits

Wir kommen nun zu der entscheidenden Frage: Hilft der Mikrokredit den Armen wirklich? Den Anfang dieses Kapitels bildete folgender Punkt: Die an den Mikrokredit geknüpften Hoffnungen liegen entsprechend seiner außerordentlichen Expansion weit über dem, was man von einer einfachen Finanzdienstleistung erwarten kann, und ebenso heftig sind die Enttäuschungen. Für eine Erfindung, die sich vor dreißig Jahren zu entwickeln begann und die ein derart breites Publikum betrifft, ist es seltsam, dass bis vor ganz kurzer Zeit keine Studie verfügbar war, die ihre Auswirkungen gründlich und objektiv evaluiert (im Gegensatz zu der höchst umfangreichen Forschung zur Funktionsweise der Mikrofinanz, auf die wir soeben eingegangen sind).

Das erklärt sich nicht zuletzt mit der Tatsache, dass die Mikrofinanzinstitute, die weitgehend von Sponsoren gefördert werden, sich geweigert haben, sich diese Frage zu stellen. Ihre Überlegung lautete folgendermaßen: Wenn unser Institut rentabel ist, sind wir nur unseren Kundinnen Rechenschaft schuldig. Wenn diese kommen und immer wieder kommen, zeigt dies, dass der Dienst, den wir ihnen bieten, von Nutzen ist. Niemand verlangt von einem Verkäufer von Autos, deren Auswirkung auf das Leben der Kunden zu evaluieren! Die Mikrofinanzinstitute haben sich daher mehr darauf konzentriert, ihre finanzielle Rentabilität unter Beweis zu stellen als den Sinn und die Bedeutung ihrer Dienstleistungen. Doch diese Überlegung bekundet zwei Irrtümer.

Der erste besteht darin, zu glauben, alle Mikrofinanzinstitute seien rentabel, um nicht zu sagen, höchst rentabel. Denn dies ist nicht der Fall: Zahlreiche MFI sind von Subventionen abhängig. Zudem erhalten selbst die Institute, die eine positive Bilanz ausweisen, oft indirekte Subventionen. Das Gehalt der Manager liegt weit unter den Gehältern auf dem freien Markt; diese Institute erhalten oft Starthilfen; sie bekommen auch von Seiten der internationalen Organisationen (wie der Agentur für Mikrokredite der Weltbank, der CGAP) oder von Risikokapitalinvestoren (*venture capitalists*), die mit dem sozialen Auftrag des Instituts geködert werden, Kapital zu Vorzugssätzen.

Zu sehr auf die Rentabilität zu insistieren, kann auch negative Folgen haben: Die Mikrofinanzinstitute, die nicht rentabel sind, sind oft diejenigen, die Kredite an die Allerärmsten vergeben und ihre Zinssätze auf Darlehen über Kleinbeträge subventionieren müssen. Die finanzielle Rentabilität hat nicht das Recht, als oberstes Kriterium für den gesellschaftlichen Mehrwert zu fungieren: Wenn sich der Mikrokredit als eine äußerst wirkungsvolle Form erweist, den Armen zu helfen, warum sollte man ihn dann nicht subventionieren? Schließlich subventionieren wir auch die Schulen, die Krankenhäuser, die Nahrungsmittelhilfe etc. Indem die internationale Gemeinschaft die Rentabilität als obersten Wert betont, trägt sie die Verantwortung für den eingeschlagenen Irrweg: Die Mikrofinanzinstitute haben mehr Energie aufgewendet, um ihre Profitabilität zu beweisen (und mitunter ihr Geschäftsgebaren oder sogar ihre Rechnungsbücher entsprechend zu ändern, um es zu werden) als ihren gesellschaftlichen Nutzen zu demonstrieren.

Der zweite Irrtum beruht auf der Annahme, dass die Entscheidung, einen Kredit aufzunehmen, nicht notwendig bedeutet, dass der Kredit für die Kunden gut ist. Informationsmangel, Unvernunft, gesellschaftlicher Druck sind lauter Parameter, die – in armen wie in reichen Ländern – zu einer Überschuldung führen können. Der Effekt des Mikrokredits sei so negativ, nicht zuletzt, weil die Aufforderung, um jeden Preis zurückzuzahlen, manche in die Verzweiflung treiben kann. Wenn Einwände dieser Art gegen die Mikrofinanzinstitute geltend gemacht werden, gehen jenen oft die Argumente aus. Die Regierung von Andhra Pradesh – der indische Bundesstaat, in dem die Mikrofinanz am besten entwickelt ist – sieht diese Institute nicht gerne und hat den Selbstmord überschuldeter Bauern dazu benutzt, auf die Gefahren des Mikrokredits hinzuweisen. Hat sie völlig Unrecht? Tatsächlich ist es theoretisch möglich, dass der Mikrokredit für seine Kundinnen schlecht ist, und es ist dringend notwendig, auf diese Frage eine wahrheitsgemäße empirische Antwort zu liefern.

Dank des Drucks von Seiten der Medien löst sich der Widerstand gegen die Evaluierung des Mikrokredits zweifellos langsam auf; gleichzeitig schwindet eine gewisse Blauäugigkeit in Bezug auf die ihm unterstellten Vorzüge. Mehrere Studien zur Wirkung typischer Mikrofinanzprodukte sind nunmehr im Gange (durchgeführt von Al Amana in Marokko oder Compartamentos in Mexiko), aber nur eine ist bis heute abgeschlossen, die von Spandana in Indien.[22] Spandana wurde 1997 von Padmaja Reddy gegründet und ist eines der größten indischen Mikrofinanzinstitute, das hauptsächlich im Süden, vor allem in Andhra Pradesh, tätig ist. Spandana hat heute zwei Millionen Kundinnen und einen Umsatz von 297 Millionen Dollar. Sein wichtigstes Produkt ist ein Gruppenmikrokredit des Typs »Grameen«, mit gesamtschuldnerischer Haftung, steigenden Darlehen (der erste Kredit beträgt 10 000 Rupien, was etwas mehr als 200 Dollar sind) und wöchentlichen Rückzahlungen. Der Realzins, der in der Zeit der Evaluierung vorherrschte, lag bei 20 Prozent. Die Kredite wurden ausschließlich an Frauen zwischen 18 und 59 Jahren vergeben, die in der Lage waren, eine unternehmerische Tätigkeit aufzunehmen.

Zum Zeitpunkt der Evaluierung bereitete sich Spandana auf die Aufnahme seiner Geschäftstätigkeit in Hyderabad vor, der Hauptstadt der Region. Ein Team machte zunächst 104 kleine Stadtviertel als mögliche Orte der Evaluierung aus. In jedem dieser Viertel wurde eine erste Befragung bei etwa 20 Haushalten (im Durchschnitt) durchgeführt, was erlaubte, ein Profil des »Typus« möglicher Kundinnen von Spandana in Hyderabad zu erstellen. Dieser Kundinnentyp lebt in einer armen, aber nicht bitterarmen Familie: 6 Prozent der Familien leben mit weniger als einem Dollar pro Person und Tag, 47 Prozent leben mit weniger als zwei Dollar. Fast ein Drittel der Haushalte betreibt auf eigene Rechnung ein Unternehmen als Händler oder Handwerker, das oft sehr klein ist (nur 10 Prozent der Unternehmen haben einen Angestellten oder mehr, keines hat mehr als drei), das sehr wenig spezialisiert und sehr wenig kapitalisiert ist (20 Prozent der Unternehmen haben kein Aktivkapital, und wenn sie welches haben, handelt es sich um einen Tisch, eine Waage oder einen Stuhl).

Spandana hat in der – nach dem Zufallsprinzip ausgewählten – Hälfte der 104 Stadtviertel eine Agentur eröffnet. Zwei Jahre später hat ein Team des Zentrums für Mikrofinanz von Chennai Daten über die Bewohner all dieser Viertel gesammelt. Unter methodologischen Gesichtspunkten können wir die Kundinnen von Spandana freilich nicht mit den Bewohnern der Kontrollviertel vergleichen: Wir wissen nicht, wer in den Kontrollvierteln Kundin von Spanda-

22 Abhijit Banerjee, Esther Duflo, Rachel Glennerster und Cynthia Kinnan, »The Miracle of Microfinance? Evidence from a Randomized Evaluation«, a. a. O.

na gewesen wäre, wenn es seine Fühler dort ausgestreckt hätte. Wir müssen daher in beiden Typen von Stadtvierteln eine aleatorische Stichprobe vergleichen (Kreditnehmer und Nicht-Kreditnehmer). In den Vierteln, in denen Spandana eine Agentur eröffnet hat, haben 27 Prozent der Familien bei einem Mikrofinanzinstitut einen Kreditvertrag abgeschlossen (19 Prozent davon bei Spandana). In den Kontrollvierteln haben einige Leute ebenfalls bei Spandana oder bei anderen Mikrofinanzinstituten, die zwischenzeitlich in allen Stadtvierteln Geschäftsaktivitäten aufgenommen hatten, Geld geliehen. So hatten 19 Prozent von ihnen einen Kreditvertrag abgeschlossen (davon 5 Prozent bei Spandana).

Trotz der Ausgaben, die Spandana für Werbung und Marketing aufgewendet hat, blieb die Abschlussquote damit weit hinter den Erwartungen zurück, denn es hatte mit 80 Prozent der Kundinnen gerechnet. Mehrere Gründe erklären dieses Desinteresse: Für manche sind diese Mikrokredite zu gering, für andere stellt die wöchentliche Rückzahlung einen zu großen Druck dar. Und einige Leute brauchen schlicht und einfach keinen Kredit. Die Mikrofinanzprodukte sind somit nicht unbedingt für alle das Richtige. Zwei Jahre später wuchs der Anteil derer, die ein Unternehmen gegründet haben, von 5,7 auf 7 Prozent. Die Zahl der Unternehmen stieg somit um 1,3 Prozentpunkte – dank 8,3 Prozentpunkten an zusätzlichen Krediten: Wir können damit hochrechnen, dass ungefähr einer von sechs Mikrokrediten zur Aufnahme einer neuen unternehmerischen Tätigkeit führt. Nicht alle Mikrokredite dienen so der Gründung neuer Unternehmen. Auch wenn einige dies tun, tragen andere zum Ausbau eines bestehenden Unternehmens bei. Die restlichen Kredite schließlich werden dazu benutzt, eine größere Anschaffung zu tätigen oder alte Schulden zu begleichen.

Man könnte daher erwarten, dass die Auswirkungen auf den Konsum vom Haushaltstyp abhängen: Diejenigen, die ein Unternehmen gründen, sparen, während diejenigen, die bereits ein Unternehmen haben oder keine neue Geschäftstätigkeit starten möchten, mehr konsumieren. Das ist auch das, was man tatsächlich beobachtet. Im Durchschnitt erhöht sich der Alltagskonsum in den Testvierteln gegenüber den Kontrollvierteln nicht signifikant. Im Gegenteil nimmt er in den Haushalten, die eine neue unternehmerische Tätigkeit aufnehmen, ab und steigt bei denen, die dies nicht tun. Zuletzt wurde keinerlei Auswirkung auf die Bildung, die Gesundheit, das Mitspracherecht der Frauen oder andere Indikatoren, die nicht den rein ökonomischen Effekt betreffen, festgestellt. Das bedeutet nicht, dass sich diese Auswirkungen nicht später einstellen; aber es zeigt klar, dass zumindest kurzfristig der Mikrokredit alleine die Interventionen in diesen Bereichen nicht ersetzen kann.

Der Mikrokredit ist weder Wucher noch ein Allheilmittel, sondern erfüllt ganz einfach seine Funktion: potenziellen Unternehmern, die vom Kreditmarkt abgeschnitten sind, die Möglichkeit zu eröffnen, ein Projekt zu realisieren. Aber da nicht jedermann zum Unternehmer geboren ist, kann der Mikrokredit keine Universallösung sein.

Jenseits des Kredits

Erzwungene Disziplin

Einer der Vorteile der Evaluierung von Spandana besteht darin, dass sie uns für die Mikrofinanz eine andere Rolle als die eines bloßen Kreditinstituts in Aussicht stellt. Wenn ein Mikrokredit gewährt wird, steigen die Käufe langlebiger Güter (sei es für die Familie, sei es für das Unternehmen) durchschnittlich um 19 Prozent, während die Ausgaben für Güter, welche die Kundinnen selbst als »Verlockungsgüter« bezeichnen (Tabak, Tee, Snacks etc.), um 11 Prozent abnehmen. Es scheint also, dass die Kundinnen ihre Darlehen dazu verwenden, Fernseher, Kühlschränke, Fahrräder zu kaufen, und dass sie, um zurückzuzahlen, ihren Konsum überflüssiger Güter verringern: Der Kredit erlaubt ihnen, eine Spardynamik in Gang zu setzen. Selbstverständlich profitiert die Kreditnehmerin sofort von einem neuen Kühlschrank oder von einem neuen Fernseher; aber ein anderer, vielleicht noch wichtigerer Punkt des Mikrokredits liegt in der Verpflichtung zurückzuzahlen; diese zwingt die Individuen, jede Woche den erforderlichen Betrag zur Seite zu schaffen. Wenn sie sich vollkommen alleine organisieren müssten, bestünde die Gefahr, dass der Druck der Familie oder die kleinen Verlockungen im Alltag sie am Sparen hindern würden, so dass sie niemals genug zusammenbringen würden, um das Objekt ihrer Träume kaufen zu können. Eine Person, die im Prinzip bereit wäre, zu warten, bis sie genug gespart hat, um sich einen Fernseher zu leisten, kann sich daher dazu entschließen, einen Mikrokredit zu beantragen, wenn sie erkennt, dass es ihr ohne diese erzwungene Disziplin niemals gelingen würde, genug zu sparen.

So betrachtet, wird der Mikrokredit zu einem sehr teuer erkauften Instrument zum Sparen: Spandana zum Beispiel verlangt einen jährlichen Zinssatz von mehr als 20 Prozent. So habe ich eine Kundin getroffen, die den gesamten Kreditbetrag auf ein unverzinstes Bankkonto eingezahlt hat: Sie wollte sich zwingen, für die Mitgift ihrer Tochter zu sparen, die sich in zwei Jahren verheiraten sollte. Das ist aber nicht die einzige kostspielige oder erzwungene Strategie des Sparens, auf die die Ärmsten zurückgreifen. In Westafrika lassen sich die Geldeinsammler (oder *susus*) für ihre Dienste bezahlen. Die »Tontinen« sind Zusammenschlüsse von Frauen, die jede Woche einen kleinen Betrag zusammenlegen, wobei dann jede von ihnen abwechselnd die so gebildete Gemeinschaftskasse mit nach Hause nimmt. Durch diese Strategien schützen diese Frauen ihre Ersparnisse nach außen – vor ihren Ehemännern, aber auch vor sich selbst. Gewöhnlich akzeptieren die Banken aufgrund der Verwaltungskosten, die die Führung eines jeden Bankkontos verursacht, keine Beträge, die sehr gering sind. Zudem sind in verschiedenen Ländern die Mikrofinanzinstitute aufgrund strenger Regeln für Institute, denen die Leute ihre Rücklagen anvertrauen, nicht dazu befugt, Ersparnisse entgegenzunehmen.

Die Haushalte können daher sowohl in Bezug auf ihre Kapazität zu sparen als auch in Bezug auf ihre Kapazität, ein Darlehen aufzunehmen, einem Zwang unterworfen werden. Eine in Kenia durchgeführte Studie zeigt, dass der Zugang zu Sparkonten einen bedeutenden Einfluss auf die Wirtschaftsaktivität haben kann.[23] Die Forscher haben eine Stichprobe von Individuen (Männer und Frauen) gebildet, die sehr kleine wirtschaftliche Aktivitäten betrieben (Gemüseverkäufer, Fahrradtaxis etc.). Aleatorisch haben sie die Hälfte dieser Unternehmer ausgewählt und bei einer gemeinwirtschaftlichen Bank für sie ein Sparkonto eröffnet. Normalerweise kostet es sieben Dollar, dieses Konto zu eröffnen, das keinerlei Verzinsung bietet und für jede Abhebung Gebühren verlangt (was

23 Pascaline Dupas und Jonathan Robinson, »Savings Contraints and Microenterprise Development: Evidence from a Field Experiment in Kenya«, Arbeitspapier, März 2009.

erneut zeigt, wie schwierig es für die Armen ist, bei einer Bank zu sparen). Die Forscher haben die Kosten für die Eröffnung des Kontos übernommen und es den ausgewählten Unternehmern (der Testgruppe) anschließend freigestellt, darauf zurückzugreifen oder nicht. Sodann mussten diese über ihre geschäftlichen Aktivitäten drei Monate lang Buch führen und dabei die getätigten Einkäufe und erlittenen Schicksalsschläge aufführen (Krankheiten, Unfälle, unfreiwillige Erwerbslosigkeit etc.).

Die Männer haben sich ihres Kontos sehr selten bedient, aber 60 Prozent der Frauen haben mehr als eine Operation getätigt. Für die Frauen haben sich die Sparkonten tatsächlich als sehr vorteilhaft erwiesen: Die täglichen Einlagen in das Betriebskapital des Unternehmens sind um mehr als 59 Prozent gestiegen. Vor allem helfen diese Konten den Frauen, nicht teilbare Güter für ihr Unternehmen zu kaufen (zum Beispiel einen Sack Kohle). Die Geschäftstätigkeiten der Frauen leiden auch weniger im Krankheitsfall (beispielsweise einem Malariaanfall), weil sie die Möglichkeit haben, entsprechende Medikamente zu kaufen.

Reicht es mithin, den Allerärmsten den Zugang zu einem Konto zu erleichtern, um sie zum Sparen zu ermutigen, wie dies die *Self Help Groups*, diese Gruppen gemeinschaftlichen Sparens tun, bei denen eine Gruppe von Frauen ihr Erspartes auf ein gemeinsames Konto bringt? Oder braucht man Konten, die die Kunden zum Sparen zwingen, wie das beim Mikrokredit der Fall ist? Das kenianische Experiment erlaubt auf diese Frage keine Antwort, da die Gebühren für Abhebungen wie eine Abgabe auf Kleintransaktionen fungierten. Für die Nutzer waren diese Konten daher mehr als nur ein »Tresor« zur Deponierung ihrer Rücklagen: Sie waren auch ein Anreiz, das Geld nicht abzuheben, bevor man genug davon angesammelt hat. Das könnte den Einfluss dieser Konten auf ihre Nutzer erklären.

Ist es notwendig, sich zum Sparen zu zwingen? Eine Person, die vollkommen Herrin ihrer selbst ist, wäre in der Lage, rational zu entscheiden, wann sie spart und wann sie konsumiert, und bedürfte keines äußeren Zwangs. Aber es gibt Verlockungsgüter: Das sind Güter, deren Konsum wir im Moment schätzen, die wir aber nicht als etwas betrachten, das wir uns für die Zukunft wünschen. Ich kann zum Beispiel heute eine Tasse Tee genießen, ohne damit die Vorfreude auf diesen Konsum in zwei Monaten zu verbinden.

Die Verlockungsgüter bilden einen Gegensatz zu den Sehnsuchtsgütern, das sind diejenigen, die uns im Moment Freude bereiten, aber auch wenn wir an ihren künftigen Gebrauch denken.[24] Die Verlockungsgüter machen einem das Sparen sehr schwer, vor allem wenn sie billig und in großer Zahl vorhanden sind (Tee, Snacks, Alkohol etc.), während die Sehnsuchtsgüter teurer sind (Fernseher, Kühlschrank, Privatschule für die Kinder etc.). Wenn eine Person über eine kleine Summe verfügt, die sie entweder sparen oder für ein Verlockungsgut ausgeben kann, realisiert sie durchaus, dass sie Gefahr läuft, morgen ihr Erspartes von heute für ein Verlockungsgut zu verwenden (weil, selbst wenn sie auch morgen sparen würde, das Ersparte noch immer nicht reichen würde, um einen Fernseher zu kaufen). Denn wenn sie auch keinerlei Genuss aus der Aussicht zieht, dieses Verlockungsgut morgen zu konsumieren, freut sie sich doch, es heute zu konsumieren. Schließlich sagt sie sich, heute so viel davon zu konsumieren, wie ich will, selbst wenn dies bedeutet, dass ich mir niemals einen Fernseher kaufen kann. Es gibt somit einen endogenen Effekt der Entmutigung: Wenn die Individuen wissen, dass sie niemals das ersehnte Ziel erreichen werden, werden sie davon Abstand nehmen, noch bevor sie es in Angriff genommen haben. Eine reichere Person wird vielleicht sparen, weil sie größere Chancen haben wird, ihr Ziel in naher Zukunft zu erreichen. Hier haben wir eine andere Form des Teufelskreises der Armut.

Aber wenn man den Ärmsten der Armen die Möglichkeit bietet, ihr Geld an einem sicheren Ort zu deponieren, ohne ihnen zu erlauben, darauf zuzugreifen, solange sie nicht die notwendige Summe erreicht haben, ist es gut möglich, dass sie anfangen zu sparen. Indem sie heute sparen, versagen sie sich eine Tasse Tee oder einen Schokoriegel, und sie wissen, wenn sie sich dazu entschließen, ernsthaft zu sparen, werden sie dieses Geld morgen nicht dazu benutzen können, Verlockungsgüter zu kaufen, und dass ihr Geld so auf einem Sparkonto bleiben wird. Nach und nach werden sie genug ansammeln können, um das Projekt, auf das sie wirklich Wert legen, realisieren zu können. Konten anzubieten, die Restriktionen in Bezug auf die Abhebungen beinhalten (eine Mindestfrist vor jeder Abhebung, ein zu erreichender Betrag oder eine vorher

24 Diese Analyse ist Abhijit Banerjee und Sendhil Mullainathan zu verdanken, »The Shape of Temptation: Implications for the Economic Lives of the Poor«, Arbeitspapier, September 2008.

definierte bestimmte Verwendung, um auf das Geld zugreifen zu können), könnte das Sparen fördern. Allgemeiner betrachtet, könnten auch Personen, die unter dem Problem zeitlicher Inkohärenz leiden, an dieser Art Konten interessiert sein.

Die Green Bank, ein Mikrofinanzinstitut auf den Philippinen, hat diesen Produkttyp 710 Kunden angeboten, die nach dem Zufallsprinzip unter 1777 Kunden ausgesucht wurden.[25] Die interessierten Kunden wählten selbst die einzuhaltende Frist oder den zu erreichenden Betrag, bevor Abhebungen gemacht werden konnten. Diese Entscheidung wurde sodann von der Bank konsequent umgesetzt, selbst wenn ein Kunde seine Meinung später änderte. Die Konten boten keinerlei weiteren Vorteil. Insgesamt haben 28 Prozent der Kunden dieses Angebot angenommen. Die Kunden, die im Vorfeld als diejenigen identifiziert wurden, die am meisten unter zeitlicher Inkohärenz leiden, waren die, die am zahlreichsten unterzeichneten. Nach einem Jahr hatten diejenigen, denen das Angebot gemacht wurde (das sie angenommen hatten oder nicht), im Durchschnitt ihre Ersparnisse um 82 Prozentpunkte mehr gesteigert als die Vergleichsgruppe und um 57 Prozentpunkte mehr als eine zweite Gruppe, die lediglich Besuch von einem Bankangestellten erhielt, der sie auf die Bedeutung des Sparens hingewiesen hat. Dieses Experiment belegt somit gleichzeitig, dass es eine Nachfrage nach diesen Produkten gibt und dass sie sich bewähren: Es ist möglich, sich zum Sparen zu verpflichten.

Vorzüge der Versicherung

Weder der Kredit noch das Sparguthaben sind ideale Instrumente zur Vergemeinschaftung der Risiken. Ein Sparguthaben erlaubt nicht, sich für gravierende Vorkommnisse zu wappnen, es sei denn ihm wurde ein sehr großer Teil der Einkünfte geopfert. Doch die Ärmsten der Armen sind ständig beachtlichen Risiken ausgesetzt: Klimagewalten, Preisschwankungen, Krankheiten, der Verlust durch Diebstahl können sie in ein noch größeres Elend stürzen. Außerdem kann der Wunsch, die Risiken zu minimieren, sie zu einem übervorsichtigen Verhalten verleiten (eine neue Geschäfts-

25 Nava Ashraf, Dean Karlan und Wesley Yin, »Tying Odysseus to the Mast: Evidence from a Commitment Savings Product in the Philippines«, in: *Quarterly Journal of Economics*, 121 (2), Mai 2006, S. 635-672.

tätigkeit zu vermeiden, neues Saatgut abzulehnen etc.), um sich nicht unterhalb der Subsistenzschwelle wiederzufinden. Das Risiko kann somit einen neuen Teufelskreis in Gang setzen, bei dem die Armut die Leute davon abhält, die erforderlichen Wagnisse auf sich zu nehmen, um aus einem Alltag auszubrechen, der gerade so das Überleben erlaubt.

Es gibt Netzwerke der Solidarität unter Dorfbewohnern oder Mitgliedern einer Familie. Aber diese können eine umfassende Versicherung nicht ersetzen: Vor allem Ereignisse, die ein ganzes Dorf betreffen (zum Beispiel eine Dürre), können durch ein gesamtschuldnerisch haftendes Netzwerk auf lokaler Ebene nicht abgedeckt werden. Zudem schmälert das Fehlen einer Formalisierung und rechtlichen Verpflichtung die Solidarität der Dorfbewohner, die sich einstellen könnte (die Reichsten eines Dorfes werden dazu neigen, sich mit den anderen zu entsolidarisieren). Dieser Umstand müsste eine Nachfrage nach Versicherungssystemen hervorrufen, die sich auf eine breitere und formalere Grundlage stützen. Dennoch sind diese in den Entwicklungsländern kaum verbreitet. Es gibt nur ganz wenige der Allerärmsten, die über irgendeine Form von offizieller Versicherung verfügen.

Seit einigen Jahren interessieren sich die Mikrofinanzinstitute für diese neue »Front«: Sie bieten Krankenversicherungen, Versicherungen gegen Dürre oder auch Versicherungen für das Vieh an. Diese Institute profitieren von zwei bedeutenden Vorteilen: Zum einen verfügen sie über eine sehr breite Klientel, was ihnen erlaubt, die Risiken zu vergemeinschaften und ihre Verwaltungskosten zu senken. Zum anderen kontaktiert diese Klientel sie zunächst nicht wegen einer Versicherung, sondern um einen Kredit zu erhalten. Das ermöglicht eine Minimierung des Problems der Antiselektion, das die Achillesferse der Versicherungen ist: Diejenigen, die sich guter Gesundheit erfreuen, haben keinerlei Lust, einen Vertrag abzuschließen, aber diejenigen, die wissen, dass sie krank sind, stürzen sich darauf – daher ist die gesetzliche Versicherungspflicht der Prüfstein für jedes Gesundheitssystem, das diesen Namen verdient (was die Vereinigten Staaten gerade entdecken). Wenn die Mikrofinanzinstitute all ihre Kunden zwingen würden, eine Versicherung abzuschließen, und dabei gleichzeitig ein Basisprodukt (den Kredit) behalten, das interessant genug ist, um die Kunden von guter Gesundheit nicht abzuschrecken, könnten sie, ohne Geld zu verlieren, eine preiswerte Versicherung entwickeln, die es erlaubt, die wichtigen Risiken abzudecken.

Derzeit laufen mehrere Wirkungsevaluierungen zur Versicherung, aber die definitiven Ergebnisse sind noch nicht verfügbar. Aus den ersten Resultaten folgt, dass die Versicherung wider Erwarten nicht beliebt ist. In Ghana ließ das Angebot eines kostenfreien Schuldenerlasses im Falle einer schlechten Ernte die Nachfrage nach einem Kredit bei einem Mikrofinanzinstitut zurückgehen (im Vergleich mit einer Gruppe, der dieses Angebot nicht gemacht wurde).[26] In Indien wurde eine Versicherung gegen Dürre entwickelt. Dabei handelte es sich um ein sehr simples Produkt: Der Kunde schloss eine Police über einen bestimmten Betrag ab (zu Tranchen von einem Dollar), und die Versicherung erstattete den vereinbarten Betrag im Voraus, wenn die Niederschlagsmenge unter eine bestimmte Schwelle absank. Dafür waren keinerlei Überprüfung und auch keine administrativen Schritte erforderlich. Zwei Gruppen haben versucht, diese Versicherung Bauern von Gujarat und Andra Pradesh anzubieten.[27] In Andra Pradesh wie in Gujarat sind weniger als 30 Prozent der Kunden darauf eingegangen. Außerdem haben die Bauern nur sehr geringe Summen abgeschlossen (durchschnittlich zwei Dollar), weit unter der Marke, die erlaubt, die Ernten zu versichern (die im Falle einer Dürre erstatteten Summen entsprechen den abgeschlossenen Summen).

Schließlich hat wiederum in Indien SKS, ein Mikrofinanzinstitut, seinen Kundinnen eine Krankenversicherung angeboten, die für diejenigen, die ihren Kredit erneuern wollten, obligatorisch war und deren Prämie zusammen mit der Rückzahlung des Kredits beglichen wurde.[28] Das hätte das Produkt besonders attraktiv machen müssen, doch es hatte nur einen mageren Erfolg. Diese Versicherung wurde in 100 Dörfern angeboten, die die Testgruppe bildeten. In dieser Gruppe wurden 59 Prozent der Darlehen erneuert, gegenüber 70 Prozent in der Kontrollgruppe. Weit davon entfernt, als

26 Dean Karlan, laufende Arbeit.

27 Shawn Cole, Xavier Giné, Jeremy Tobacman, Petia Topalova, Robert Townsend und James Vickery, »Barriers to Household Risk Management: Evidence from India«, Arbeitspapier, April 2009.

28 Esther Duflo und Abhijit Banerjee, »An Impact Evaluation of the Provision of Health Insurance Through Microfinance Networks in Rural India«, in: *CMF Progress Brief*, Dezember 2007.

ein zusätzlicher Vorteil betrachtet zu werden, hat die Versicherung eine ganze Reihe von Kundinnen abgeschreckt. Nach einem Jahr hat SKS aufgehört, sie zur Pflicht zu machen, um seine Kundinnen nicht zu verlieren. Die Versicherung wurde letztlich aufgegeben: Die Zahl der Kundinnen war zu gering und die medizinischen Aufwendungen sehr hoch, so dass der Versicherer schlussendlich zu der Auffassung gelangte, dass dies kein gutes Geschäft ist.

Die Ergebnisse der Evaluierungen werden uns bald erlauben, die Gründe für diese schwache Nachfrage besser zu verstehen. Untersuchungen in diesem Bereich fehlen, sei es nun hinsichtlich der Auswirkung der Versicherung oder hinsichtlich der Determinanten der Nachfrage, was zu der Begeisterung der Mikrofinanzinstitute und der internationalen Organisationen für das, was oft als das neue Allheilmittel präsentiert wird, in Kontrast steht.

Eine der Erklärungen hängt vielleicht damit zusammen, dass das Konzept der Versicherung nicht immer gut verstanden wird. Wir verfügen über ein Indiz, das in diese Richtung weist: Die Versicherung wird wenig in Anspruch genommen, und am Jahresende verlangen die Versicherungsnehmer ihr Geld zurück, weil sie nicht krank waren. Im Gegensatz zum Kredit und zum Sparkonto, wo es eine direkte Verbindung zwischen dem vereinbarten Darlehen und den laufenden Rückzahlungen gibt, wird die Versicherung von denen, die nicht krank werden – was die überwiegende Mehrzahl ist –, als eine Abgabe wahrgenommen. Aufklärung und Erfahrung könnten vielleicht zu einem besseren Verständnis ihrer Funktionsweise führen und infolgedessen zu einer größeren Inanspruchnahme. Eine andere Möglichkeit ist, dass abermals die zeitliche Inkohärenz eine Rolle spielt, gemäß dem gleichen Mechanismus, der die schwache Nachfrage nach der präventiven Medizin erklärt. Die Prämie für die Versicherung wird heute bezahlt, aber die Vorteile genießt man erst später in einer unbestimmten Zukunft oder nie. Eine Person, die eine starke Präferenz für die Gegenwart hat, könnte daher keine Versicherung abschließen wollen, auf die Gefahr hin, dies später zu bereuen.

Wie bei der Gesundheitsprävention rechtfertigt dies ein Eingreifen des Staates. In den meisten reichen Ländern sind die Grundversicherungen für alle Pflicht. In den armen Ländern, wo die Versicherung weitgehend fehlt, setzen die internationalen Organisationen heute auf den Markt, um sie einzuführen, wenn möglich auf rentable Weise. Aber wenn die schwache Nachfrage mit der zeitlichen Inkohärenz zusammenhängt, wären Subventionen, Soforthilfen (ein Eintritt im Schadensfall) oder eine vom Staat bereitgestellte Pflichtversicherung notwendig, um das Blatt zu wenden.

Sicher ist, dass es noch vieler Untersuchungen und Versuche bedarf, damit die Mikrofinanzinstitute ihren Kunden Versicherungsprodukte anbieten können, die beliebt und auf sie abgestellt sind. Und man muss sich darauf einrichten, dass diese Produkte, im Gegensatz zum Kredit, vielleicht niemals finanziell rentabel sein werden und immer (zumindest teilweise) subventioniert werden müssen. In der Zwischenzeit zu verlangen, dass die Armen sich ganz und gar selbst helfen, wie das heute der Fall ist, stellt eine enorme Ungerechtigkeit dar.

Wie sieht die Zukunft der Mikrofinanz aus?

In die Mikrofinanz wurden viele Hoffnungen gesetzt. Für ihre Anhänger ist sie nicht nur ein findiges System, das es erlaubt, eine Marktlücke zu schließen, sondern auch und vor allem eine Revolution der Art und Weise, den Armen zu helfen. Dank eines Kredits (und jetzt der Versicherung) zu einem Preis, der finanziell tragbar ist, können wir den Armen helfen, sich selbst zu helfen – und dies, ohne Geld in die Hand zu nehmen. Der weltweite Erfolg dieser Philosophie hat die Nachahmung dieses Modells in zahlreichen anderen Bereichen gefördert. Die »sozialen Unternehmen«, wie der amerikanische Fond Acumen Fund, schlagen vor, den Armen andere essenzielle Güter anzubieten (von fließendem Wasser über Moskitonetze bis zur Bildung), zu Preisen, die hoch genug sind, um Rentabilität zu gewährleisten. Gemäß dieser Weltsicht sind alle Armutsprobleme einem fehlenden Markt geschuldet: Es würde so genügen, zu warten, bis ein solcher von einem Unternehmer, der erfindungsreich genug ist, eröffnet würde.

Die Kritiker des Mikrokredits haben ihn an diesen Erwartungen gemessen. Die Mikrokreditunternehmen wurden (zu) schnell als die neuen Wucherer dargestellt, die die Armen ausbeuten, indem sie ihnen Darlehen anbieten, die sie nicht zurückzahlen können. Unsere Schlussfolgerungen werden nuancierter sein: Die Mikrofinanz hat einer Vielzahl von armen Frauen endlich Zugang zu einem Kredit ermöglicht. Einige von ihnen hatten bereits die Ideen und die Begabung, eine unternehmerische Tätigkeit aufzunehmen: Jedes sechste Darlehen führt zur Schaffung einer neuen Geschäftstätigkeit. Anderen Haushalten helfen diese Darlehen zu sparen oder die Wechselfälle des Lebens abzufedern, ohne auf die Dorfwucherer zurückgreifen zu müssen.

Doch verwechselt man ein kleines Unternehmen leicht mit Unternehmergeist. Wenngleich die Armen ihre geschäftliche Aktivität oft als Eigentümer betreiben (ein Feld, ein kleines Geschäft), ist dieses Eigentum öfter erlitten als gewollt. Das Credo des Mikrokredits, das in jeder Armen eine Unternehmerin sieht, entspricht nicht notwendig der Realität. Die Armen, wie die Reichen, sehen sich mit anderen Hürden konfrontiert, die sie am Sparen hindern, zu denen die zeitliche Inkohärenz und die von der Armut selbst hervorgerufene Entmutigung gehören. Die Mikrofinanz ist daher eine begrüßenswerte Innovation. Man muss sie weiterhin unterstützen und sie dazu bewegen, einen Komplex von Finanzdienstleistungen zu entwickeln, die auf die Ärmsten der Armen abgestellt sind (Sparkonto, Kredit, Versicherung). Dennoch ist es ebenso unerlässlich, daran zu erinnern, dass die Mikrofinanz alleine die traditionellen Instrumente der Armutsbekämpfung nicht ersetzen kann.

4. Kapitel
Gouvernanz und Korruption

Die Institutionendebatte wird von einem sehr allgemeinen Diskurs beherrscht. Die Demokratie, das Eigentum und die Dezentralisierung bilden die großen unerschöpflichen Themen, die zumeist abstrakt oder rein deskriptiv erörtert werden. Die Diskussionen über die Rolle der Institutionen oder das Entwicklungsniveau leben von historischen oder vergleichenden Perspektiven, bei denen Länder und Kontinent die Kategorien der Analyse bilden. Aber auf die genaue Form, in der sich die Institutionen vor Ort verkörpern, wird selten eingegangen. Dasselbe gilt für die Korruption: Bei diesem Thema kommen einem sofort die Auswüchse der Françafrique oder die Bankkonten der afrikanischen Diktatoren in den Sinn.

Ohne die Bedeutung dieser allgemeinen Ansätze in Abrede zu stellen, schlagen wir in diesem Kapitel eine ganz andere Perspektive vor: die der Institutionen, wie sie von der großen Mehrheit gesehen werden. Die Korruption, unter der die Ärmsten der Armen direkt leiden, ist ein viel undurchsichtigeres und breiteres Phänomen als die spektakulären Veruntreuungen, die ihre Führung begeht. Im Alltag hat sie viele Gesichter: Das ist der Polizist, der Ihre Anzeige nicht aufnimmt, wenn Sie ihm keinen Schein zustecken, oder aber der Bürgermeister, der ein Bakschisch verlangt, um die Lebensmittelkarte auszustellen, auf die Sie ein Anrecht haben. Denselben Ansatz »von unten« werden wir auch wählen, um die konkreten Formen zu beschreiben, die die Institutionen annehmen: Letztere werden von einer Reihe von Regeln geleitet, die tagtäglich den Rahmen für den kollektiven Entscheidungsprozess bilden. Dieser institutionelle Rahmen hat einen maßgeblichen Einfluss auf die politischen Entscheidungen und die Verteilung der Ressourcen innerhalb des Dorfes sowie auf die Zustimmung und Zufriedenheit der Bürger.

Es sind folglich diese »Details« – die Korruption im Alltag und die für eine gute Gouvernanz konstitutiven Regeln –, bei denen wir hier ansetzen werden, um deren Bedeutung herauszustellen und zu zeigen, wie auch hier eine scharfsinnige Analyse helfen kann, Probleme zu lösen, die mangels präziser Kenntnisse ihres Gegenstands zu oft als unlösbar betrachtet werden.[1]

Wie kann man gegen Korruption vorgehen?

Der Begriff der »Korruption« deckt viele Realitäten ab. Wir definieren ihn hier als eine Situation, in der ein Beamter (oder jemand, der gewählt wurde) um eines persönlichen Vorteils willen eine Regel verletzt.[2] Dabei kann es sich um Bestechungsgelder, um Nepotismus oder auch um Verträge handeln, die aufgrund von Begünstigung gewährt wurden. Im Gegensatz zum gewöhnlichen Wortgebrauch sind wir daher auch der Ansicht, dass der systematische Absentismus ebenfalls ein Akt der Korruption ist. Ein Lehrer, der abwesend ist, um seinen Tag zu genießen, verletzt die Regel, die ihm vorschreibt, präsent zu sein: Er veruntreut aufgrund dieser Tatsache öffentliche Gelder (in Form des Gehalts), und die Summe ist verglichen mit anderen Formen der Korruption überdies nicht unbedeutend. Hingegen fallen der Diebstahl und Verfehlungen, die im privaten Umfeld begangen werden, nicht unter die Korruption.

Messung der Korruption

Die Korruption zu messen ist naturgemäß schwierig, da es sich um einen illegalen Akt handelt. Weder die Täter noch die Opfer legen gerne die Details offen. Die Berichte, die mit Blick auf Unternehmen, die sich in Entwicklungsländern niederlassen wollen, erstellt werden, waren in Bezug auf die Korruption lange Zeit eine der Hauptquellen.[3] Diese Dokumente, die von Organisationen wie der

1 Meine Vorgehensweise verdankt viel einem Aufsatz von Rohini Pande und Christopher Udry, dem ich den Begriff der Sicht »von unten« entnommen habe (Rohini Pande und Christopher Udry, »Institutions and Development: A View from Below«, in: R. Blundell, W. Newey und T. Persson (Hg.), *Proceedings of the 9th World Congress of the Economic Society*, Cambridge: Cambridge University Press, 2007.

2 Ich entnehme diese Definition und einen Teil des konzeptuellen Rahmens dieses Kapitels einem Aufsatz von Banerjee Abhijit, Rema Hanna und Sendhil Mullainathan mit dem Titel »Corruption«, Manuskript, MIT.

3 Es handelt sich selbstverständlich nicht um die einzige Quelle zur Korruption. Die Organisation *Transparency International* erstellt jedes Jahr einen sehr gefragten

Economist Intelligence Unit vorgelegt werden, werden ausgehend von der Befragung großer ortsansässiger Unternehmen erstellt und spiegeln folglich die Auswirkungen der Korruption außerhalb der Geschäftswelt nicht wider: Doch die Armen, die in diesen Studien nicht vorkommen, sind die ersten Opfer des Absentismus, der schlechten Qualität der Infrastruktur, die auf den Diebstahl von Baumaterial oder die Überladung der Lastwagen zurückgeht, oder auch der Unterschlagung von Lebensmittelkarten. In Indien zum Beispiel zeigen mehrere Untersuchungen, dass arm zu sein weder notwendig noch hinreichend ist, um Anspruch auf eine »BPL« (*Below Poverty Line*)-Karte zu haben, die dazu berechtigt, in subventionierten Läden einzukaufen.[4]

Um die Korruption besser zu verstehen und – vor allem – um herauszufinden, wie man sie bekämpfen kann, besteht ein erster unerlässlicher Schritt folglich darin, das Phänomen zu quantifizieren. Verglichen mit der Befragung von Schlüsselinformanten haben die Umfragen in den Haushalten oder Unternehmen den Vorteil, repräsentativer zu sein. Gleichwohl können sie verzerrt sein durch den Versuch, die Korruption zu verheimlichen oder, im Gegenteil, ihre Bedeutung zu übertreiben … natürlich bei den anderen! In den letzten Jahren wurde von den Wissenschaftlern eine große Kreativität an den Tag gelegt, um über diese traditionellen Methoden hinauszugehen und zuverlässigere Daten zu erheben.

Eine erste Methode besteht darin, unangemeldete Besuche zu organisieren. So haben an Werktagen erfolgte Besuche es erlaubt aufzudecken, wie bedeutend der Absentismus in den Schulen und Gesundheitszentren ist.[5] Eine andere Variante besteht darin, einen »Scheinkunden« zu schicken, der versucht ein Gut oder eine Dienstleistung zu erhalten. Die Polizeidirektion von Rajasthan hat

Bericht zur weltweiten Korruption, der unter der Website der Organisation frei zugänglich ist: ⟨http://www.transparency.org/about_us/annual⟩. Die Berichte der *Economist Intelligence Unit* sind kostenpflichtig und unter folgender Adresse verfügbar: ⟨http://countryanalysis.eiu.com/⟩.

4 Abhijit Banerjee, Raghabendra Chattopadhyay, Esther Duflo und Jeremy Shapiro, »Targeting Efficiency: How Can We Best Identify the Poorest of the Poor«, Arbeitspapier, Mai 2009.

5 Nazmul Chaudhury, Jeffrey Hammer, Michael Kremer, Karthik Muralidharan und Halsey Rogers, »Missing in Action. Teachers and Health Worker Absence in Developing countries«, in: *Journal of Economic Perspectives*, vol. 20, Winter 2006, S. 91-116.

sich im Rahmen einer Studie über die Reformierung der Polizei für einen solchen Versuch zur Verfügung gestellt (wir kommen später auf diese Studie zurück).[6] Die Mitarbeiter vor Ort haben sich als relativ arme Opfer kleiner Delikte (Diebstahl des Telefons oder Fahrrads, sexuelle Belästigung etc.) ausgegeben und versucht, bei 150 über den Staat verteilten Polizeidienststellen Anzeige zu erstatten, und ihre Identität erst in dem Moment aufgedeckt, in dem die Anzeige aufgenommen werden sollte, oder beim Gehen, wenn der Polizeibeamte sich weigerte, sie zu empfangen. Die Reaktionen der einzelnen Polizeibeamten wurden den Vorgesetzten nicht mitgeteilt, da es darum ging, eine Situation zu quantifizieren, und nicht darum, ein eventuelles Fehlverhalten zu bestrafen. Bei den ersten Besuchen weigerte sich der Polizeibeamte in 60 Prozent der Fälle, die Anzeige aufzunehmen, und das trotz der Tatsache, dass alle Polizeireviere im Voraus verständigt wurden, dass solche Besuche im Laufe des Jahres stattfinden werden: Dieser Prozentsatz kommt somit sicherlich einer Unterschätzung der tatsächlichen Situation gleich. Eine Einzeluntersuchung, die parallel bei einer Stichprobe der Bevölkerung desselben Distrikts durchgeführt wurde, hat die geringe Rate an Anzeigenaufnahmen bestätigt. In mehr als zwei Dritteln der Fälle haben die Opfer einer Straftat nicht einmal versucht, bei der Polizei eine Aussage zu machen. Bei denjenigen, die es versucht haben, wurde fast ein Drittel der Anzeigen nicht aufgenommen. Der Grund, weshalb sich die Polizisten weigern, Anzeigen aufzunehmen, ist einfach: Da die Polizeireviere an der Zahl der ungelösten Fälle gemessen werden, bedeutet die Nichtaufnahme eines Delikts, dass sie ein Problem weniger zu lösen haben.

Die teilnehmende Beobachtung ist eine weitere Methode. In der Provinz Aceh in Indonesien sind Wissenschaftler als Beifahrer oder Assistent des Fahrers mit Lastwagen umhergereist.[7] Mit Zustimmung der Fahrer haben sie an 304 Fahrten teilgenommen und sind Zeugen von 6 000 illegalen Zahlungen geworden (wovon eine auf Video aufgenommen wurde und unter der Internetseite

6 Abhijit Banerjee, Raghabendra Chattopadhyay, Esther Duflo und Daniel Keniston, »Rajasthan Police Performance and Perception Intervention«, Arbeitspapier, Mai 2009.

7 Patrick Barron und Ben Olken, »The Simple Economics of Extortion: Evidence from Trucking in Aceh«, in: *Journal of Political Economy*, 117 (3), Juni 2009, S. 417-452.

des Autors der Studie verfügbar ist[8]). Die Hauptstraßen von Aceh weisen, was auf den Bürgerkrieg zurückgeht, noch zahlreiche Kontrollposten auf, an denen Militärs oder Polizisten oft ein Bakschisch verlangen. Durchschnittlich gibt ein Fahrer ungefähr 40 Dollar an Schmier-, Erpressungs- oder Schutzgeldern aus (das sind 13 Prozent der Gesamtkosten für die Fahrt). Diese einzigartigen Daten haben es auch erlaubt festzustellen, dass der verlangte Betrag nichts mit der Überladung des Lastwagens zu tun hat. Um die Schmiergelder zu amortisieren, haben die Frachtunternehmen nämlich ein Interesse daran, den Lastwagen so stark wie möglich zu beladen, obwohl die Schäden, die den Straßen zugefügt werden, sich mit steigendem Gewicht erheblich vergrößern. Dieses Beispiel veranschaulicht ein allgemeineres Prinzip: Die Korruption führt nicht nur dazu, dass Gelder fließen (hier zwischen den Frachtunternehmen und den Polizisten oder Militärs), sondern sie schadet auch dem Gemeinwohl insgesamt.

Eine dritte Technik besteht darin, zwei unterschiedliche Quellen zu vergleichen, um verschwundene Gelder zu ermitteln. So kann man die Ein- und Ausfuhrerklärungen unter die Lupe nehmen, um die Hinterziehung der Zollgebühren zu beziffern; um den Diebstählen in der Verwaltung auf die Spur zu kommen, vergleicht man die Beträge, die den Schulen und Krankenhäusern zugewiesen wurden, mit denen, die tatsächlich dort angekommen sind; oder man vergleicht die Aufstellung der Materialmengen (und Arbeitsstunden), die angeblich aufgewendet wurden, um eine Straße zu bauen, mit dem Material, das tatsächlich verwendet wurde.[9] Die unter den Straßenbautrupps vor Ort gängigste Methode der Bereicherung besteht darin, entweder mehr Arbeitsstunden anzugeben, als tatsächlich geleistet wurden (oder Stunden abzurechnen, welche die Dorfbewohner gratis erbracht haben), oder falsche Rechnungen auszustellen, indem die Materialkosten frisiert werden, oder

8 ⟨http://econ-www.mit.edu/faculty/bolken/photos⟩.

9 Siehe hierzu Raymond Fisman und Shang-Jin Wie, »Tax Rates and Tax Evasion: Evidence from ›Missing Imports‹ in China«, in: *Journal of Political Economy*, 112 (2), April 2004, S. 471-500; Ritva Reinikka und Jakob Svensson, »Local Capture: Evidence from a Central Gouvernment Transfer Program in Uganda«, in: *Quarterly Journal of Economics*, 119 (2), Mai 2004, S. 678-704; und Benjamin Olken, »Monitoring Corruption: Evidence from a Field Experiment in Indonesia«, in: *Journal of Political Economy*, 115 (2), April 2007, S. 200-249.

auch einen Teil dieses Materials zu stehlen. Ein Ingenieurteam hat, wiederum in Indonesien, an verschiedenen Orten Bohrungen an Straßen vorgenommen, die dort erst vor kurzem gebaut wurden, um die Menge des verwendeten Materials zu errechnen; anschließend wurden diese Untersuchungen durch eine Befragung der Bevölkerung ergänzt, um die Arbeitsstunden zu erfassen (und ihre Bezahlung). Zum Schluss wurden diese Daten mit den Rechnungen des mit den Arbeiten beauftragten Bautrupps verglichen. Auf diese Weise kann man ausrechnen, dass im Durchschnitt ungefähr ein Viertel der für den Straßenbau in Rechnung gestellten Mittel unterschlagen wurde: Etwas weniger als ein Viertel des Materials wurde gestohlen (oder niemals gekauft), und 27 Prozent der Arbeit, die angeblich bezahlt wurde, wurde dies in Wirklichkeit nicht.

Erfassung der Korruption

Diese originellen Methoden, die präziser sind als diejenigen, über die wir bislang verfügten, erlauben uns, besser zu verstehen, wie die Korruption vonstattengeht und, genauer noch, sie gegen den einfachen Diebstahl abzugrenzen. Worin unterscheidet sich im öffentlichen Leben die Korruption von Verstößen gegen das gemeine Recht?

Es geht weniger um die Haltung dessen, der die Regel verletzt, denn um die Natur der Regel, die überschritten wird. Tatsächlich intervenieren die Staaten im Allgemeinen, wenn der Markt versagt, das heißt, wenn Güter oder Dienstleistungen nicht von selbst in der von der Gesellschaft gewünschten Weise zur Verteilung kommen. Es geht somit um die Fälle, bei denen – aus verschiedenen Gründen – die Privatinteressen sich nicht mit dem Gemeinschaftsinteresse decken. Zum Beispiel ist es für die Gesellschaft wichtig, dass Leute den Führerschein erhalten, die fahren können und die die Straßenverkehrsordnung kennen. Doch Personen, die nicht fahren können, können nichtsdestotrotz einen Führerschein wollen, um es auf ihr eigenes Risiko und ihre eigene Gefahr (tatsächlich vor allem auf die der anderen) hin per *Learning by Doing* zu lernen. Ebenso entscheidet sich eine Gesellschaft dafür, die Krankenhausbetten nur Kranken zu geben und nicht denjenigen, die sich einer Schönheitsoperation unterziehen, selbst wenn Letztere mehr bezahlen können.

Der korrupte Beamte verändert, indem er das Gesetz bricht, oft die Art und Weise, in der Güter zugeteilt werden, und führt dabei die Logik des Marktes, die der Staat außer Kraft zu setzen versucht hatte, wieder ein. Er macht damit mehr, als sich zu Unrecht ein Stück vom gesellschaftlichen »Kuchen« zu genehmigen: er verringert dessen Größe. Wir haben dies in Bezug auf die Straßen gesehen. Die Erteilung von Führerscheinen in Neu-Delhi ist ein anderes eindrucksvolles Beispiel. Um das Ausmaß der Korruption aufzudecken, hat eine Gruppe von Forschern 822 Personen ausgemacht, die einen Führerschein wollten.[10] Diese Personen wurden nach dem Zufallsprinzip in drei Gruppen unterteilt: Die erste Gruppe bildete die Kontrollgruppe, für die sich das Prozedere in der üblichen Weise vollzog; die zweite war die »Bonus«-Gruppe, deren Mitgliedern eine relativ hohe Prämie versprochen wurde, wenn sie ihren Führerschein in maximal 32 Tagen erhalten, was zwei Tage mehr waren als die gesetzliche Mindestfrist; den Teilnehmern der dritten Gruppe wurden kostenlose Fahrstunden angeboten. Zwischen Oktober 2004 und April 2005 wurde bei all diesen Personen beobachtet, welche Schritte sie zur Erlangung des Führerscheins unternahmen. Zum Schluss wurde für diejenigen, die den Führerschein erhalten hatten, eine unangekündigte Fahrprüfung arrangiert.

Die Beobachtung der Kontrollgruppe lieferte die ersten interessanten Daten: 48 Prozent dieser Personen haben tatsächlich ihren Führerschein bekommen (dieser Anteil liegt bei denjenigen, die sich wahrhaft angestrengt haben, um dies zu erreichen, bei 69 Prozent). Von denjenigen, die ihn hatten, sind 60 Prozent bei der abschließenden unangekündigten Fahrprüfung durchgefallen. 39 Prozent der Personen der Kontrollgruppe haben einen »Agenten« in Anspruch genommen, um sich ihr Vorhaben zu erleichtern (dieser Agent scheint der Mittelsmann zu sein, der den Auftrag hat, die Schmiergelder einzusammeln). Um auf diesem Weg an einen Führerschein zu kommen, haben die Mitglieder der Testgruppe durchschnittlich 338 Rupien mehr als den offiziellen Preis von 450 Rupien ausgegeben, das ist fast das Doppelte. Diese Zahlungen werden fast immer Agenten übergeben und nicht den Beamten direkt.

10 Marianne Bertrand, Simeon Djankov, Rema Hanna und Sendhil Mullainathan, »Obtaining a Driver's License in India: An Experimental Approach to Studying Corruption«, in: *Quarterly Journal of Economics*, 122 (4), November 2007, S. 1639-1676.

Begnügen sich diese Agenten damit, »Öl ins Getriebe« der für die Führerscheine zuständigen Verwaltung zu geben? Wären sie so ein heilsames Gegenmittel gegen blinde und allmächtige Bürokratien? Um besser zu verstehen, welche Art von Aktivität diese Agenten betreiben, wurden »Scheinkunden« eingesetzt: Junge Leute, die sich als potenzielle Kunden ausgaben, haben sich mit Agenten getroffen und sie gefragt, ob sie ihnen helfen können, unter mehr oder weniger schwierigen Umständen einen Führerschein zu bekommen: zum Beispiel ohne fahren zu können – und ohne die Absicht zu haben, es zu lernen –, oder ohne die notwendigen Nachweise oder das erforderliche Alter zu haben, oder auch indem sie verlangten, ihn in weniger als 30 Tagen zu bekommen. Nicht fahren zu können stellt offensichtlich kein Problem dar: Das macht die Fahrerlaubnis nicht einmal teurer. Hingegen können die Agenten die formalen Vorschriften nicht umgehen (Frist, Alters- oder Adressnachweis etc.). Weit davon entfernt, die Effizienz des Systems zu verbessern, indem sie dabei helfen, formale Vorschriften, die vielleicht entbehrlich sind, zu umgehen, achten die Agenten darauf, dass diese Vorschriften eingehalten werden, was die Fahrerlaubnis jeglichen Inhalts entleert: Auf jeden Fall bestätigt sie nicht die Fähigkeit, fahren zu können.

Die Unterschiede zwischen den einzelnen Gruppen illustrieren das Phänomen der Korruption noch besser. Die wichtigsten Ergebnisse werden in Abbildung 6 aufgezeigt. Die Mitglieder der »Bonus«-Gruppe haben mehr Chancen, ihren Führerschein zu bekommen (73 Prozent hatten ihn, gegenüber 48 Prozent in der Kontrollgruppe), und das schneller (57 Prozent in 32 Tagen oder weniger, gegenüber 15 Prozent in der Kontrollgruppe). Diese Resultate werden erzielt, indem die behördliche Fahrprüfung entfällt: 47 Prozent haben den Führerschein erhalten, ohne eine behördliche Fahrprüfung abzulegen (gegenüber 34 Prozent in der Testgruppe). Wie ist ihnen diese Glanzleistung gelungen? Indem sie einen Agenten angeheuert haben (58 Prozent haben dies getan, gegenüber 39 Prozent in der Kontrollgruppe) und indem sie höhere Schmiergelder bezahlt haben (durchschnittlich 517 Rupien, gegenüber 338 Rupien in der Kontrollgruppe). Die sozialen Kosten liegen auf der Hand: Sie hatten nicht die Zeit, fahren zu lernen. Mehr als 70 Prozent derer, die den Führerschein hatten, konnten nicht fahren und sind bei der unangekündigten Fahrprüfung am Ende der Studie durchgefallen.

Abbildung 6
Führerschein: Auftritt der unterschiedlichen Gruppen

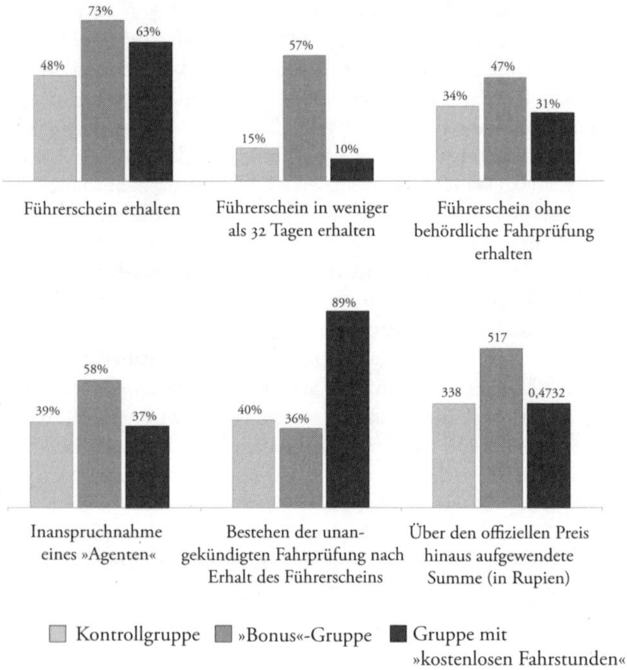

Quelle: Marianne Bertrand, Simeon Djankov, Rema Hanna und Sendhil Mulainathan, »Obtaining a Drivers License in India: An Experimental Approach to Studying Corruption«, in: *Quarterly Journal of Economics*, 122 (4), November 2007, S. 1639-1676.

Die letzte Beobachtung macht einem etwas Mut: Diejenigen, die in den Genuss kostenloser Fahrstunden kamen, haben auch mehr Chancen, den Führerschein zu bekommen, als die Kontrollgruppe, selbst wenn ihre Ergebnisse unterhalb derer der »Bonus«-Gruppe bleiben (63 Prozent hatten ihn, gegenüber 73 Prozent in der »Bonus«-Gruppe). Sie fahren auch besser (89 Prozent von denjenigen, die den Führerschein hatten und in den Genuss von Fahrstunden kamen, haben die unangekündigte Prüfung bestanden). Aber sie erhalten ihn nicht schneller als die Kontrollgruppe und müssen auch ebenso viel dafür bezahlen.

Fahren zu können erhöht die Wahrscheinlichkeit, seinen Führerschein zu bekommen: Das gegenwärtige System gestattet somit, etwas weniger Sonntagsfahrer auf den Straßen zu haben, als dies der Fall wäre, wenn die Führerscheine einfach verkauft werden würden. Aber die Korruption bringt eine falsche Vergabepraxis mit sich, da diejenigen, die bereit sind, mehr zu zahlen, tatsächlich mehr Chancen haben, einen Führerschein zu bekommen, und da eine Vielzahl von Fahrern ungeeignet ist, sich an ein Steuer zu setzen.

Bleibt anzumerken, dass es in einem System, bei dem es reichen würde zu bezahlen, um den Führerschein zu bekommen, vermutlich keine Korruption gäbe. Muss man also nur die Fahrprüfung abschaffen? Wohl kaum, da man dann eine noch größere Zahl von Personen hätte, die nicht fahren können (weil fahren zu können zur Erlangung des Führerscheins trotz aller Korruption von Vorteil ist). Korruption entsteht, wenn sich zwischen einem gesellschaftlichen Ziel und der individuellen Fähigkeit zu bezahlen eine Kluft auftut, wie Abhijit Banerjee zeigt, indem er die Entscheidung einer Regierung, die die Krankenhausbetten denjenigen zur Verfügung stellen will, die sie tatsächlich benötigen, und die eines Bürokraten, der bestrebt ist, seine Bezüge zu maximieren, analysiert.[11] Der Beamte macht sich diese Kluft zunutze, indem er für den Verbraucher die Möglichkeit einführt, zu bezahlen, anstatt seine Kompetenz (oder seine Bedürftigkeit) nachweisen zu müssen. Das geschieht natürlich zu Lasten der Gesellschaft, die darunter leidet, Sonntagsfahrer auf den Straßen zu haben, kaputte Straßenbeläge und Kranke, denen ein Krankenhausbett versagt wird, etc.

Wenn die Regierungen jegliche Hoffnung aufgeben würden, die Allokation knapper Ressourcen in der Ökonomie zu verbessern (das heißt dafür zu sorgen, dass die Krankenhausbetten an die Kranken und nicht an die Reichsten gehen), gäbe es sicherlich weniger Korruption, aber es wäre um das gesellschaftliche Wohl noch schlechter bestellt. Die Korruption ist von der Notwendigkeit zu intervenieren, um das Gleichgewicht zu verbessern, nicht zu tren-

11 Abhijit Banerjee, »A Theory of Misgovernance«, in: *Quarterly Journal of Economics*, 112 (4), 1997, S. 1289-1332.

nen; sie ist sozusagen deren dunkle Kehrseite. Man muss sich daher darauf einstellen, sie permanent bekämpfen zu müssen, zumindest solange sich nicht jeder systematisch weigert, dem Druck seines Eigeninteresses nachzugeben. Weil sie sich von jeder Regel freimacht und das Gemeinwohl untergräbt, ist die Korruption zutiefst schädlich. Der Politologe Samuel Huntington, dem zufolge sie nichts anderes ist als »das Öl im Getriebe einer lähmenden Bürokratie«, ignoriert diesen Aspekt, wenn er schreibt: »Was in Bezug auf das Wirtschaftswachstum schlimmer ist als eine Gesellschaft mit einer rigiden, extrem zentralisierten und unehrlichen Bürokratie, ist eine Gesellschaft mit einer rigiden, extrem zentralisierten und ehrlichen Bürokratie.«[12]

Bekämpfung der Korruption

Nun, da wir die Funktionsweise der Korruption besser verstehen und wissen, wie man sie messen kann, können wir uns der unter dem politischen Gesichtspunkt wichtigsten Frage zuwenden: Wie kann man sie bekämpfen? Es gibt dreierlei Arten, dies zu tun: die Kontrolle »von oben« (Buchprüfungen und Verwaltungskontrollen), die Kontrolle »von unten« (Überwachung durch die Nutzer) und eine Kombination von beidem (Verwaltungskontrolle und Rechenschaftspflicht gegenüber dem Wähler).

Die Evaluierung der indischen Polizei in Rajasthan dokumentiert die Wirkung von Verwaltungskontrollen.[13] Die »Scheinkunden«, die den Auftrag hatten, die Polizisten zu testen, offenbarten ihre Identität am Ende des Besuchs. Letztere begriffen also, dass sie unter Beobachtung standen (obwohl die Besuche keinerlei Sanktion nach sich zogen), und dieses Wissen scheint sich auf ihr späteres Verhalten ausgewirkt zu haben. In dem Maße, wie sich die Besuche häuften – die immer von einem anderen Tester mit einer anderen Geschichte erfolgten, so dass es nicht möglich war, sie als Kontrollen zu identifizieren –, nahm die Quote der aufgenommenen Anzeigen zu und stieg von 40 Prozent beim ersten Besuch auf 70 Prozent beim letzten. Die bloße Tatsache, sich unter Beobach-

12 Samuel Huntington, *Political Order in Changing Societies*, New Haven und London: Yale University Press, 1968.

13 Abhijit Banerjee u. a., »Rajasthan Police Performance and Perception Intervention«, a. a. O.

tung zu wissen, hat die Polizisten dazu gebracht, eine gewissenhaftere Berufsauffassung zu entwickeln.

Das *Kecamatan Development Program* (KDP), das in Indonesien durchgeführt wurde, ist ein zweites Beispiel, das die Wirkung der Angst vor Inspizierung illustriert.[14] Dieses von der Weltbank finanzierte Programm erlaubte jedem Dorf, sich ein lokales Infrastrukturprojekt auszusuchen (eine Straße, kleine Bewässerungsarbeiten etc.); anschließend wählte der Landkreis (*Kecamatan*) ein Projekt aus, stellte dem Dorf die Mittel zur Verfügung, und ein ortsansässiger Bautrupp wurde damit beauftragt, es auszuführen. Am häufigsten fiel die Wahl der Dorfbewohner auf den Bau von Straßen, der, wie wir gesehen haben, Raum für eine massive Korruption bietet (bei genau denselben Straßen hat die weiter oben zitierte ingenieurwissenschaftliche Studie die Veruntreuung von einem Viertel der Mittel aufgedeckt). In ihrem Bemühen, die Korruption zu bekämpfen, hat die Weltbank, die von Benjamin Olken beraten wurde, die Methode der Buchprüfungen getestet: Die für das Programm Verantwortlichen kündigten Dörfern, die nach dem Zufallsprinzip ausgesucht wurden, an, dass man ihre Rechnungsbücher mindestens einmal pro Jahr überprüfen werde. Diese Maßnahme hat dazu geführt, dass sich die Veruntreuung der Mittel um nahezu ein Drittel verringert hat – sowohl auf der Ebene der gestohlenen Materialien als auch auf der der nicht erfolgten Entlohnung.

Trotz der offensichtlichen Effizienz dieser »administrativen« Maßnahmen geben die Regierungen und internationalen Organisationen heute der Kontrolle »von unten«, die direkt durch die Nutzer erfolgt, den Vorzug. Im Prinzip sind diese nicht nur am rechten Ort, um sich über die bestehende Korruption zu informieren, sondern sie ziehen aus ihrem Verschwinden (oder zumindest ihrer Verringerung) auch einen unmittelbaren Vorteil: Aus diesen beiden Gründen könnte man meinen, dass eine lokale Kontrolle mittelfristig effizienter ist als eine Kontrolle von außen (denn wer kann am Ende die Kontrolleure kontrollieren?). Die internationalen Organisationen verlangen daher bei allen Programmen, die sie finanzieren, eine lokale Kontrolle.

Die Überwachung der Polizei in Rajasthan und des Straßenbaus in Indonesien erlaubt uns zu evaluieren, wie effizient die Kontrol-

14 Benjamin Olken, »Monitoring Corruption: Evidence from a Field Experiment in Indonesia«, a. a. O.

le der korrupten Beamten durch die Bevölkerung ist. Die Polizei von Rajasthan hatte gemeinsame Verbindungsgruppen (*community liaison groups* oder CLG) gebildet, die die Polizeireviere kontrollieren und die Arbeit der Polizisten vor Ort erleichtern sollten. Doch die CLG fielen selbst nach Meinung der Polizeiführung schnell in die Hände der Polizeireviere, die höchstselbst deren Mitglieder auswählten (Unternehmer mit einer engen Verbindung zur Polizei, ja sogar Spitzel). Folglich waren die CLG unfähig, eine unabhängige Kontrolle auszuüben.

Um diesem Problem abzuhelfen, wurde eine neue Maßnahme ausprobiert: In allen Polizeiposten wurde nach Versammlungen, bei denen das Überwachungsprogramm vorgestellt wurde, eine Liste mit mehreren hundert Beobachtern erstellt. Jeder Beobachter wählte einen Tag aus, an dem er alle drei Monate einige Stunden im Polizeirevier zubringen wollte, um zu beobachten, was die Polizisten tun. Ein verschlossener Kasten für Vorschläge erlaubte ihnen, wenn sie wollten, ihre Beobachtungen anonym und undatiert festzuhalten. Das Programm wurde in den Dörfern breit angekündigt, um sowohl Beobachter zu rekrutieren als auch um dafür zu sorgen, dass die Dorfbewohner dann kommen und Anzeige erstatten können, wenn die Beobachter da sind. Die Hypothese war folgende: Zumindest während der Stunden, in denen die Beobachter anwesend wären, würde sich das Verhalten der Polizisten mit Sicherheit bessern.

Trotz der Verbesserungen, die am Modell des CLG vorgenommen wurden, hatte das Programm der Beobachter keinerlei Effekt, weder in Bezug auf die Aufnahme von Anzeigen noch in Bezug auf die Zufriedenheit der Opfer oder die Beziehungen zwischen der Öffentlichkeit und der Polizei. Das ist zum Teil auf den im Laufe der Zeit einsetzenden Auflösungsprozess des Programms zurückzuführen. Es fanden sich immer weniger Freiwillige, und ihre Präsenz vor Ort nahm ab. Nach einigen Monaten haben Berichterstatter, die zu unangekündigten Besuchen kamen, festgestellt, dass es zu den vorgesehenen Zeiten oft keinen Beobachter gab. Außerdem haben einige Polizeiposten begonnen, die Berichte zu fälschen, ohne dass die Bevölkerung oder die Kommunalpolitiker sich beschwert hätten, dass das Programm im Begriff ist zu scheitern.

Der Misserfolg dieses Programms steht nicht nur in Kontrast zu den positiven Effekten der Inspektionen, sondern auch zu einem

Ausbildungsprogramm, das ebenfalls in Rajasthan im Rahmen der Polizeireform eingerichtet wurde. Die Polizisten hatten dabei die Möglichkeit, sich in neuen Untersuchungsmethoden sowie in der Mediation und dem Umgang mit Stress auszubilden. So nahmen die gelösten Fälle und die Zufriedenheit der Bevölkerung dort, wo die Polizisten geschult wurden, signifikant zu. Im Prinzip ist es somit möglich, die Effizienz der Polizei zu verbessern; was sich als ineffizient erwiesen hat, ist das Programm der Gemeinschaftsbeobachter.

Eine Evaluierung, die in Indonesien gemacht wurde, bestätigt die in Rajasthan gewonnenen Ergebnisse. Dort wurde innerhalb des Projekts KDP die Überwachung durch die Gemeinschaft gleichzeitig mit den Buchprüfungen getestet. Das Projekt motivierte die Bevölkerung bereits zur Partizipation: Die Straßenbautrupps mussten regelmäßig öffentliche Versammlungen abhalten, um über die Arbeitsfortschritte Bericht zu erstatten und die Finanzen zu besprechen. Doch die Indonesier kommen zu keiner Versammlung, zu der sie nicht förmlich eingeladen werden: Indem die Trupps nur diejenigen einluden, die ihnen verpflichtet waren, kontrollierten sie damit die Versammlungen. Um ihnen Sinn zu verleihen, wurden in jedem Dorf einer aleatorisch gebildeten Gruppe zwischen 300 und 500 Einladungen zugeschickt.

Diese Maßnahme hat ein erstes Ziel erreicht: Die Teilnahme an den Versammlungen stieg im Durchschnitt von 48 auf 74 Personen an, indem insbesondere die Dorfbewohner angesprochen wurden, die nicht zur lokalen Elite gehörten. Hingegen hat sich die Korruption nicht stärker verringert als mit den Gemeinschaftsbeobachtern, die bei der Polizei von Rajasthan eingesetzt wurden: Die Veruntreuung der für den Straßenbau bereitgestellten Gelder ist so gut wie nicht zurückgegangen. Doch die Art der Korruption hat sich verändert: Die nicht bezahlten, aber ausgewiesenen Löhne sind um die Hälfte gesunken, während der Diebstahl von Baumaterial zugenommen hat. Das lässt sich leicht erklären: Bei der Aufstellung der Finanzen konnten die Dorfbewohner schnell feststellen, dass die Stunden, die sie freiwillig mit dem Projekt verbrachten, in die Spalte der Ausgaben eingetragen waren. Somit konnten sie gegen den Betrug protestieren. Viel schwieriger ist es hingegen zu überprüfen, ob Material gestohlen wurde oder ob falsche Rechnungen ausgestellt wurden. Hierzu wäre eine konstante Überwachung erforderlich, was weit aufwendiger wäre und eine Koordinierung der Dorfbewohner erfordern würde. Dafür zu sorgen, dass man für seine Arbeit bezahlt wird, verschafft einem außerdem einen unmittelbaren persönlichen Gewinn. Den Diebstahl von Material einzudämmen, damit die Straße ordentlich gebaut wird, betrifft hingegen ein kollektives Gut: Die Versuchung, sich auf die anderen zu verlassen, um den notwendigen Erfolg zu erzielen, ist somit groß. In dem Wissen um diese Tatsachen haben die Bautrupps die Form der Unterschlagung von Geldern verfeinert, indem sie sich auf die am schwierigsten aufzudeckende Korruption verlegt haben.

Diese beiden Beispiele führen uns in Bezug auf die Rolle, die die Bürger bei der Kontrolle der für sie nachteiligen Korruption spielen können, zu einem eher pessimistischen Schluss. Es scheint etwas naiv zu glauben, dass die Einbeziehung der Gemeinschaft per se reicht, um die Korruption zu verringern. Zumindest hängt der Erfolg vom Kontext und von der Art und Weise ab, wie die Programme organisiert sind. Selbst wenn sie subtil gemacht sind, ist es keineswegs evident, dass die Formel der »Partizipation« tatsächlich eine effiziente Lösung darstellt.

Das heißt nicht, dass die Sanktion durch die Gemeinschaft keinerlei Rolle zu spielen hat, sondern vielmehr, dass man sich nicht immer darauf verlassen darf, dass die Dorfbewohner sich die Informationen, die notwendig sind, um diese Kontrolle auszuüben, selbst beschaffen. Der Idealfall wäre möglicherweise, die externen Buchprüfungen mit Sanktionen seitens der Bevölkerung zu kombinieren, zum Beispiel indem man die Bürger vor Wahlen oder vor einer Verlängerung der Lokalverantwortlichen über die Ergebnisse der Buchprüfungen informiert. In Indonesien wurden die Buchprüfungen gleichzeitig der Gemeinde und den Vorgesetzten mitgeteilt. Interessant ist, sich zu fragen, ob es gereicht hätte, diese Ergebnisse nur den Dorfbewohnern mitzuteilen: Wenn die Information verfügbar ist, ohne dass man etwas dafür tun muss, würden die Bürger sie dann benutzen?

Das ist der Fall in Brasilien, wo jeden Monat nach dem Zufallsprinzip bei einer Fernsehlotterie 60 Stadtverwaltungen ausgewählt werden, bei denen die Bücher und Konten überprüft werden.[15] Die

15 Claudio Ferraz und Frederico Finan, »Exposing Corrupt Politicians: The Effects of Brazil's Publicly Released Audits on Electoral Outcomes«, in: *Quarterly Journal of Economics*, 123 (2), Mai 2008, S. 703-745.

Ergebnisse dieser Buchprüfungen werden den Medien übermittelt, im Internet verbreitet und ausgiebig in der Lokalpresse kommentiert. So haben diese Informationen tatsächlich Einfluss auf die Wahlergebnisse: In den Stadtverwaltungen, in denen die Rechnungsprüfungen kurz nach einer Wahl stattfinden, gibt es keine Verbindung zwischen der Zahl der festgestellten Unregelmäßigkeiten und der Wahrscheinlichkeit, dass der scheidende Bürgermeister wiedergewählt wird (diese Wahrscheinlichkeit liegt bei 42 Prozent). Aber in den Stadtverwaltungen, in denen die Buchprüfungen per Zufall kurz vor den Wahlen stattfinden, liegt die Wahrscheinlichkeit der Wiederwahl für die Rathausmannschaft bei 55 Prozent, wenn die Rechnungsprüfung keinerlei Korruption zutage förderte (13 Prozentpunkte höher als in einer nicht korrupten Gemeinde, in der die Bürger dies nicht wissen), und bei nur 30 Prozent in den allerkorruptesten Gemeinden (12 Prozentpunkte weniger als in einer Gemeinde, in der diese Information nicht vorliegt). Das zeigt klar, dass die Wähler in der Lage und willens sind, korrupte Politiker abzustrafen.

Das brasilianische Beispiel macht deutlich, welche Macht die Wähler auf lokaler Ebene über die Verwaltungen und die Politiker haben. Allgemeiner gesagt, wird die Dezentralisierung der Macht, vor allem in Bezug auf die lokalen öffentlichen Güter, in zahlreichen Entwicklungsländern (und von den internationalen Organisationen) als ein Mittel zur Verringerung der Korruption und des Einflusses der Administration verstanden und, noch allgemeiner gesprochen, als eine Form, die politische Entscheidungsfindung zu verbessern. Aber so, wie die Kontrolle seitens der Bevölkerung es nicht erlaubt, die Korruption wie durch Zauberei zum Verschwinden zu bringen, so bringt auch die lokale Partizipation bei Entscheidungen Probleme mit sich.

Verbesserung der lokalen Gouvernanz

Indien, mit den *Gram Panchâyats* (Dorfräte), und Brasilien, mit den *Conselho do Orcamento Participativo* (Räte partizipativer Gouvernanz), haben seit zwei beziehungsweise drei Jahrzehnten große Dezentralisierungsprogramme in Gang gesetzt. Die lokale Gouvernanz wird oft als Patentlösung für sämtliche Probleme präsentiert:

die Korruption, die Unausgewogenheit zwischen dem, was die Bevölkerung braucht, und dem, was sie tatsächlich erhält, die Unzulänglichkeit der sozialen Dienste (Gesundheit oder Bildung) etc.

Vor- und Nachteile der Dezentralisierung

Für die Dezentralisierung gibt es *a priori* überzeugende Argumente. Zunächst erlaubt sie den Bürgern, eine direkte Kontrolle über die Politiker auszuüben. Dank Kommunalwahlen tritt ein Gewählter, der der Sanktion durch das Volk unterliegt, an die Stelle eines Beamten. Der Umstand, dass er sein Amt dem Willen des Volkes verdankt und der Sanktionierung durch die Wahl unterliegt, lässt theoretisch weniger Raum für Korruption. Außerdem weiß die Kommune besser als die Zentralmacht, was sie braucht. Eine dezentrale Regierung erlaubt somit zum Beispiel, teure Arbeiten zu vermeiden, die nur in der Vorstellungswelt der Bürokraten in der Hauptstadt von Nutzen sind. Schließlich kann, wie wir im Falle des Mikrokredits gesehen haben, die Tatsache selbst, dass man zusammenarbeitet, den Kommunen helfen, solidarisch zu werden oder wieder zusammenzufinden: Die Dezentralisierung hat somit einen intrinsischen Wert, da sie den Zusammenhalt fördert und dazu beiträgt, soziales Kapital zu schaffen. In Gebieten, die Schauplätze gewaltsam ausgetragener Konflikte waren, gibt es so häufig Programme zur Beteiligung der Bürger (die oft als *Community Driven Development Programs* oder CDD bezeichnet werden). Man findet sie in Indonesien (wir haben KDP genannt), aber auch in Liberia, Ruanda, Sierra Leone usw.

Gleichwohl birgt die lokale Kontrolle ihre eigenen Gefahren. Die Lokalräte können in die Hand der einstigen lokalen Eliten fallen, die erneut die Macht an sich reißen. Selbst wenn diese Vereinnahmung ausbleibt, können die Lokalräte eine Tyrannei der Mehrheit gegenüber Gruppen begründen, die weniger zahlreich oder weniger stark sind (wie die Frauen). Wenn diese Minderheiten über eine gebildete und strukturierte Elite verfügen, kann es ihnen gelingen, sich auf nationalem Niveau zu organisieren, um so sicherzustellen, dass ihre Rechte respektiert werden. Das ist zum Beispiel bei den früheren Unberührbaren in Indien der Fall – die heute als *scheduled castes* bezeichnet werden –, die Begünstigungen wie spezielle Stipendien oder für sie reservierte Posten in den Verwaltungen, den großen Unternehmen, den Universitäten und den Parlamenten erwirken konnten. Aber in den Dörfern sind die Mitglieder der *scheduled castes* im Allgemeinen weniger zahlreich, schwächer und ungebildeter als die anderen. Eine völlige Dezentralisierung könnte daher zu einer klaren Verschlechterung ihrer Situation führen.

In puncto Partizipation und Entscheidung steckt der Teufel wie immer im Detail. Wer kommt zu den Versammlungen? Wer ergreift das Wort? Wer findet Gehör? Die Regeln und Prozesse, die die Entscheidungsfindung leiten, sowie die Art und Weise, in der eine Entscheidung umgesetzt wird, sind in Bezug auf die politischen Entscheidungen, deren Folgen für die Verteilung der öffentlichen Güter und das Vertrauen, das die Bürger in die Institutionen haben, gleichermaßen essenziell. Wenn die Minderheiten den Eindruck haben, bei dem Entscheidungsprozess nicht berücksichtigt und der Tyrannei der Mehrheit unterworfen zu werden, kann ein System gemeinschaftlicher Entscheidung wie das CDD weit davon entfernt sein, die sozialen Beziehungen zu verbessern und sie stattdessen erheblich verschlechtern.

Effizienz der Bevölkerungsbeteiligung

In den Entwicklungsländern bildet die öffentliche Versammlung die Grundstruktur der Gouvernanz der dezentralisierten Verwaltungen. Dort werden die Haushalte vorgestellt und verabschiedet, dort werden die Probleme diskutiert, dort können die Bürger ihre Präferenzen zum Ausdruck bringen. Doch diesen Versammlungen wohnen sehr wenige Leute bei, die Ärmsten und Verwundbarsten in noch geringerer Zahl als die anderen. In Westbengalen in Indien, wo es seit langem die *Panchâyat* gibt und wo die Situation der Frauen als recht gut angesehen wird, machen die Frauen bei den Dorfversammlungen nur 32 Prozent aus (im Durchschnitt zählt man 40 auf 126 Teilnehmer).[16] In Indonesien sind normalerweise 30 bis 50 Personen, die vorwiegend der lokalen Elite entstammen, bei den Versammlungen zur Projektkontrolle anwesend, obgleich die Dörfer mehrere hundert Einwohner haben.[17]

16 Lori Beaman, Esther Duflo, Rohini Pande und Petia Topalova, »The Gram Sabha: What Can We Learn about Female Politicians«, Arbeitspapier, Januar 2009.

17 Benjamin Olken, »Monitoring Corruption: Evidence from a Field Experiment in Indonesia«, a. a. O.

Zudem ergreifen die Armen oder die Frauen, wenn sie zu den Versammlungen kommen, selten das Wort (durchschnittlich äußern sich nur acht Personen bei den Versammlungen des KDP in Indonesien), und wenn sie es tun, haben sie weniger Chancen, Gehör zu finden. So stammen in acht indischen Staaten, wo die Debatten von 200 Lokalräten aufgenommen und transkribiert wurden, weniger als 3 Prozent der gesprochenen Worte von Frauen. In mehr als der Hälfte der Fälle sprechen sie während der ganzen Versammlung kein einziges Wort. Und wenn sie das Wort ergreifen, antworten ihnen die gewählten Männer in 40 Prozent der Fälle aggressiv oder ungehobelt (in gleicher Weise antworten sie auch Männern, aber weniger häufig, nämlich in 32 Prozent der Fälle).

Damit man tatsächlich von lokaler Gouvernanz sprechen kann, ist es daher unbedingt notwendig, für eine bessere Beteiligung der Schwächsten und Mittellosesten zu sorgen. Es ist unerlässlich, die Parameter zu kennen, die ihre Beteiligung beeinträchtigen. Wir haben gesehen, dass in Indonesien die einfache Tatsache, die Bürger förmlich zu den Versammlungen einzuladen, bereits einen Unterschied ausmachte. Aber wie kann man über die schlichte Präsenz der Bürger hinaus ihre effektive Beteiligung verbessern, sie vor allem dazu bringen, das Wort zu ergreifen?

Ein erster Parameter betrifft die Art und Weise, in der die Versammlung abgehalten wird. Äußern sich die Frauen mehr, wenn eine Frau sie leitet? Es ist schwierig, diese Frage zu beantworten: Vielleicht konnte eine Frau genau deshalb gewählt werden, weil die Frauen in das politische Leben besser integriert sind. Doch die indische Politik der Frauenquoten liefert ein interessantes Beispiel, insofern nicht die lokalen politischen Präferenzen darüber bestimmen, welchen Geschlechts der Dorfvorsteher ist.[18] Die indische Verfassung wurde 1993 geändert, um das System der *Gram Panchâyats* oder Lokalräte einführen zu können, die mit der Verwaltung eines Dorfes oder einer Gruppe von Dörfern betraut sind (im Durchschnitt 10000 bis 12000 Personen). Diese Räte werden alle fünf Jahre frei gewählt. Der *Panchâyat* erhält Gelder vom Staat

18 Raghabendra Chattopadhyay und Esther Duflo, »Women as Policy Makers: Evidence from a Randomized Policy Experiment in India«, in: *Econometrica*, 72 (5), September 2004, S. 1409-1443.

und verwendet diese für den Ausbau und die Erhaltung der lokalen Infrastruktur (Schulgebäude, Bewässerungssysteme, Trinkwasserversorgung, Straßen etc.). Gleichzeitig sieht diese Änderung auf allen Ebenen einen obligatorischen Frauenanteil vor: Sie müssen ein Drittel der Mitglieder eines jeden *Panchâyat* bilden, und ein Drittel dieser Räte muss eine Frau als Leiterin (oder *Pradhan*) haben. Bei jeder Wahl wird nach dem Zufallsprinzip eine Gruppe von *Panchâyats* ausgewählt, bei denen nur Frauen in das Rennen um den Posten des *Pradhan* gehen können.

Dieses Prozedere hat man gewählt, um zu gewährleisten, dass die Frauen nicht allesamt in den rückständigen Dörfern gewählt werden, um die sich kein Mann kümmern will. Aber es erleichtert auch die Evaluierung, da wir die für die Frauen »reservierten« Dörfer mit denen, die dies nicht sind, vergleichen können. Insbesondere ist es möglich, die Beteiligung der Frauen bei den Versammlungen nebeneinander zu halten. In den Dörfern, in denen der *Pradhan* eine Frau ist, ergreifen die Frauen in zwei Dritteln der Versammlungen mindestens einmal das Wort; sie sprechen im Durchschnitt länger, und ihre Anliegen werden besser aufgenommen: Die Frauen behandeln die Frauen genauso wie die Männer und haben auf ihre Anmerkungen rund jedes zweite Mal eine konstruktive Antwort.[19] Eine Frau als *Pradhan* zu haben, erlaubt damit, die Standpunkte der Frauen besser zu berücksichtigen.

Aber zu den Versammlungen zu kommen (und selbst sich an den Debatten zu beteiligen) reicht nicht immer, um auf die Ergebnisse Einfluss nehmen zu können: Im Falle der indonesischen Straßen hat die Beteiligung an den Versammlungen zwar zugenommen und sich demokratisiert, seit förmliche Einladungen verteilt werden, doch die Korruption hat sich darum nicht verringert. Ergänzend zu den Versammlungen wurden in einigen Dörfern gleichzeitig mit den Einladungen Formulare verteilt, die die Möglichkeit boten, anonym Kommentare abzugeben.[20] Diese haben sich zur Bekämpfung der Korruption als effizienter erwiesen, aber nur unter einer Bedingung: wenn sie systematisch über die Schulen verteilt

19 Lori Beaman, Esther Duflo, Rohini Pande und Petia Topalova, »The Gram Sabha: What Can We Learn about Female Politicians?«, a. a. O.

20 Benjamin Olken, »Monitoring Corruption: Evidence from a Field Experiment in Indonesia«, a. a. O.

werden und nicht durch die lokalen Eliten. Wenn die Vorsteher des Dorfes oder des Viertels die Formulare verteilen, geben sie sie denjenigen, mit denen sie im Bunde stehen, was die Effizienz des Unternehmens untergräbt.

Dieses Beispiel zeigt, wie wichtig die Details sind. Überall auf der Welt gibt es zuhauf Debatten über lokale Demokratie und Dezentralisierung; doch ist ganz entscheidend, wie die Regeln, die den Rahmen für diese Partizipation abstecken, im Einzelnen aussehen, damit sie sich als fruchtbar erweist. Diese allgemeinen Begriffe laufen Gefahr, nur leere Hülsen zu sein, wenn wir nicht über die Theorie hinausgehen und uns damit befassen, wie die partizipative Demokratie jeweils in ihrem spezifischen Kontext konkret funktioniert.

Regeln der politischen Entscheidungsfindung

In der partizipativen Demokratie der Entwicklungsländer ist der Standardprozess zur Entscheidungsfindung die Versammlung. Diese ist jedoch nicht notwendig der ideale Entscheidungsmodus. In Indonesien hat die Verteilung von anonymen Formularen mehr bewirkt als die vermehrte Beteiligung an den Versammlungen. In Brasilien haben Buchprüfungen dafür gesorgt, dass bei den Volksabstimmungen die korrupten Regierungsmannschaften entmachtet werden. Hätte die Ersetzung der öffentlichen Versammlungen durch ein anonymes Votum Folgen für die Entscheidungen und die Teilnahme der Bevölkerung an diesem Prozess?

Um diese Frage zu beantworten, wurde im Rahmen des Programms KDP in Indonesien der Entscheidungsmodus in 28 Dörfern, die nach dem Zufallsprinzip ausgewählt wurden, geändert.[21] Im Prinzip besteht der Prozess der Entscheidungsfindung gewöhnlich in einer Reihe von Versammlungen, die auf eine abschließende Versammlung hinauslaufen, bei der zwei Projekte zur Entscheidung gelangen, wovon eines von den Frauen und das andere von allen Dorfbewohnern vorgeschlagen wurde. Dieser Prozess wurde abgewandelt: Die abschließende Versammlung wurde durch eine Abstimmung ersetzt (zugunsten des von den Frauen eingebrachten

21 Benjamin Olken, »Direct Democracy and Local Public Goods. Evidence From a Field Experiment in Indonesia«, Arbeitspapier, November 2008.

Projekts oder des Projekts der Allgemeinheit). Diese Abstimmung ermöglichte eine umfassendere Berücksichtigung der jeweiligen Meinungen: Die Beteiligung an der Abstimmung lag bei durchschnittlich 60 Prozent, was zwanzig Mal mehr war als die Beteiligung an den Versammlungen.

Die Wahl des Projekts blieb davon unberührt: Der Typus des angenommenen Projekts und sein Standort sind in den Dörfern, die sich eines Referendums bedienten, und in den anderen gleich geblieben (außer in Bezug auf das Projekt der Frauen, das in den armen Gegenden häufiger gewählt wurde). Hingegen sind die Dorfbewohner mit dem Programm KDP viel zufriedener, wenn sie abstimmen können; auch sind sie eher geneigt, sich finanziell daran zu beteiligen. Es ist möglich, das Projekt besser auf die Gemeinschaft abzustimmen (selbst wenn sich in den Dörfern die Zahl der gebauten Straßen oder Gesundheitseinrichtungen insgesamt nicht ändert, ist es doch möglich, die Straßen häufiger in den Dörfern zu bauen, in denen die Einwohner wirklich eine Straße wollen, und umgekehrt). Ebenso scheint die bloße Tatsache, sich auf eine transparente Weise äußern zu können, die Legitimität des Prozesses zu erhöhen, selbst wenn das Endresultat sich nicht ändert.

Anzumerken ist, dass auch beim System des Referendums das Prinzip eines speziellen Projekts für die Frauen beibehalten wurde. Der Gesetzgeber war der Ansicht, dass die Abstimmung nicht reicht, um zu gewährleisten, dass die Bedürfnisse der Frauen ausreichend Berücksichtigung finden: Denn ohne besondere Verfügung würden die von den Frauen verfochtenen Projekte wahrscheinlich nicht einmal zur Abstimmung kommen. In einem dezentralen System können die benachteiligten Gruppen Schwierigkeiten haben, ihrer Stimme Gehör zu verschaffen. Um eine zufriedenstellende Repräsentation der Frauen zu gewährleisten, kann man zum Beispiel spezielle Regeln erlassen: die Pflicht, zwischen zwei verschiedenen Projekten zu wählen, wie in Indonesien, oder die Einführung von Frauenquoten, wie in Indien. In über hundert Ländern, darunter Frankreich, gibt es ein Quotensystem, um sicherzustellen, dass die Frauen angemessen vertreten sind. Einige Staaten haben ein ähnliches System eingerichtet, um die Minderheiten zu schützen. In Indien wird seit der Unabhängigkeit von 1947 die politische Repräsentation der Minderheiten (*scheduled castes* und *scheduled tribes*) durch ein Quotensystem in den gesetzgebenden Versammlungen aller Bundesstaaten, im Bundesparlament und in den *Panchâyats* gewährleistet.[22]

Diese Regeln werden mit folgender Hypothese gerechtfertigt: Die Identität eines Lokalverantwortlichen (sein Geschlecht, seine Kaste oder sein Stamm) hat einen direkten Einfluss auf die von den Dorfräten getroffenen Entscheidungen. Das versteht sich jedoch nicht von selbst: Wenn die Demokratie perfekt wäre, insofern die Führung die Bedürfnisse der gesamten Bevölkerung berücksichtigen muss, um gewählt zu werden, dürfte ihre Zugehörigkeit zu dieser oder jenen Gruppe keine Auswirkungen auf die Projekte haben, die sie realisiert. Wenn die Elite sich die Macht so weit aneignet, dass der Lokalverantwortliche faktisch keinerlei Macht hat, dürfte es umgekehrt auch nichts nützen, die Wähler zu zwingen, eine Frau oder einen Repräsentanten einer Minderheit zu wählen. In Indien lautet ein häufiger Einwand gegen die Quotenpolitik zugunsten der Frauen, dass in Wirklichkeit nicht sie, sondern ihre Männer die Entscheidungen treffen (die Inder haben sogar einen speziellen Begriff für sie erfunden: *Pradhanpati*, das heißt der Mann der *Pradhan*). Nur wenn die Führung weder allmächtig noch vollkommen machtlos ist, können Regeln, an die sie bei ihren Entscheidungen gebunden ist, somit etwas bewirken.

Um herauszufinden, ob die Quoten zugunsten der Frauen oder der Minderheiten tatsächlich Wirkung zeigen, wurde dank »partizipativer Bestandsaufnahmen der Ressourcen« (*participatory resources appraisal* oder PRA) in zwei Distrikten (in Rajasthan und Westbengalen) eine Studie durchgeführt. Diese Bestandsaufnahme bestand darin, die Dorfbewohner zu versammeln, um sie zu bitten, unter Zuhilfenahme verfügbarer Materialien (Kieselsteine, Äste etc.) auf den Boden eine Karte ihres Dorfs zu zeichnen und dann darin alle vorhandenen Ressourcen einzutragen. Diese Methoden werden im Rahmen partizipativer Planung oft angewendet, da nachgewiesen wurde, dass die Dorfbewohner eine exzellente geographische Kenntnis des Ortes haben, an dem sie leben: Diese Karten, die kollektiv erstellt werden, erlauben, sich eine sehr genaue Vorstellung von den in den Dörfern vorhandenen Infrastrukturen

22 Raghabendra Chattopadhyay und Esther Duflo, »Women as Policy Makers…«, a. a. O., Raghabendra Chattopadhyay und Esther Duflo, »The Impact of Reservation in the Panchayati Raj: Evidence From a Nationwide Randomized Experiment«, in: *Economic and Political Weekly*, 39 (9), 2004, S. 979-986.

zu machen. Ein Beispiel für eine solche Karte, die auf Papier übertragen wurde, zeigt Abbildung 7: Man sieht dort die Schule, die Brunnen, die Bewässerungskanäle, die Tümpel und die Häuser (die mit Zeichen in Form des Accent circonflexe dargestellt werden). Mit der fortschreitenden Ausarbeitung der Karte erkundigte sich der Interviewer bei jeder Einrichtung, wann sie errichtet wurde, wann sie repariert wurde usw. Diese Technik erlaubt zu erfahren, welche Investitionen seit der Wahl des *Pradhan* getätigt wurden. Da die Quoten aleatorisch zugeteilt wurden und da sehr wenig Frauen oder Unberührbare gewählt wurden, solange es keine Quoten gab, genügt es, die Investitionen in den verschiedenen Dörfern miteinander zu vergleichen, um zu wissen, wie eine Frau (oder ein Unberührbarer) die Entscheidungen beeinflusst.

Beginnen wir mit den Unberührbaren: Es gibt keinen Unterschied zwischen der Art von Investitionen, die in den Dörfern getätigt werden, die für die Unberührbaren reserviert sind (das heißt, bei denen der *Pradhan* notwendig ein Unberührbarer sein muss), und den anderen; hingegen stellt man eine erhebliche Auswirkung auf den Standort dieser Projekte fest. Wenn der *Pradhan* ein Unberührbarer ist, steigt der Anteil der Investitionen, die in einem Viertel getätigt werden, das von den Unberührbaren bewohnt wird, um 14 Prozent. Das beweist klar, dass die Identität des *Pradhan* wichtig ist und vor allem dass er dazu neigt, seine Herkunftsgruppe zu begünstigen.

Gilt dasselbe für die Frauen? Spiegeln die Entscheidungen ihre Bedürfnisse stärker wider, wenn eine Frau an der Macht ist? Um dies zu beantworten, müssen wir herausfinden, was die Mehrheit der Frauen in den Entwicklungsländern will. Sie direkt danach zu fragen, liefert uns nicht unbedingt die richtige Antwort: Es ist möglich, dass sie das nennen, was man traditionell von ihnen als gute Mütter und Hausfrauen erwartet (sich um die Kinder zu kümmern etc.), selbst wenn dies nicht ihren tatsächlichen Präferenzen entspricht. Ein anderer Ansatz, der diese Klippe umschifft, besteht darin, die Beschwerden zu studieren, welche die Frauen beim Dorfrat anbringen. In Westbengalen beschweren sich die Frauen häufiger als die Männer über den Zustand der Brunnen und die Qualität der Straßen. Die Männer kritisieren öfter als die Frauen den Zustand der Bewässerungspumpen und, überraschenderweise, den der Schulen. In Rajasthan beschweren sich die Frauen nahezu

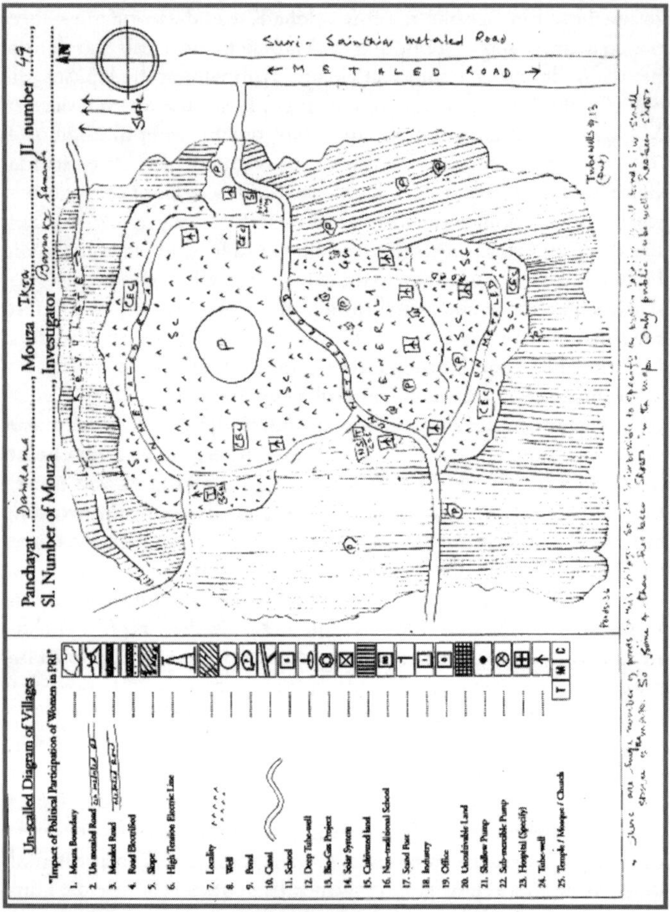

Abbildung 7
Von seinen Bewohnern angefertigte Karte eines Dorfes

ausschließlich über Probleme mit dem Trinkwasser, und im Gegensatz zu Westbengalen beschweren sich die Männer weit häufiger als die Frauen über die Straßen.

Unsere Prognosen können somit präzisiert werden: Wenn die

Pradhan weiblichen Geschlechts die Bedürfnisse der Frauen stärker berücksichtigen, müsste es, wenn sie die lokalen Geschicke leiten, in beiden Staaten mehr Investitionen im Bereich des Trinkwassers geben, aber in Bengalen weniger Investitionen im Bereich der Bewässerung und der Schulen. Und man müsste in Westbengalen in den für die Frauen reservierten Dörfern mehr Straßen sehen, in Rajasthan jedoch weniger. Das ist tatsächlich auch genau das, was wir beobachten. Es gibt nur eine Ausnahme zu dieser allgemeinen Regel: Die Investitionen in die Bewässerung sind in den für die Frauen reservierten Dörfern ähnlich hoch wie in den anderen.

Diese Ergebnisse sind nicht auf diese beiden Staaten beschränkt: Eine in 24 Staaten durchgeführte Studie zeigt, dass diese Resultate für das ganze Land gelten.[23] Die Unterschiede zwischen Männern und Frauen bestehen auch über die Zeit fort. Eine Studie, die in Westbengalen in den gleichen Regionen fünf Jahre später gemacht wurde, belegt, dass die Frauen, die neu gewählt wurden – oft in anderen Dörfern –, weiterhin vor allem in das Trinkwasser investieren und dass die Männer, die die Frauen in den Dörfern, die wieder die freie Wahl hatten, ablösen, an dieser Entscheidung nichts ändern; im Gegenteil sind die Investitionen in das Trinkwasser in diesen Zonen weiterhin vorrangig.[24]

Regeln, die die politische Repräsentation benachteiligter Gruppen erzwingen, schaffen es damit eindeutig, die Gegebenheiten zu deren Gunsten zu verändern. Können wir daraus schließen, dass eine Quotenpolitik dem Gemeinwohl förderlich ist? Nicht notwendig: Es handelt sich um eine Umverteilung von einer Gruppe (der Mehrheit) auf eine andere (die Minderheit). Man kann der Meinung sein, dass es richtig ist, dass die Frauen in politischen Dingen ein Wort mitzureden haben und dass ihre Bedürfnisse berücksichtigt werden. Aber es ist nicht möglich zu beweisen, dass dies eine Verbesserung des Gemeinwohls bedeutet: So wie die Frauen auf Kosten der Männer von den Quoten profitieren, hängt alles von der jeweiligen Wichtigkeit der Brunnen, Straßen oder Schulen ab. Es handelt sich damit um eine gesellschaftliche Entscheidung.

23 Esther Duflo und Petia Topalova, »Unappreciated Service: Performance, Perceptions, and Women Leaders in India«, Arbeitspapier, Oktober 2004.

24 Lori Beaman, Raghabendra Chattopadhyay, Rohini Pande und Petia Topalova, »Powerful Woman: Does Exposure Reduce Bias?«, in: *Quarterly Journal of Economics*, 124 (4), 2009, S. 1497-1540.

Auch wenn ein Wissenschaftler die Freiheit hat, zu der Frage eine Meinung zu haben, besitzt diese aufgrund der bloßen Beobachtung der von den *Pradhan* beiderlei Geschlechts getätigten Investitionen noch keine wissenschaftliche Gültigkeit.

Wenn wir nicht beweisen können, dass die Frauen besser führen als die Männer (oder umgekehrt), ist es dann für einen Staat legitim und wünschenswert, die Freiheit der Wähler einzuschränken, indem er sie zwingt, dieses oder jenes Geschlecht zu wählen? Es ist offensichtlich, dass die Bürger keine Frauen als *Pradhan* wollen, da ohne Quoten nur 7 Prozent der *Pradhan* Frauen sind. Quoten durchzusetzen bedeutet somit zu akzeptieren, dass man – in bestimmten Fällen – die Demokratie aus gutem Grund einschränken kann.

Ein erstes Argument für die Quoten verweist auf die Gleichbehandlung und soziale Gerechtigkeit. Die weiblichen *Pradhan* verteilen die Ressourcen zugunsten der Frauen um, und es ist nur gerecht, dass auch sie ein Recht auf die öffentlichen Güter haben, die sie sich wünschen. Aber es ist auch möglich, diese Einschränkung mit Blick auf die Leistungsfähigkeit zu rechtfertigen: Die Wähler zu zwingen, eine Frau als *Pradhan* zu wählen, kann die Gouvernanz verbessern, indem man verhindert, dass sich die Gesellschaft der Hälfte ihrer potenziellen Kandidaten beraubt. Alles hängt davon ab, aus welchem Grund die Wähler keine Frauen wählen. Wenn es sich um tief greifende kulturelle Vorbehalte gegen die Frauen handelt, bestehen wenig Chancen, dass temporäre Quoten eine dauerhafte Wirkung entfalten. Aber es kann sich auch um ein eher punktuelles Vorurteil handeln, demzufolge die Frauen angeblich weniger politischen Sachverstand haben: Wenn man die Bürger also davon überzeugen würde, dass die Frauen ebenso kompetent sind wie die Männer, könnten sie es akzeptieren, sie zu wählen. Indem man die Wähler zwingt, einmal die konkrete Erfahrung zu machen, können die Quoten ihre Meinung in Bezug auf die politische Kompetenz der Frauen verändern und damit ihr künftiges Wahlverhalten beeinflussen, selbst wenn die herrschenden gesellschaftlichen Normen im Grunde unverändert bleiben.

Wir haben so zwei Hypothesen und eine offene Frage: Die Quoten haben keinen Einfluss auf die gesellschaftlichen Normen, welche besagen, dass die Frauen der Macht fernbleiben sollen; und die gegenteilige Hypothese, dass sie sich auf die Wahrnehmung ihrer Kompetenz auswirken. Welche Auswirkung die Quoten auf die Wahlergebnisse der Frauen haben, ist von daher unklar: es hängt davon ab, wie diese beiden Faktoren bei der Entscheidung der Wähler gewichtet werden.

Um diese Hypothesen zu überprüfen, müssen wir diese beiden Formen der Diskriminierung messen; die Gefahr dabei ist freilich, dass die befragten Personen nicht ihre tatsächliche Meinung zum Ausdruck bringen, sondern sagen, was politisch korrekt ist (in den USA gehört es zum Beispiel zum guten Ton, sich nicht offen als Rassisten zu bezeichnen). Umgekehrt kann es passieren, dass Bürger, die gefragt werden, was sie von Frauen als politischen Führerinnen halten, die Gelegenheit ergreifen, um über die Quoten herzuziehen. Dieser Mechanismus scheint sich zu bewahrheiten: Wenn man sie fragt, was sie über Frauen in der Politik denken, äußern sich in Indien die Bewohner von Dörfern, in denen es die Quote gibt, abfälliger. Wie kann man herausfinden, ob es sich dabei um ein tatsächliches Versagen der weiblichen *Pradhan* handelt oder schlicht und einfach um eine allgemeine und abstrakte Desavouierung?

Ein Team um Mazarin Banaji, ein Psychologe in Harvard, hat hierzu ein originelles Instrument entwickelt, einen »impliziten Assoziationstest«.[25] Ursprünglich dazu gedacht, rassistische Vorurteile aufzudecken, können diese Tests auch so abgewandelt werden, dass man jede mehr oder weniger offen zugegebene (und vor allem zugebbare) Präferenz messen kann. Sie arbeiten mit der Fähigkeit zu »Spontanentscheidungen«, die unsere unbewussten Einstellungen und die Art und Weise, wie unser Gehirn bestimmte Begriffe assoziiert, widerspiegeln. Der Test wird an einem Computer durchgeführt: Die Testperson sieht auf dem Bildschirm zunächst Wörter

25 Zahlreiche implizite Assoziationstests (*implicit association tests* oder IAT) sind auf der Webpage des Projekts Implicit verfügbar ⟨https://implicit.harvard.edu⟩. Man kann dort seine eigenen Vorurteile testen (eine verwirrende Erfahrung!) und sich an den laufenden Forschungen beteiligen.

auftauchen, die sie in zwei Kategorien einordnen muss, indem sie sie mittels Tastendruck auf der linken oder rechten Bildschirmseite platziert (zum Beispiel drückt eine Kategorie das Gute aus – die Wörter wären so »schön«, »Liebe«, »Freundschaft«, »Blume« etc. – und die andere das Schlechte – die Wörter wären so »Schmerz«, »Tränen«, »Tod« etc.). Sodann werden der Person Bilder gezeigt (zum Beispiel schwarze oder weiße Gesichter), die sie ebenfalls einordnen soll (die weißen rechts, die schwarzen links, oder umgekehrt). In der dritten Phase sieht sie abwechselnd Begriffe und Gesichter auftauchen, die sie wiederum einordnen muss (schwarze Gesichter links, weiße Gesichter rechts, Begriffe für das Gute links, Begriffe für das Schlechte rechts).

Die Aufgabe ist sehr einfach, völlig eindeutig, und die Testperson muss sie so schnell wie möglich erledigen. Die einzige Schwierigkeit ist, vom einen zum anderen Klassifikationstyp (weiß/schwarz, gut/schlecht etc.) zu wechseln. Die Idee zu dem Test beruht auf dem Umstand, dass wenn die Person unbewusst das Gute mit Weiß und das Schlechte mit Schwarz assoziiert, es für sie etwas leichter sein wird, die Klassifikation vorzunehmen, wenn das, was (für sie) zusammengehört, sich auf einer Seite befindet. Sie wird die Aufgabe schneller bewältigen können, wenn beispielsweise weiß und gut links und schwarz und schlecht rechts sind (und wenn sie unbewusst rassistisch ist). Jede Person führt diese Aufgabe zweimal aus: einmal in der einen Richtung (weiß und gut auf derselben Seite), und einmal in der anderen (weiß und schlecht auf derselben Seite). Die Reihenfolge der beiden Aufgaben wird nach dem Zufallsprinzip bestimmt, ebenso der Standort der weißen Seite – links oder rechts. Die Reaktionszeit wird in Millisekunden gemessen: der Bruchteil einer Sekunde, den die Testperson mehr braucht, um das Gute und das Schwarze auf derselben Seite einzuordnen. Diese Tests sind extrem sensibel. Die Aufgaben sind schwer zu manipulieren: Eine Person, die ihre Grundsätze kennt und sich absolut nicht als Rassist zu erkennen geben möchte, wird trotzdem mehr Zeit benötigen, um die Aufgabe auszuführen, wenn schwarz und gut auf derselben Seite sind und sie den Schwarzen implizit misstraut.

Wir haben also den Test abgewandelt, um das Vorhandensein von Vorurteilen gegenüber Frauen in der Politik aufzudecken.[26]

26 Lori Beaman u. a., »Powerful Women: Does Exposure Reduce Bias?«, a. a. O.

Dazu war es notwendig, eine Version zu entwickeln, die von einer ungebildeten und mit dem Computer wenig vertrauten Person ausgeführt werden konnte: Der Test ist daher vollständig oral und visuell. Die Wörter, die für das Gute und das Schlechte stehen, wurden aufgenommen und über die Lautsprecherboxen verlesen; die Bilder zeigen Männer und Frauen auf Tribünen. Die befragten Personen bedienten sich eines Joysticks, um die Begriffe und Bilder links oder rechts auf dem Bildschirm einzuordnen. Der Test wurde schon mit Kindern ausprobiert, aber nie mit einer erwachsenen und ungebildeten Population. Zu unserer großen Überraschung hat er sich in diesem Kontext als sehr aussagekräftig erwiesen, indem er erlaubt hat, bei den Männern ein starkes Vorurteil gegenüber Politikerinnen aufzudecken und, wenn auch weniger ausgeprägt, bei den Frauen ein entsprechendes Vorurteil gegenüber Politikern. Und die Quoten haben, wie von uns erwartet, keinerlei Auswirkung auf diese Form der Diskriminierung.

Wie sieht es mit der Wahrnehmung der Kompetenz aus? Auch hier mussten wir ein Instrument entwickeln, das die tatsächliche Meinung hinsichtlich der Kompetenz von Frauen aufzudecken vermochte. Zu diesem Zweck haben wir eine von einem *Pradhan* während einer Versammlung gehaltene Rede ausgewählt und sie sodann von mehreren Männern und Frauen einspielen lassen. Bei dem Test wurde das Band nach dem Zufallsprinzip ausgewählt: Die eine Hälfte der Teilnehmer hörte eine Frau und die andere einen Mann, aber in beiden Fällen handelte es sich absolut um dieselbe Rede. Nachdem der Teilnehmer oder die Teilnehmerin sie gehört hatte, beantwortete er bzw. sie eine Reihe von Fragen: Hat der *Pradhan* auf die gestellten Fragen gut geantwortet, ist er (sie) kompetent, würden Sie dem Haushalt, den er (sie) vorgestellt hat, zustimmen usw. Wenn die Testpersonen, die die von einer Frau gesprochene Rede gehört haben, dazu neigen, sie weniger gut zu bewerten als diejenigen, die sie von einem Mann gesprochen gehört haben, offenbart der Test das, was die Ökonomen als statistische Diskriminierung bezeichnen, das heißt eine unterschiedliche Beurteilung auf der Grundlage von Informationen, die bis auf eine (in unserem Beispiel das Geschlecht des *Pradhan*) gleich sind.

In den Dörfern, die nie für einen *Pradhan* weiblichen Geschlechts reserviert waren, stellt man ein starkes statistisches Vorurteil gegenüber Frauen fest: Die Reden der Frauen werden weniger gut beurteilt als die der Männer, besonders von den Männern. Aber dieser Unterschied verliert sich in den Dörfern, die dank der Quotenpolitik eine Frau als *Pradhan* hatten. Und bei den Männern kehrt sich die Einschätzung sogar völlig um: Sie beurteilen die Reden der Frauen in diesen Dörfern besser als die der Männer.

Abbildung 8
Anteil der Frauen bei den gewählten oder zur Wahl stehenden Stadt- und Gemeinderäten

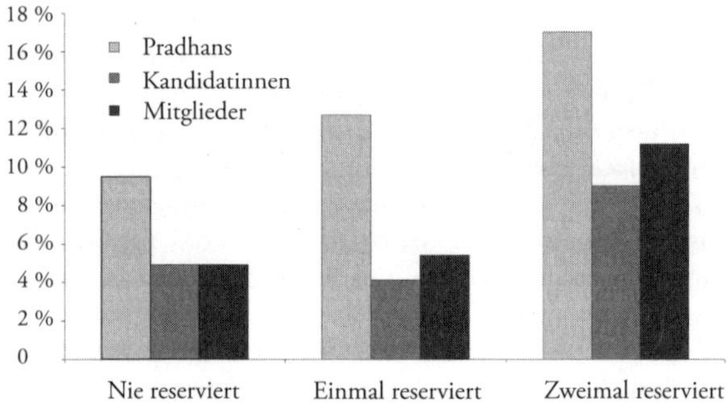

Zusammenfassend kann man sagen, dass die Männer, wenn sie dank der Quoten mit einer Frau als *Pradhan* Bekanntschaft gemacht haben, ihre tief verankerten Präferenzen, denen zufolge es angemessener ist, Männer in der Führung zu haben, zwar nicht ändern, ihre Vorurteile hinsichtlich der politischen Inkompetenz von Frauen aber verlieren. Sind sie letzten Endes eher bereit, für eine Frau zu stimmen, wenn es dereinst keine Quoten mehr gibt? Es scheint, dass ja. Abbildung 8 zeigt die Zahl der gewählten Frauen in den »offenen« (nicht für sie reservierten) Dörfern, sei es nun als *Pradhan* oder als Gemeinderat: Die Dörfer, die zweimal für sie reserviert waren, haben zweimal mehr gewählte Frauen. Diese Ergebnisse legitimieren auf eine überzeugende Art und Weise die Quotenregelung, die es einer Bevölkerung mit tief sitzenden Vorurteilen erlaubt, sich nicht um die Hälfte ihrer politischen Talente zu bringen.

Über den speziellen Fall der Frauen hinaus zeugt der Einfluss der Quoten auf die Einstellungen und die Wahl von politischer Reife: Die Wähler sind in der Lage, ihre Vorurteile zu überwinden, ja sogar ihre gesellschaftlichen Normen, um – im Moment der Wahl – den Lehren der Erfahrung Rechnung zu tragen. Wir müssen uns daher von der falschen Vorstellung verabschieden, dass die Politik in den Entwicklungsländern ein Possenspiel ist, das von Kasten, ethnischen Gruppen und Vetternwirtschaft beherrscht wird.

Das soll freilich nicht heißen, dass diese Parameter bedeutungslos sind. Ein von Leonard Wantchekon in Benin durchgeführtes Experiment zeigt, dass der ethnische Faktor tatsächlich eine wesentliche Rolle spielt.[27] Leonard Wantchekon ist Beniner, ein ehemaliger Kämpfer für die Demokratie und heute Professor für Politikwissenschaft an der New York University. Er steht noch immer in Kontakt mit den politisch Verantwortlichen aller Richtungen in Benin, wobei diese Verbindungen auf die Zeit zurückgehen, in der diese politischen Führer, die heute Rivalen sind, gemeinsam gegen die Diktatur gekämpft haben. Das hat ihm erlaubt, ein einzigartiges Experiment zu starten. Zur Durchführung seines Projekts wurden acht Distrikte ausgewählt, in denen einer der vier zur Wahl stehenden Kandidaten stark dominierte. In jedem Distrikt wurden zwei Dörfer ausgesucht und für jedes von ihnen eine vollkommen unterschiedliche politische Botschaft ausgearbeitet. Um eine Änderung der Wahlergebnisse zu vermeiden, wurden diese Diskurse in beiden Fällen während der Wahlversammlungen für den im Distrikt führenden Kandidaten angebracht.

Die eine Hälfte der Dörfer bekam folgende »klientelistische« Botschaft zu hören:

> Wir sind Sprecher von Saka Lafia, der sich am 3. März 2001 zur Wahl stellt. Wie Sie wissen, ist Saka der einzige Kandidat der Bariba und der erste seit 1960. Saka kandidiert, weil der Nordosten unterentwickelt ist: Die Alphabetisierungsrate ist niedrig, die Infrastrukturen und Gesundheitszentren sind miserabel usw. Wenn er gewählt wird, wird er die Interessen der Region von Borgou-Aligari vertreten, indem er Schulen, Krankenhäuser und Straßen baut und vor allem indem er Baribas in der Verwaltung beschäftigt.

27 Leonard Wantchekon, »Clientelism and Voting Behavior. Evidence from a Field Experiment in Benin«, in: *World Politics*, 55, April 2003, S. 399-422.

Die andere Hälfte der Dörfer empfing eine Botschaft der nationalen Einheit:

Wir sind Sprecher von Saka Lafia. Die USD, unsere Partei, tritt für Demokratie und landesweite Solidarität ein. Saka stellt sich als Kandidat der Opposition zur Wahl. Wenn er gewählt wird, wird er sich für eine landesweite Reform des Bildungs- und staatlichen Gesundheitssystems einsetzen und dabei den Schwerpunkt auf den Bau von Schulen und Krankenhäusern sowie auf Impfkampagnen legen. Gemeinsam mit den anderen Oppositionsführern werden wir gegen die Korruption und für den Frieden unter allen ethnischen Gruppen und Regionen Benins kämpfen.

Der klientelistische Diskurs mag karikaturhaft erscheinen. Und trotzdem ist er es, der die Stimmen eingeheimst hat: In den Dörfern, in denen die klientelistische Rede gehalten wurde, gingen mehr als 80 Prozent der Stimmen an diesen Kandidaten; in den Dörfern, an die der Diskurs der nationalen Einheit gerichtet war, nur 70 Prozent.

Diese Tendenz zu einer Polarisierung unter ethnischen Gesichtspunkten kann zu einer Verschlechterung der Qualität der Kandidaten führen: Letztere können geltend machen, dass, wenn alle korrupt sind, es besser ist, ein Schlitzohr seines eigenen Clans zu wählen als ein Schlitzohr des gegnerischen Clans. Dieses teilt zumindest die Beute mit dir! In Indien wird so die Zunahme der Regional- oder Kastenparteien von einem Anwachsen der Korruption und sogar Kriminalisierung der Politik begleitet: Nicht wenige Abgeordnete habe ein recht ansehnliches Strafregister. Die Regierungschefin von Uttar Pradesh, Mayawati, vereinigt diese ganze Entgleisung in sich. Als Galionsfigur der unteren Kasten und Führerin der BSP (*Bahujan Samaj Party*), der Partei der Unberührbaren, wurde sie gegen die »nationalen« Parteien (die mitte-links stehende Kongresspartei und die rechte *Bharatiya Janata Party*) mit dem Slogan gewählt »Unsere Stimme für Ihre Entscheidungen, so kann es nicht weitergehen«. Seit ihrer Wahl macht sie aufgrund ihrer Korruptheit und kostspieligen Vorliebe für Flugzeuge und Standbilder ihrer Person Schlagzeilen in der regionalen und überregionalen Presse.

Aber muss dies zwangsläufig so sein? Sind die ethnischen Präferenzen so stark, dass sie Kompetenz und Redlichkeit notwendig in den Hintergrund drängen? Das scheint nicht der Fall zu sein.

Eine simple Kampagne, die die Wähler von Uttar Pradesh dazu auffordert, einen Kandidaten nicht »aufgrund seiner Kaste, sondern mit Blick auf die tatsächlichen Probleme« zu wählen, hat zu einer Verringerung der kastengebundenen Stimmabgabe geführt.[28] Und wenn die Wähler über die Qualität der Kandidaten informiert werden, wählen sie entsprechend. Das belegt ein in Neu-Delhi angestelltes Experiment.[29] SNS, eine lokale NGO, hat sich auf das Recht auf Information berufen, um zuverlässige Auskünfte über die Arbeit eines jeden Politikers zu bekommen: An wie vielen Tagen ist er in die Stadtversammlung gegangen? Hat er seine Haushaltsmittel nach freiem Ermessen ausgegeben? Hat er Gelder besorgt, um in seinem Wahlbezirk Infrastrukturprojekte zu realisieren? Im Prinzip sind diese Daten öffentlich, doch praktisch hat der Mann von der Straße keinerlei Zugang zu ihnen. Mit diesen Informationen ausgestattet, hat SNS für jeden Kandidaten ein Dossier angelegt, das die *Hindustan Times*, eine große Tageszeitung in Hindi, veröffentlichte. Ein Netzwerk der NGO hat sodann diese Zeitung gratis in einer Stichprobe von Wahllokalen verteilt. Die restlichen Wahllokale dienten als Vergleichsgruppe.

Die Wahlergebnisse haben die Effizienz dieser Kampagne gezeigt: In den Wahllokalen, in denen die Informationen verbreitet wurden, gingen die Stimmen für die korruptesten Kandidaten zurück. Außerdem hat auch die Polarisierung der Stimmen nach der Kaste abgenommen. Die Wähler sind somit bereit, sich eher für die Kompetenz zu entscheiden als für unmittelbare Vorteile, die sie sich von einem korrupten Kandidaten erhoffen können oder die ihnen aus ihrer Kaste (oder derselben ethnischen Gruppe) erwachsen. Aber dafür brauchen sie Zugang zu Information. Ein Gesetz zur Respektierung des Rechts auf Information und die Existenz von Organisationen wie SNS sind wertvolle Instrumente zur Belebung der Demokratie. Die Abstimmung nach ethnischen Gesichtspunkten ist kein unabwendbares Schicksal.

28 Abhijit Banerjee, Jennifer Green und Rohini Pande, laufende Arbeit.
29 Abhijit Banerjee und Rohini Pande, laufende Arbeit.

Die Ärmsten der Armen sind die ersten Opfer von schlechter Gouvernanz und Korruption. Sie leiden unter den miserablen lokalen Dienstleistungen und erhalten nicht das, was ihnen rechtlich zusteht. Gute Gouvernanz – auf der untersten lokalen Ebene – ist grundlegend für jegliche Politik gegen die Armut: Das beste Kinderernährungsprogramm hat keinerlei Effekt, wenn es keine Schwestern gibt, die es umsetzen, oder wenn diejenigen, die in seinen Genuss kommen, nicht diejenigen sind, die es wirklich brauchen. Der internationale Diskurs über Gouvernanz wird von den großen Begriffen wie Demokratie, Transparenz und Dezentralisierung beherrscht. Aber Demokratie ist weder notwendig noch hinreichend für eine gute Gouvernanz auf lokaler Ebene. Indien ist hierfür das schlagendste Beispiel: Die größte Demokratie der Welt ist auch eines der Länder, das bei der Höhe an Staatseinnahmen die größten Schwierigkeiten hat, zu gewährleisten, dass die Ärmsten der Armen die grundlegenden Dienstleistungen erhalten, die ihnen die Gesellschaft verspricht.

Es gibt sogar ein wahres Paradox der Demokratie. In dem Maße, wie die Armen hier stärker repräsentiert werden, ist eine demokratische Gesellschaft eher dazu imstande als andere, nach Gleichheit und Gerechtigkeit zu streben. Diese Ziele können mit der natürlichen Funktionsweise des Marktes in einem Spannungsverhältnis stehen. Und dieses Spannungsverhältnis ist, wie wir gesehen haben, der Nährboden, auf dem die Korruption gedeiht. Diese Spannung lässt sich nicht vermeiden, wir können uns daher nicht damit begnügen zu wünschen, dass die Korruption verschwindet, oder darauf zu warten, dass die Demokratie sie stoppt. Auch hier gibt es keinen Königsweg, sondern eine Vielzahl von Wegen, um zu verhindern, dass schlechte Gouvernanz und Korruption die Entwicklungsbemühungen zunichtemachen.

Zuallererst kann die Korruption durch strenge Regeln, Buchprüfungen, Anreize und eine strikte Wahldisziplin kontrolliert werden. Zum anderen haben die Regeln der politischen Repräsentation kurzfristig (auf unmittelbare Weise) und mittelfristig (indem sie die Wahrnehmung verändern) Einfluss auf die Ergebnisse. Die Qualität der Lokalpolitik kann somit verbessert werden, wenn man darauf achtet, welche Regeln im Einzelnen ihren Rahmen abstecken.

Schließlich ist die Abstimmung nach ethnischen Gesichtspunkten in Demokratien kein unabwendbares Schicksal: Von Brasilien bis Indien beweist alles, dass die Wähler Inkompetenz abstrafen und Effizienz belohnen.

Das bringt uns dazu, unsere These, dass gute Gouvernanz für die Bekämpfung der Armut grundlegend ist, umzudrehen. Der Kampf gegen die Armut ist auch grundlegend für gute Gouvernanz. Wenn die Armen von Benin dem universalistischen Diskurs, der ihnen Krankenhäuser und Schulen für jedes Dorf verspricht, den Rücken kehren und den vorziehen, der ihrer ethnischen Gruppe eine Anstellung in der Verwaltung zusichert, geschieht dies nicht, weil sie käuflich sind oder die Arbeit einem ungewissen Krankenhausbett vorziehen. Es geschieht, weil sie dieser Art Botschaft keinen Glauben mehr schenken. Die generellen und generösen Diskurse klingen hohl. Hingegen schlägt sich der Nachweis eines wirklichen Erfolges in der Abstimmung nieder. Unermüdlich zu experimentieren, um einfache und effiziente Maßnahmen zu finden, die konkrete Folgen für das Leben der Allerärmsten haben, ist eine unverzichtbare Voraussetzung für eine gerechte Gesellschaft und ein blühendes gesellschaftliches Leben.

Können, sollen wir den Armen den Kampf gegen die Armut überlassen, wozu uns mehr oder weniger wohlmeinende Apostel regelmäßig auffordern? Die beiden Bereiche, die wir im zweiten Teil dieses Buches betrachtet haben – der Kredit und die Gouveranz –, belegen, dass dieses Motto naiv und potenziell gefährlich ist. Der Mikrokredit hat tatsächlich Einfluss auf die Gründung von Unternehmen und den Wohlstand, doch ist dieser gering. Aus Gründen, die wir noch schlecht verstehen, sind die Armen, selbst wenn ihnen eine Versicherung gegen Krankheit, Klimarisiken oder schwankende Agrarpreise angeboten wird, nicht bereit, eine solche abzuschließen. Obgleich die Bürger dazu bereit sind, einen politisch Verantwortlichen abzustrafen, wenn sie erfahren, dass er korrupt ist, schließen sie sich nicht zusammen, um an belastende Informationen zu gelangen.

Das bedeutet freilich nicht, dass die Armen passiv wären, Gefangene ihrer Armut. Im Gegenteil verlangt ihr Leben von ihnen tausendmal mehr Initiative als von uns, die wir in einem Kokon leben, der uns Schutz und ein leichtes Leben bietet. Da sie meistens die Eigentümer ihrer Farm oder ihres kleinen Unternehmens sind, haben sie alle damit zusammenhängenden Entscheidungen zu treffen. In Peru haben 69 Prozent der Armen in den städtischen Gebieten ein Kleinunternehmen. In zwölf anderen Ländern, in denen wir die Daten untersuchen konnten, liegt der Anteil bei etwa 50 Prozent.[30] Zum Vergleich: In den OECD-Ländern beträgt der Anteil derer, die auf eigene Rechnung arbeiten, nur 12 Prozent. Die Armen sehen sich auch zahlreichen Risiken ausgesetzt (in puncto Gesundheit, Klima oder Kriminalität), gegen die sie sehr schlecht gewappnet sind. Um hiergegen etwas zu tun, sind ihre Finanzen, auch wenn sie keinen Geschäften nachgehen, meistens viel komplizierter als unsere, voll von einem Geflecht informeller Transaktionen, bei denen sie oft gleichzeitig Kreditnehmer und Kreditgeber sind.[31]

30 Abhijit Banerjee und Esther Duflo, »The Economic Lives of the Poor«, in: *Journal of Economic Perspectives*, 21 (1), Winter 2007, S. 141-167.

31 Daryl Collins, Jonathan Morduch, Stuart Rutherford und Orlanda Ruthven, *Portfolios of the Poor: How the World's Poor Live on $ 2 a Day*, Princeton: Princeton University Press, 2009.

Aber dieser hohe Grad an Eigeninitiative ist öfter erlitten als gewollt. Diese Risiken setzen sie einem extrem hohen Stress aus: Weit entfernt vom Bild des idyllischen Landlebens, leiden die Armen ganz im Gegenteil sehr viel öfter an Depressionen als die Reicheren (sowohl in den armen als auch in den reichen Ländern).[32] In verschiedenen Ländern haben die Interviewer die Leute gefragt, welche Hoffnungen sie für ihre Kinder hegen. Die häufigste Antwort lautet, dass sie eine Anstellung finden mögen, vorzugsweise im Staatsdienst, wobei die Schule und Ausbildung als Vorbedingung für diese Stellen angesehen werden. Und vergleicht man *de facto* das Leben der Allerärmsten (die mit weniger als zwei Dollar pro Person und Tag leben) mit dem des Mittelstands in den Entwicklungsländern (mit zwei bis zehn Dollar pro Person und Tag), scheint es, dass der Unterschied, der zwischen beiden besteht, auf die Tatsache zurückgeht, dass Letztere eine feste Arbeit haben, während die Ärmsten der Armen entweder von ihrer eigenen Geschäftstätigkeit oder von der Tagelöhnerei abhängen. Der Mittelstand gibt auch einen größeren Teil seines Budgets für die Gesundheit und die Ausbildung der Kinder aus, wohl weil seine relativ gesicherten Verhältnisse ihm den Luxus einer Investition in die Zukunft erlauben.

Je stärker der Wohlstand einer Gesellschaft steigt, desto mehr ihrer Mitglieder werden paradoxerweise in die Verantwortung genommen, wenn es um wichtige Entscheidungen in ihrem Alltagsleben geht. In einem Land mit einem mittleren Einkommen wie Mexiko ist die Behandlung von Notfällen im Krankenhaus gratis oder wird von der Allgemeinheit finanziert. In Indien bewegt sich für jemanden, der arm ist, die Wahl oft zwischen der Alternative, nicht operiert zu werden oder sich stark zu verschulden, um das Krankenhaus zu bezahlen. Ebenso geht, wenn jemand eine feste Arbeit bekommt, damit eine Krankenversicherung, ein Rentenbeitrag etc. einher. Die Armen sehen sich damit von vornherein einem doppelten Nachteil ausgesetzt: Die Komplexität und Prekarität ihrer Existenz lassen ihnen wenig Zeit und Energie, um in Ruhe ihr tägliches Leben zu planen. Doch gemäß der heute vorherrschenden Meinung erwartet man von ihnen, noch mehr Entscheidungen zu treffen. In dem Kontext, den wir soeben beschrieben haben, er-

32 Anne Case und Angus Deaton, »Health and Wellbeing in Udaipur and South Africa«, Arbeitspapier, Januar 2006.

scheint die Idee, dass wir zur Lösung des Armutsproblems den Armen noch mehr Verantwortung übertragen sollen, indes absurd.

Das bedeutet natürlich nicht, dass die Mikrofinanz im Kampf gegen die Armut keinen Platz hat. Ganz im Gegenteil erleichtert der Zugang zu Krediten unbestreitbar das Leben derer, die bereits eine unternehmerische Tätigkeit ausüben oder eine aufnehmen möchten. Und es ist notwendig, verstärkt darüber nachzudenken, wie man Versicherungsdienstleistungen und Sparkonten anbieten kann, die auf die Ärmsten der Armen zugeschnitten sind. Aber es ist illusorisch zu glauben, dass diese Mikro-Unternehmen zu den Microsofts von morgen anwachsen werden. Der Zugang der Allerärmsten zu Finanzdienstleistungen kann kein Ersatz für eine Entwicklungspolitik sein, welche die Entstehung größerer Unternehmen ermöglicht.

Die Mikrofinanz kann auch nicht die staatlichen Politiken ersetzen, die den Zugang zu Bildung garantieren und für die Infrastrukturen sowie für ein funktionierendes Gesundheitswesen sorgen. Wir können uns nicht damit begnügen abzuwarten, bis die Armen reich genug geworden sind, um sich all diese Dienstleistungen selbst leisten zu können. Damit stellt sich die Frage, wie ein Staat die Qualität dieser Dienste sichern kann. Im ersten Teil dieser Studie haben wir uns mit der Effizienz der verschiedenen Interventionen im Bereich der Gesundheit und der Bildung befasst. Doch selbst wenn wir genau wussten, was zu tun ist, bestand die Gefahr, dass Korruption und schlechte Gouvernanz diese Bemühungen zunichtemachen. Auch hier können und müssen die Armen ein Mitspracherecht haben, wie diese Dienste am besten zu organisieren sind.

Es reicht allerdings nicht, die Macht auf die Gemeinschaft zu übertragen, um die Korruption ein für alle Mal zu beseitigen. Die Korruption tritt naturgemäß gerne dort auf, wo eine Gesellschaft versucht, in den Markt einzugreifen, indem sie die Ressourcen anders verteilt, und die Kontrolle vor Ort ist hier keine Patentlösung. Öffentliche Güter von guter Qualität bereitzustellen, für die die Armen zu kämpfen bereit sind, kann ein erster Schritt sein. Aber wenn man den Kampf gegen die Armut dauerhaft führen will, sind Versuch und Irrtum, Kreativität und Geduld unverzichtbar – nicht um ein Patentrezept zu finden, das es nicht gibt, sondern um eine Reihe kleiner Fortschritte zu erzielen, die schon heute das Leben der Ärmsten der Armen verbessern.

50 Jahre suhrkamp taschenbuch wissenschaft
1973-2023
Das Jubiläumsprogramm

Aleida Assmann. Im Dickicht der Zeichen. stw 2429. 360 Seiten

Judith Butler. Die Macht der Geschlechternormen und die Grenzen des Menschlichen. Übersetzt von Karin Wördemann und Martin Stempfhuber. stw 2422. 414 Seiten

Esther Duflo. Kampf gegen die Armut. Übersetzt von Andrea Hemminger. stw 2428. 182 Seiten

Philippa Foot. Die Natur des Guten. Übersetzt von Michael Reuter. stw 2421. 162 Seiten

Eva Illouz. Gefühle in Zeiten des Kapitalismus. Übersetzt von Martin Hartmann. stw 2423. 170 Seiten

Rahel Jaeggi. Kritik von Lebensformen. stw 2424. 451 Seiten

Karin Knorr Cetina. Die Fabrikation von Erkenntnis. Zur Anthropologie der Wissenschaft. Mit einem Vorwort von Rom Harré. stw 2427. 372 Seiten

Martina Löw. Raumsoziologie. stw 2425. 320 Seiten

Beate Rössler. Autonomie. Ein Versuch über das gelungene Leben. stw 2426. 443 Seiten

Lucie Varga. Zeitenwende. Mentalitätshistorische Studien 1936-1939. Herausgegeben, übersetzt und eingeleitet von Peter Schöttler. stw 2430. 247 Seiten

NF 185/1/1.23

Wolfgang Streeck. Gekaufte Zeit. Die vertagte Krise des demokratischen Kapitalismus. stw 2133. 351 Seiten

Hartmut Winkler. Diskursökonomie. Versuch über die innere Ökonomie der Medien. stw 1683. 258 Seiten

NF 163/2/6.16

NF 110/1/6.07

Hans Joas. Pragmatismus und Gesellschaftstheorie. stw 1018. 323 Seiten

George Herbert Mead
- Geist, Identität und Gesellschaft. Aus der Sicht des Sozialbehaviorismus. Übersetzt von Ulf Pacher. stw 28. 456 Seiten
- Gesammelte Aufsätze. Band 1. Herausgegeben von Hans Joas. Übersetzt von Klaus Laermann u. a. 476 Seiten. Gebunden. stw 678. 475 Seiten
- Gesammelte Aufsätze. Band 2. Herausgegeben von Hans Joas. Übersetzt von Hans Günter Holl, Klaus Laermann u. a. 485 Seiten. Gebunden. stw 679. 484 Seiten

Charles W. Morris
- Pragmatische Semiotik und Handlungstheorie. Herausgegeben von Achim Eschbach. Übersetzt von Achim und Stefan Eschbach. stw 179. 423 Seiten
- Symbolik und Realität. Herausgegeben und übersetzt von Achim Eschbach. stw 342. 367 Seiten

Helmut Pape. Erfahrung und Wirklichkeit als Zeichenprozeß. Charles S. Peirce' Entwurf einer Spekulativen Grammatik des Seins. 530 Seiten. Kartoniert

Helmut Pape (Hg.). Kreativität und Logik. Charles S. Peirce und das philosophische Problem des Neuen. stw 1110. 361 Seiten

Charles Sanders Peirce
- Naturordnung und Zeichenprozeß. Schriften über Semiotik und Naturphilosophie. Herausgegeben von Helmut Pape. Übersetzt von Bertram Kienzle. stw 912. 484 Seiten
- Phänomen und Logik der Zeichen. Herausgegeben und übersetzt von Helmut Pape. stw 425. 182 Seiten
- Semiotische Schriften. Band I-III. Herausgegeben und übersetzt von Christian J. W. Kloesel und Helmut Pape.

NF 110/2/6.07

stw 1480-1482. 1445 Seiten. Auch einzeln lieferbar
- Das Denken und die Logik des Universums. Die Vorlesungen der Cambridge Conferences von 1898. Mit einem Anhang unveröffentlichter Manuskripte. Übersetzt von Helmut Pape. 412 Seiten. Gebunden

Hilary Putnam und die Tradition des Pragmatismus.
stw 1567. 445 Seiten

Hans-Joachim Schubert. Demokratische Identität. Der soziologische Pragmatismus von Charles Horton Cooley. 484 Seiten. Gebunden

Gerd Wartenberg. Logischer Sozialismus. Die Transformation der Kantschen Transzendentalphilosophie durch Charles S. Pierce. 254 Seiten. Kartoniert

Zu Charles Sanders Peirce

Gerhard Schönrich. Zeichenhandeln. Untersuchungen zum Begriff einer semiotischen Vernunft im Ausgang von Charles Sanders Peirce. 450 Seiten. Gebunden

Die Welt als Zeichen und Hypothese. Perspektiven der Peirceschen Semiotik. Herausgegeben von Uwe Wirth. stw 1479. 456 Seiten

NF 110/3/6.07